民國文化與文學^{研究}^{文叢}

四編　南京大學特輯

李怡　沈衛威　主編

第 **1** 冊

民國大學的文脈

沈衛威 著

國家圖書館出版品預行編目資料

民國大學的文脈／沈衛威 著 -- 初版 -- 新北市：花木蘭文化出
版社，2014〔民103〕
目 2+256 面；19×26 公分
（民國文化與文學研究文叢 四編：第1冊）
ISBN 978-986-322-795-3（精裝）
1.高等教育
541.26208   103012898

特邀編委（以姓氏筆畫為序）：

丁 帆　　　王德威　　　宋如珊
岩佐昌暲　　奚 密　　　張中良
張堂錡　　　張福貴　　　須文蔚
馮 鐵　　　劉秀美

ISBN-978-986-322-795-3

9 789863 227953

民國文化與文學研究文叢
四 編 第 一 冊　　　　　　　　ISBN：978-986-322-795-3

民國大學的文脈

作　　者　沈衛威
主　　編　李怡　沈衛威
企　　劃　四川大學現代中國文化與文學研究中心
　　　　　北京師範大學民國歷史文化與文學研究中心
總 編 輯　杜潔祥
印　　刷　普羅文化出版廣告事業
出　　版　花木蘭文化出版社
發 行 人　高小娟
聯絡地址　235 新北市中和區中安街七二號十三樓
　　　　　電話：02-2923-1455／傳真：02-2923-1452
網　　址　http://www.huamulan.tw 信箱 hml810518@gmail.com
初　　版　2014 年 9 月
定　　價　四編 12 冊（精裝）新台幣 20,000 元

民國大學的文脈

沈衛威　著

作者簡介

　　沈衛威，1962 生，河南省內鄉縣人，文學博士。1991 ～ 2001 年執教於河南大學，2002 年始爲南京大學中文系教授。

　　著有《胡適傳》、《茅盾傳》、《吳宓傳》、《望南看北斗：高行健》、《東北流亡文學史論》、《回眸「學衡派」──文化保守主義的現代命運》、《大河之旁必有大城──現代思潮與人物》等。

提　　要

　　每一所大學都有屬自己的「歷史」，但不是每所大學都形成了可以言說的屬自己的所謂「大學精神」和「學術傳統」。中國大學很多，有學術特色，形成學派的卻很少。1905 年科舉廢止後，取法西方的大學教育成爲更加關乎國家、社會、個人的公眾行爲，特別是 1912 年中華民國新建，爲現代大學的確立帶來前所未有的機會。大學的命運與一個新興的統一的多民族國家的重建捆綁在一起。自 1917 年蔡元培招引陳獨秀、胡適進入北京大學始，北大師生便引發了新文化運動的浪潮。1922 年 1 月《學衡》創刊，東南大學反對北京大學新文化的勢力形成。從思想觀念、文學創作到學術研究，南北兩所國立大學的大學精神和學術理念出現了激進和保守的差異，最終形成不同的文學立場、學術範式，並呈現出新舊不同的文脈和學分南北的局面。

目次

緒論　入林見樹

　　「民國大學的文脈」這一融合學術史與文學史的研究路向，是我長時段的一個學術關注點。在這個巨大的知識和思想的時空裏，首先是外敵入侵、殘酷的黨政、內戰以及自然災害的籠罩，誰也擺脫不開。知識分子所面臨的首先是驅除外敵，結束內戰，進而促進統一的多民族國家的重建。舊有的道統、學統和家法，新學的科學、民主、自由理念，在這個特殊的時代，需要被一個整體包容的氛圍有條件地吸收、整合。延續晚清的一些學理之辯，如華夷、漢宋、古今、中西、新舊、有用無用，已經被一些新的政治觀念和國家話語如主義、政黨、革命、反革命、戰爭、和平、解放所取代，或被王國維這樣的學者主動放棄。在這個學術與政治糾纏，公德與私情糾結，個體與社會、家國難分的特殊時代，知識分子的個人擔當和國家、民族對個體的責任，都是無法說得清楚的，甚至雙方都不能完全兌現各自的承諾。因此才會有種種矛盾、對立和不公平。問題的複雜性和特殊性，都是我們後來的探究者所必須正視的。同情的理解固然是一個好的託辭，同時也要提醒自己，事實本身不容以任何理由人為地遮蔽。特別是國共兩黨之爭和日軍侵華這兩個無法繞過的歷史事實。我以北京大學、東南大學－中央大學為主要考察對象，還原歷史語境，本著為見樹木，必入森林的原則，力求通過多個關鍵詞和興奮點，揭示民國大學的文脈與學統間複雜的內在關聯和理路，並感受細節的力量。當然，民國大學的叢林很多，我關注的只是其中的一部分；進入民國大學叢林的路徑也很多，我走的只是屬於自己的這一條。

　　晚清以向西方學習為基本路徑的維新變法，對文化教育最為直接的衝擊就是 1905 年 9 月 2 日的科舉廢，學堂興。這是湯因比文明論所展示的「衝擊－

回應」模式中的所謂「主動建設性的大策略」，是國家政治行為中重大的文化教育變革，完全有別於之前民間被動性接受傳教士的傳教辦學模式。教育模式發生如此重大的變革，必然直接改變中國人生活方式和晉身方式，也為與世界交往開闢了新路。私塾、書院、科舉的廢除，特別是國外現代大學的辦學模式和教育理念的移植，給中國的傳統文化教育模式帶來前所未有的變革。教育體制的變革是顯性的，而傳統士大夫內心的撕裂卻是隱性的。通常認為傳統士大夫，或通常所說的遺老遺少隱隱作痛的發聲是舊文學，留學生和新青年歡呼雀躍的吶喊是新文學。所不同的是語言的表現形式：文言與白話。

從京師大學堂時的取法日本，到蔡元培取法德國，再到郭秉文、蔣夢麟、胡適等取法美國，李石曾取法法國，教育家在逐步探索中，為中國的高等教育開啓了多元共生的新局面〔註1〕。因此，我以為中國大學興盛的頭功應記在歸國留學生的名下。其中作為交流第一工具的語言，因「中國的古文有科舉的維持，故能保存二千年的權威」〔註2〕的古文也逐步轉變為白話。教育是興國立人最為基礎性的方式，它不僅使人擺脫蒙昧，而且逐步改變人生觀、世界觀和價值觀。如果中國人的人生觀、世界觀和價值觀發生了根本的改變，一人一家的皇權統治的瓦解也就為時不遠了。自 1905 年 9 月 2 日科舉廢除始，六年過去了，一個近三百年的王朝就分崩離析。隨著民國新建，大學體制的形成和初具規模，中國社會從幾千年的「官學」與「私學」並存的教育形態，向國民「公學」〔註3〕的公民社會轉型。從小學、中學到大學的國民教育的公共空間的變化是文明進步的重要體現，也是現代社會生活的建設基礎。小學與中學的建制，這裡不講。我在本書中會先討論進入民國大學的路徑，然後再選擇性地就文學史和學術史上一些有趣的話題展開，讓大事與細節，亮點與污點，功名與私情共同在場。

「大學」這一外來的文化教育模式要在中國落地生根，需要時間，需要有人來培育。因此，除了政府的財政扶植和民間資本（私人財團和教會）的資助外，蔣夢麟所說的大學內部校長、教授和學生的三種力量，通常也會形成一種互相促進和互相牽制的合力，成為大學的自身力量。

〔註1〕 具體論述參見茹寧：《中國大學百年：模式轉換與文化衝突》，知識產權出版社，2012 年。

〔註2〕 胡適：《白話文學史》（上卷），《胡適全集》第 11 卷第 226 頁，安徽教育出版社，2003 年。

〔註3〕 最初的許多學校都以「公學」命名，如南洋公學、復旦公學、中國公學。

激進與保守

宋儒張橫渠（名載，字子厚）所謂「爲天地立心，爲生民立命，爲往聖繼絕學，爲萬世開太平」的學術胸襟和志業，在民國大學的學術環境下，被西化的大學理念和大學精神所取代。同時，傳統大儒文史哲兼通的知識結構和思想一元的文化取向，也被新的學術體制下精細的學科分類人爲地割裂成系科內的學術元素。《易經・繫辭・下傳》中所說的智者能「仰則觀象於天，俯則觀法於地，觀鳥獸之文與地之宜，近取諸身，遠取諸物」的「以通神明之德，以類萬物之情」的境界，在科學發達的現代，更是成爲玄學的鄰舍。胡適說：科學就是拿證據來！要能證實，同時更要能證僞。這就是所謂的求是。胡適 1922 年 8 月 26 日在與日本學者今關壽麿交談時特別強調：「我們的使命，是打倒一切成見，爲中國學術謀解放。我們只認方法，不認家法。」〔註4〕

「革命」是認識 20 世紀中國的一個最爲重要的關鍵詞，不論是社會、政治、經濟、文化、文學等大的公共領域，還是婚姻、家庭等私人空間的一切變化，都與這一話語關聯。而每一位教授、學生的個人命運又與「黨派」這個關鍵詞相關聯。這是中國大學所處的特殊語境，也是其不同於外國大學之關鍵。研究 20 世紀中國大學就必須要面對這一歷史事實。也就是說民國的大學是處在革命的年代，是與黨派政治共生存的。同時，「反革命」的罪名，也是 20 世紀專制的政黨政治，特別是執政黨給反對者的一項特殊的政治「待遇」。而我這裡只是試圖以「激進」和「保守」作爲進入民國大學的路徑，並展開一次有關民國的知識和精神領域的漫遊。

民國時期的北京大學、東南大學－中央大學，分別代表了激進和保守，也就是「新青年派」和「學衡派」的兩種傳統。其激進和保守，作爲文化姿態各自在大學校園內展示出來，也顯示出其所支撐的思想資源與文化背景，同時造就了不同類型的思想觀念、學術觀念和文學風格。

如今都在強調學術規範和大學精神的堅守，因此各個大學的校史研究和高教研究，都開始關注各自大學的歷史和學術生態的現狀，注重學風建設和強化學術規範意識。各種成果不斷湧現，特別是北京大學與新文化運動的關係、清華大學國學研究院的研究，都已取得了很好的成果。各個大學也都整理出了自己的校史，出版了相應的專題論著，基本上修復了長時間被抹黑、

〔註4〕 胡適：《日記 1922 年》，《胡適全集》第 29 卷，第 725 頁。

歪曲和遮蔽的民國大學的歷史舊貌。葉文心在《民國時期大學校園文化（1919
～1937）》一書中提出 1927 年以後北京、上海、南京三城對比交錯下的大學
校園文化圖譜：北京的豐厚文化資源和悠久傳統下的國學；上海豐厚經濟資
源、新銳專業知識下的西學；南京國家意識形態下高等教育體系的形成所展
示的黨國文化﹝註5﹞。葉文心甚至形象地將這一圖譜用大學師生的服裝來展
示：長袍、西裝和制服（中山裝）﹝註6﹞。

　　「學統」是「大學精神」和「學術傳統」的合稱，並非一個周嚴的概念。
這裡我提出「激進」與「保守」作爲「民國大學的兩大學統」﹝註7﹞的命題，
試圖在大學學術史這一層面上進行些有意義的探究。本著大學興起的歷史軌跡
和具體的事件，發掘背後的文化精神，把握大學精神和學術傳統形成及發展流
變的內在脈絡，在學理上超越校史的寫作模式，向大學學術史靠近。在對比中，
展示民國兩大學統的異同，從中發掘出新的思想資源、學術資源和文學資源。
什麼是激進？只要看一下北京大學哲學門（系）1917～1922 年間學生的名錄，
看看他們與五四新文化－新文學運動的互動，審視一下他們和中共早期革命的
關係，就明白了：張申府、陳公博、朱自清、吳康、譚平山、康白情、顧頡剛、
區聲白、徐彥之、鄧中夏、張國燾、羅章龍、劉仁靜等均出自該門。其他系科
的學生：傅斯年、毛子水、俞平伯、楊振聲、羅家倫、梅思平、黃日葵、許德
珩、周炳琳、姚從吾等與哲學門（系）學生共同構成了五四新文化和中國革命
的合聲與共鳴。此時的北京大學有蔡元培、蔣夢麟、陳獨秀、胡適、李大釗、
李石曾這樣的大樹，而我所關注的是生長這些大樹的叢林。

文脈與學統

　　民國的文學生態不同於以往任何歷史時期，這是基本文學史觀。新的知
識、思想、情感和表現形式，特別是白話國語的異口同聲，以及大眾報刊圖
書等在現代印刷業推動下的傳播，形成了真正意義上所謂新文學。與新文學
相關聯的時代、政治、黨派、思潮、個體和文本形式，呈現出更爲複雜的關
係。民國大學是生長民國新文學的重要土壤。北京大學對早期白話新詩創作

﹝註5﹞ 葉文心：《民國時期大學校園文化（1919～1937）》（馮夏根等譯）第 113 頁，
　　　中國人民大學出版社，2012 年。
﹝註6﹞ 葉文心：《民國時期大學校園文化（1919～1937）》（馮夏根等譯）第 152 頁。
﹝註7﹞ 沈衛威：《現代大學的兩大學統》，《學術月刊》2010 年第 1 期。

的呵護和推動、南開大學對早期話劇的培育和推動，以及對青年作家的培養，都是史蹟清晰。1928 年以後，關注民國新文學的「新文學研究」課程先後在清華大學、北平師範大學、燕京大學、中國公學、武漢大學、青島大學、北京大學、四川大學、西南聯大開設。原本是新文學作家的許多人進入大學成爲了專業的文學教授，從創作轉向文學研究，同時培養文學新人。這樣，也就有了幾代青年作家從大學裏相繼走出，傳遞新文學薪火的人文景觀。

　　看看民國一批重要的新文學作家的全集，多是創作、翻譯和學術研究三個方面都有所建樹。他們的創作有國學、西學的雙重支撐。許多作家同時也是大學教授。許多並不以文學名世的學者，他們的全集中也都包含有文言舊體詩文集。民國往矣，今我來者，當知差距所在。我們不可以和他們比西學，更無法和他們比國學了。也許有人可以狂妄自大，那就給當下文科教授和當紅作家一本沒有標點的《左傳》、《漢書》，看看有幾人能讀得下去，更不要說讓你對其進行文字、音韻、訓詁的解釋。至少我這個受了十年專業中文系學術訓練的人對此就有切實的畏怯。我的一位老師在批評自己研究古典文學的同事時說：你怎麼連《左傳》的「注」都讀不懂了！

　　民國文學實際上由四個版塊構成，這四者之間有時呈互相排斥狀態，有時呈交叉疊加狀態，有時呈各自獨立封閉狀態。以語言形式區分民國文學的事實，可以清楚呈現爲：文言舊體文學（詩詞曲文）、白話新體文學（詩歌、散文、小說、話劇）、文白混搭的通俗文學、非漢語寫作的殖民地文學（香港少數作家的英文寫作、臺灣以及「滿洲國」時期少數作家的日文寫作）。當然，這並不是十分周嚴的劃分法。特別是舊體詩詞，是晚清民國時期文人生活化的東西，是他們生活的詩意棲息方式。這與他們從小所受的教育相關聯，更是中國文學傳統在他們血脈中的流動。許多早年寫作白話新詩的作者，後來都轉向寫作舊體詩詞。五四新文學運動高潮時期，激烈地反對舊體文學的胡適、羅家倫、魯迅、郭沫若、郁達夫、茅盾、葉聖陶都留下了大量的舊體詩詞。舊體詩詞甚至成爲他們晚年文學創作的主要收穫。白話新詩的作者大都是年輕人，詩齡都不長，留下的詩作相對較少，而終身堅持寫作舊體詩詞的詩人動輒就有上千首詩詞。若以詩人的數量和詩作的產量來說，文言舊體詩人詩作在整體上大於白話新體詩人詩作。寫作白話新詩的年輕人原本可以很多，但受到發表和出版機會的限制（主要是經濟條件），相反，寫作舊體詩詞的詩人從晚清遺老遺少到民國新貴，多數有錢自己印刷（「私家刻本」），即便沒有出版，也有保存下來的條件和可能。

在大學分別從事植物學和動物學教學研究的著名教授胡先驌、歐陽翥也因終生喜愛寫作舊體詩詞，而留下大量的文學作品，科學與文學的雙重追求在他們的生命中實現了有機融合。就連中共的多位領導人，1949 年後都有舊體詩詞出版。而非漢語寫作的殖民地文學，在香港只有少量的英文作品，在日本統治的臺灣，用日文寫作的作家較多。

文言舊體文學的作者眾多，我這裡僅以「義寧陳氏」家族和「章黃學派」為例。陳三立和他的五個兒子都是詩人，陳三立對黃庭堅及宋詩的推崇，在影響「同光體」詩派的同時，更為直接地影響了他的孩子。陳三立（《散原精舍詩文集》〔註8〕、《散原精舍詩文集補編》〔註9〕）、陳衡恪（《陳衡恪詩文集》〔註10〕）、陳隆恪（《同照閣詩集》〔註11〕）、陳寅恪（《陳寅恪詩集》〔註12〕）、陳方恪（《陳方恪詩詞集》〔註13〕）都留下有舊體詩集，且詩作的數量很大。而寫作白話新文學作品（小說《留西外史》）的卻只有陳登恪（春隨）一人，後來也轉向寫作舊體詩詞。「義寧陳氏」家族成員詩文的整理出版，成為我關注「義寧詩學」的重要依據。即便是多在大學執教研究學問的「章黃學派」成員，同時也都是詩人。「章黃學派」成員 1920 年代把持北京大學文史學科，1928 年以後一部分勢力開始轉移到中央大學文（汪東、黃侃）、史（朱希祖）兩系。章太炎、黃侃、汪東、魯迅、周作人、朱希祖、錢玄同、沈兼士、馬裕藻、吳承仕等都留下有舊體詩詞。僅齊魯書社 1985 年出版的汪東的《夢秋詞》，就收錄有 1380 闋。以文學創作為主的周氏兄弟的白話新詩很少，文言舊體詩詞居多。魯迅《野草》中收錄的唯一的一首白話新詩是《我的失戀》。1929 年 11 月出版的《過去的生命》是周作人唯一的一本白話新詩集。

民國年間抗拒白話新文學的「學衡派」成員，自然以堅持寫作舊體詩詞為文化策略之一，同時這種堅守背後是更大的思想文化上的抵抗。特別值得注意的是「學衡派」的一些重要成員的這種堅守和抵抗，一直持續到 1950 至 1960 年代。吳宓 1954 年 6 月 21 日致上海的柳詒徵（字翼謀）的信中寫道：「宓雖刊

〔註8〕 陳三立著、李開軍校點：《散原精舍詩文集》，上海古籍出版社，2003 年。
〔註9〕 陳三立著，潘益民、李開軍輯注：《散原精舍詩文集補編》，江西人民出版社，2007 年。
〔註10〕 陳衡恪著、劉經富輯注：《陳衡恪詩文集》，江西人民出版社，2009 年。
〔註11〕 陳隆恪著、張求會整理：《同照閣詩集》，中華書局，2007 年。
〔註12〕 陳寅恪：《陳寅恪詩集》，清華大學出版社，1993 年。
〔註13〕 陳方恪著、潘益民輯注：《陳方恪詩詞集》，江西人民出版社，2007 年。

文自責懺，內心仍完全是《學衡》初刊時之思想耳。」〔註14〕1960 年 8 月 22
日他在致李賦寧的信中強調：「宓惟一系心之事，即極知中國文字之美，文化之
深厚，尤其儒家孔孟之教，乃救國救世之最良之藥。惜乎，今人不知重視，不
知利用，為至極可痛可惜者也。」〔註15〕1962 年，吳宓在給李賦寧的信中列舉
了不願到北京工作的六個理由，其中之一是不願接受思想改造：「宓最怕被命追
隨馮、朱、賀三公，成為『職業改造家』，須不斷地發表文章，批判自己之過去，
斥罵我平生最敬愛之師友。寧投嘉陵江而死，不願……」〔註16〕這裡的馮、朱、
賀三公指的是當時被「改造」的三位著名教授馮友蘭、朱光潛、賀麟。

　　另據 1961 年南下訪問陳寅恪的吳宓在 8 月 30 日、31 日的日記中所示：「寅
恪兄之思想及主張，毫未改變，即仍遵守昔年『中學為體，西學為用』之說
（中國文化本位論），而認為共產黨已遭遇甚大之困難，……即是中國應走『第
三條路線』，……獨立自主，自保其民族之道德、精神、文化，而不應『一邊
倒』，為 C.C. C.P. 之附庸。……但在我輩個人如寅恪者，則仍確信中國孔子儒
道之正大，有裨於全世界，而佛教亦純正。我輩本此信仰，故雖危行言殆，
但屹立不動，決不從時俗為轉移。」〔沈按：為刪節式引文〕吳宓特別感慨陳
寅恪「威武不能屈」的事實：「始終不入民主黨派，不參加政治學習，不談……，
不經過思想改造，不作『頌聖』詩，不作白話文，不寫簡體字，而能自由研
究，隨意研究，縱有攻訐之者，莫能撼動。」〔註17〕我在《「學衡派」譜系——
歷史與敘述》中把他們的這種堅守稱之為「由學統到道統的守護」。

　　文白混搭的通俗小說（言情、武俠、公案等）有自己都市文化的土壤和
特殊的讀者群體，這個與都市、口岸、市民、報刊、出版有直接的關聯，同
時將中國自宋以來老白話的傳統與五四新白話的形式有機地結合，形成了相
對獨立自足的文學空間。文白混搭的通俗小說兼容了文白兩種語言的優勢，
爭取、培育和控制了屬於自己的讀者群體。通俗小說家可以不屑文言舊體詩
詞曲作家的鄙視，不顧白話新體文學作家的反對，他們在上海、天津、北京、
南京、蘇州等一些重要城市，依靠自由寫作，生活得很好，如包天笑、周瘦

〔註14〕吳學昭整理、注釋、翻譯：《吳宓書信集》第 401 頁，生活·讀書·新知三聯
　　　　書店，2011 年。
〔註15〕吳學昭整理、注釋、翻譯：《吳宓書信集》第 379 頁。
〔註16〕吳學昭整理、注釋、翻譯：《吳宓書信集》第 384 頁。
〔註17〕吳宓：《吳宓日記續編》第 V 冊第 160～161 頁，生活·讀書·新知三聯書店，
　　　　2006 年。

鵑、張恨水。他們甚至超越了新舊文學之爭，更逃離了白話新體文學作家黨同伐異和你死我活的派系鬥爭。1949 年以後，這一文學的形式，被梁羽生、金庸在自由繁榮的香港文化市場發揚光大。

掌握批評和學術話語權者以所謂「主潮」、「主流」的名義進行命名通常具有語言暴力性和霸權性，1949 年以前以胡適（白話活、文言死的二分進化演進論）、周作人（載道與言志互為消長的循環論）為首，其弟子朱自清、楊振聲、沈從文、蘇雪林、廢名等參與開創的以「新文學」來命名的民國時期的白話文學，有意把文言舊體文學和文白混搭的通俗小說排斥在外，或用批評的方式加以曲解，以視而不見的方式加以遮蔽，甚至還以偏執的思維方式否定其存在。1949 年以後，在新的意識形態主導下，「新文學」改換成「現代文學」，「國語」改換成「現代漢語」，甚至連與「中華民國」相關聯的歷史存在都加一「偽」字。我在查閱南京大學的校史資料時，看到 1978 年以前許多教授留下的文字中，都是稱自己原來工作的「中央大學」是「偽中華民國」的「偽中央大學」（自然不是汪精衛政權時期的南京「中央大學」），或參加過「偽國大」，任過「偽職」，或見過「偽校長」、「偽總統」，只差說自己是「偽人」、「偽教授」了。看得出，他們要由此洗心革面，重新做人。這樣的一代學人的教學研究，自然就具有鮮明的時代烙印。我們不必去苛求前輩，但要有清醒的認識。大陸是這樣，海峽那邊的臺灣也如此。因為兩黨之間廝殺了二十多年，殺紅了眼，打出了的深仇大恨，曾留下互以「匪」稱的三十八年隔海互不來往的局面。

結果是 1979 年以前三十年的「現代文學」研究者，大都是只研究那點兒被政治教條過濾過的白話新文學。而隨後這三十多年來對文白混搭的通俗小說研究和文言舊體文學研究，在整體實力上還無法動搖已形成的「新文學」和「現代文學」研究格局，尤其是業已形成的所謂新傳統、新範式。中國人多，不同的教學層次有大量的教科書需求，不能也無法要求每一位教師都去從事專門的學術研究。一百多種以「新文學」或「現代文學」命名的文學史多是編寫的教材，雷同者居多。也有一些「現代文學」的學界中人，條件所限，沒有翻閱過一本原始的民國文學刊物，一份民國的報紙，研究的對象也只是一部刪改後的白話新文學作家的全集或文集。當然，社會在進步，民國文學研究的現狀在逐步改變，但要根本的改觀還需要時間。自身學識、學術環境和學術分工不同，學者的表現自然各不相同。但從其研究論著中可以看

出其所處的生活狀態和學術姿態。沒有獨立的人格和自由的思想，就無法面對民國大學與民國文學這一複雜的問題。民國乃共和國之前身，歷史發展從來都是繼往開來，盤根錯節，若連正視都不敢，如何能進入研究狀態？2011年紀念辛亥革命 100 週年時，我在南京大學的課堂上對博士生、碩士生、本科生做了三次課堂調查，三個層次的學生對中華民國哪年成立的回答有兩個：1911 和 1912。幾乎是對半的比例。在南京這個中華民國的首都讀書的學子，經常出入於「1912 街區」，流連於「中山陵」、「總統府」，亦尚有一半人不知道中華民國成立於 1912 年 1 月 1 日。更可想其他地方的學子。這種狀況下，對於學生的民國歷史和基本的常識，就不知道如何測試了。求知如求醫。無知就像人有病不吃藥一樣，那是自己的選擇，可怕的是吃上了自己並不知情的假藥！當我向學生表達了自己的這一看法時，就得到學生有趣的回應說：「我們是被大人餵食含有三聚氰胺的奶粉長大的！」也就是說更可怕的還有自己不知道吃了假藥，不知道自己無知。

　　魯迅在《狂人日記》中，借敘事者「我」說了句：我也吃過人！

　　我對學生說：「我也吃過很多假藥！」

　　具體到民國大學的文脈，新文學領域有相對的一致性和同一性，即在追求現代性的同時，現實的、浪漫的、唯美的、現代的等各種思潮並存共生。而作為新文學反對派存在的「學衡派」中人，卻有著在一個文化保守的「精神共同體」內比較明顯的差異性。從文脈上看，文章中，「言志」（吳宓）與「載道」（梅光迪）並存（吳宓說自己「最恨人稱宓為『韓愈』『曾文正』」〔註18〕；而梅光迪卻相反）。詩歌中，「詩史」（胡先驌、陳寅恪）傳統與「抒情」（吳宓、吳芳吉）傳統共守。

　　民國的學者群落大致可分為大學、研究所和民間，其中多數聚集在新興的大學校園。由於民國新建，科學研究的基礎和勢力薄弱，研究院和研究所的規模、實力都是很有限的。民間的學術力量（如「中國營造學社」）越來越弱，而且主要是集中在傳統經史子集的四部之學，或保留下來家學、師承的所謂絕學。因為現代科學興起後，理工農醫商法的學問都是「洋學問」，這些領域有成就的學者都是海外留學歸來的。

　　民國大學的兩大學統中，「學衡派」的內部又有明顯的「尊德性」與「道問學」的巨大差異。我在《吳宓傳》中曾就《紅樓夢》研究中吳宓「尊德性」

〔註18〕吳學昭整理、注釋、翻譯：《吳宓書信集》第 205 頁。

與胡適「道問學」的不同，引用了黃宗羲在《宋元學案》中所說的，陸九淵（象山）之學，以「尊德性」爲宗；朱熹之學，則以「道問學」爲主。宗朱者詆陸爲「狂禪」，宗陸者毀朱爲「俗學」。兩家之學各成門戶，幾如冰炭。這是胡適與吳宓新舊文學、新舊學術之間的壁壘。但在「學衡派」內部，吳宓的「尊德性」與王國維、陳寅恪、葉玉森的「道問學」同樣相隔溝壑。「學衡派」成員中受白璧德影響的學生中，個性迥異。我在《「學衡派」譜系——歷史與敘述》一書中曾指出，白璧德「尊德性」的觀點直接影響了主編《學衡》的吳宓。師徒二人的觀點如出一轍。吳宓是典型的「尊德性」，而對「道問學」的純粹的知識性學問，有極端的偏見。在《空軒詩話》中，他把《學衡》作者葉玉森的甲骨文研究視爲「糟粕」。他說：

> 葉君又工爲詞，且研究甲骨文。著《殷契鉤沉》等三篇，刊登《學衡》雜誌（二十四期、三十一期）。當時，宓爲總編輯，視此類文章（謂甲骨文、及考證金石、校勘版本、炫列書目等）直如糟粕，且印工繁費（須攝製鋅版），極不欲登載。勉爲收入，乃歷年竟有諸多愚妄之人（法國伯希和氏亦其一）遠道來函，專索購該二期《學衡》。近且有人取此三篇，放大另印，每冊售價數元（其實僅出五角之微資，購此二冊《學衡》，即可全得），而《學衡》中精上之作（如三十一期中，劉、胡、吳、景諸君長篇論文），眾乃不讀，或拆付字簍。此固中國近世學術界文藝界一般不幸情形，而亦宓編撰《學衡》雜誌多年，結果最痛心之一事也。〔註19〕

即便因循文人相輕的傳統，他視從事專門學術研究的國際著名學者爲「愚妄之人」，也可見其偏頗。吳宓在這方面一直是堅持己見。他在 1925 年 12 月 30 日給溥儀的英文老師莊士敦的信中說自己「對目前從事的所謂國學研究不感興趣，因爲它避開了所有對古代聖賢和哲人偉大道德理念的哲學討論，卻將目前中國的問題和政策作爲重要方向，而在那方面，我們只是做些枯燥無用的研究，或是對我們寶貴的傳統進行大量毫無根據並有害的攻擊」〔註20〕。1931 年，在法國游學的吳宓在給浦江清的信中談到他見到自己「不喜之」「考據學者」伯希和，說：「彼純屬有形的研究，難與語精神文藝。彼視《清華學報》、《述學社國學月報》爲有價值之雜誌，彼以李濟、董作賓爲上等學者。」

〔註19〕吳宓：《吳宓詩集・空軒詩話》第 183～184 頁，中華書局，1935 年。
〔註20〕吳學昭整理、注釋、翻譯：《吳宓書信集》第 151 頁。

〔註 21〕因爲李、董在河南安陽從事殷商考古發掘，爲該領域享有國際聲譽的著名學者。1931 年 8 月 17 日《大公報・文學副刊》登有張季同的《評〈先秦經籍考〉》。張文說近二十年中國「國學」研究可以對抗日本學者的有王國維、郭沫若的甲骨學，陳垣、陳寅恪的中亞語言歷史，胡適、馮友蘭的哲學史，傅增湘的目錄學，楊樹達、奚侗的訓詁學。這裡提到的胡適、馮友蘭、陳垣、陳寅恪、楊樹達，在 1948 年都當選爲中央研究院院士。

教育立法

體制變革給民國大學與民國文學帶來的生機和活力是巨大的，也是個體力量所無法抗拒的。我這裡強調六個關鍵時刻和事件：

1、1905 年 9 月 2 日科舉廢止；

2、1911～1912 年皇權廢除（辛亥革命與民國新生）；

3、1912 年教育部《大學令》（10 月 24 日）〔註22〕確立的文、理、工、法、商、醫、農「七科」之學；

4、1913 年，教育部頒佈的《教育部令第一號》（1913 年 1 月 12 日）的《大學規程》第二章《學科與科目》〔註23〕，又將文學門分爲國文學（中國文學）、外國文學、言語學，中國文學系在文科建制中也日趨獨立；

5、1920 年 1 月 24 日《教育部令第七號》（通令全國各國民學校先將一二年級的國文改爲語體文）；

6、1930 年 2 月初《教部通令中小學校勵行國語教育——禁止採用文言教科書，實行部頒國語標準》〔註24〕。此文的起草者爲新文學作家劉大白。

科舉廢止，國民教育興盛，小學、中學、大學紛紛興建，作爲個體的人將接受公民教育，成爲公民；舊的文體形式不再成爲科舉考試和個體晉升的唯一工具，文體形式的解放，由此開始。

〔註21〕吳學昭整理、注釋、翻譯：《吳宓書信集》第 181 頁。

〔註22〕中國第二歷史檔案館編：《中華民國史檔案資料彙編》第三輯《教育》第 108 頁，鳳凰出版社，1991 年。

〔註23〕中國第二歷史檔案館編：《中華民國史檔案資料彙編》第三輯《教育》第 116 頁。

〔註24〕《教部通令中小學校勵行國語教育——禁止採用文言教科書，實行部頒國語標準》，1930 年 2 月 3 日《民國日報》。引自胡適：《日記 1930》，《胡適全集》第 31 卷第 604 頁黏貼的剪報。胡適特別在剪報的旁批說：「這是白話的令文，當是劉大白先生的手筆。十九，二，三。」

　　皇權終結，三綱五常的倫紐鬆解，公民成為自由人，國家確立新的「國語」，同時帶來文學創作、出版的自由繁榮。從事自由創新的個體，不會再像「戊戌六君子」那樣因變法而被慈禧一聲令下砍頭。所以胡適在《白話文學史》（上卷）中說科舉「真是保存古文的絕妙方法。皇帝只消下一個命令。定一種科舉的標準，四方的人自然會開學堂，自然會把弟子送去讀古書，做科舉的文章。……科舉若不廢，國語的運動決不能這樣容易勝利」〔註 25〕。個體的啟蒙、解放，首先是從教育開始的。男女教育平等、職業平等、自由戀愛、自由結婚，這些都為白話新文學作家和文言舊體文學作家提供了新的創造素材，同時新舊交替時代生活、情感的複雜性和豐富性也在作家的筆下紛紛呈現。所謂民國女性文學的創作者基本上都是受過國民小學、中學乃至大學教育的新女性。女作家輩出的前提是因為有了民國的大學教育。女子中學、女子師範學校、女子師範大學之外，是男女同校。兩性平等的國民教育時代由此而來。白話新文學和文言舊體文學所展示的「新女性」形象關聯了民國大學與民國文學的內在機制。

　　教育立法、實行國民教育，教育部兩次通令給白話新文學保駕護航的同時，使得白話文（「語體文」、「國語」）進入國民教育體制，進而使得白話新文學獲得了文學的正統地位，白話新文學作家也順勢掌握了文學的話語權。最為明顯的事例就是堅持用文言文的天津《大公報》，在 1931 年 5 月 22 日一萬號時，張季鸞聽從胡適的意見將報紙改用白話文〔註 26〕。反對者（文言舊體詩詞曲文的堅守者）即便是自己堅持抵抗，卻也不得不讓子女到民國學校接受白話文和白話新文學，並為孩子們在白話文和白話新文學的教育下，智力和知識的迅速進步而高興。梅光迪就是這樣的代表。

　　民國體制下的教育立法和相關的文學及學術制度的建立，是一種行政化的行為，而對傳統文學精神和文學形式堅守的人，或傳統學術範式的守護者，在如此情況下都面臨生存的艱難，或遭受所謂的橫逆，付出巨大的代價。這是歷史轉折和社會轉型時期特有的現象，也是此一歷史發展階段中每一個文學中人或學術中人必須承受的命運。

〔註 25〕胡適：《白話文學史》（上卷），《胡適全集》第 11 卷第 225 頁。
〔註 26〕沈衛威：《「學衡派」譜系——歷史與敘述》第 151～152 頁，江西教育出版社，2007 年。

第一章　異口同聲

.

維新變法之勢再起

晚清大變局下，中國的文化教育在「衝擊－回應」的歷史轉折關口，由睜眼看世界的有識之士引領，勇敢邁出了從傳統走向現代的最初步伐。1902年，是大清王朝在屈辱中艱難地走向新世紀的第二年；也是在日本教育家的啓發下，作爲「官話」的「京城聲口」，被士大夫文化精英階層中的有識之士，有意識地確立爲中國的「國語」，在京、津等地逐步實驗推廣，並與國家、民族的統一大業發生重要關聯的一年；更是中國的文化教育借助維新變法再起之勢，擺脫激進政治的綁架，發生新的穩健的轉折的開始。星火之蓄勢，得變法之勁風，「國語」與國民教育和中國大學的興起的關係，也由此開始緊緊地連在一起。統一的多民族國家的文化共同體內，「車同軌，書同文，行同倫」的「大一統」文化觀念中，又多了一個「口同聲」。

1902 年，迫於前一年屈辱的「辛丑條約」（因是針對之前的庚子教案，故又稱「庚子賠款」）的壓力，中斷三年多的維新變法再起。一批受「戊戌變法」牽連的官員重新被啓用。特別是在前一年兩江總督劉坤一和湖廣總督張之洞「江楚會奏變法三折」的實際推動下，欲變法先興學的呼聲甚爲高漲。1 月10 日，吏部尙書張百熙被任命爲管學大臣，掌管京師大學堂。在南京興學，掌管江南陸師學堂及新附設礦務鐵路學堂的俞明震，受劉坤一指令，在 3 月24 日，以江南陸師學堂總辦的名義親自護送陳衡恪、陳寅恪、周樹人（魯迅）、芮石臣（顧琅）、張協和（邦華）、伍仲文（崇學）等 24 人乘日輪「大貞丸」

由南京出發，去日本留學，同時考察日本教育。〔註1〕5月8日，山西巡撫岑春煊和英國傳教士李提摩太聯合，利用山西省被迫支付英國「庚子賠款」的五十萬兩白銀，成立山西大學堂。

同年2月8日，因「戊戌變法」而亡命日本橫濱的梁啓超創辦《新民叢報》；同年11月27日（農曆10月28日），《新小說》在橫濱創刊。該刊附設於《新民叢報》，梁啓超在創刊號上發表《論小說與群治之關係》、《新中國未來記》，在倡導「新民」和「新小說」的同時，極力推崇並踐行「新文體」。黃遵憲（字公度，1848～1905）因此致信稱讚說：「《清議報》勝《時務報》遠矣。今之《新民叢報》又勝《清議報》百倍矣。驚心動魄，一字千金。人人筆下所無，卻爲人人意中所有，雖鐵石人亦應感動。」〔註2〕與此同時，針對《天演論》譯者，「以爲文界無革命」的嚴復，黃遵憲也專門有書信給他，明確提出文界「無革命而有維新」〔註3〕。黃遵憲在給嚴復的信中說：「以四千餘歲以前創造之古文，所謂六書，又無衍聲之變，孳生之法，即以書寫中國中古以來之物之事之學，已不能敷用，況泰西各科學乎？……今日已爲二十世紀之世界矣，東西文明，兩相接合，而譯書一事，以通彼我之懷，闡新舊之學，實爲要務。公於學界中又爲第一流人物，一言而爲天下法則，實眾人之所歸望者也。僕不自揣，竊亦有所求於公。第一爲造新字，次則假借，次則附會，次則漣語，次則還音，又次則兩合。……第二爲變文體。一曰跳行，一曰括弧，一曰最數（一、二、三、四是也），一曰夾註，一曰倒裝語，一曰自問自答，一曰附表附圖。此皆公之所已知已能也。」〔註4〕黃遵憲與嚴復都是晚清著名的思想啓蒙者，是較早走出國門，放眼看世界的維新之士。嚴復又是吳汝綸的門生，他翻譯的《天演論》出版時，序言爲吳汝綸所作。文學家和政治家變革文體的自覺意識，將和變革讀音識字方法的國語教育家的「國語統一」思想合流，成爲維新改革的重要動力。

也正是這一年，中國教育史上兩位傑出的教育家出訪日本，考察、學習

〔註1〕 魯迅博物館魯迅研究室編：《魯迅年譜》（增訂本）第一卷第87～88頁，人民文學出版社，2000年。

〔註2〕 黃遵憲：《致梁啓超書》，黃遵憲撰，吳振清、徐勇、王家祥編校整理：《黃遵憲集》下卷第490頁，天津人民出版社，2003年。

〔註3〕 黃遵憲：《與嚴復書》，黃遵憲撰，吳振清、徐勇、王家祥編校整理：《黃遵憲集》下卷第480頁。

〔註4〕 黃遵憲：《與嚴復書》，黃遵憲撰，吳振清、徐勇、王家祥編校整理：《黃遵憲集》下卷第479～480頁。引文中括號內的解釋文字，在所引用時省略。

日本的國民教育：京師大學堂的總教習吳汝綸（字摯甫、摯父，1840～1903）；天津嚴家學館（1904 年改爲南開學校）創辦人嚴修（字範孫，1860～1929）。兩人都留下翔實的考察日記，分別爲《東遊叢錄》、《壬寅東遊日記》。嚴修在赴日的船上即對日本友人富士德太郎表示：「近頃，吳京卿亦奉朝旨東遊，待其歸國當有建白。」〔註5〕兩位教育家這次日本之行的收穫是巨大的，對中國教育引發的改革更是迅速的。就國民教育而言，這一改革是多方面的，我這裡著重關注「國語」這一具體的問題，只在國民教育的大歷史中，追尋「國語」推行之前的小細節。

從「東京語」到「京城聲口」

1902 年 2 月，管學大臣張百熙向並無實權的光緒皇帝奏薦吳汝綸爲京師大學堂總教習。吳汝綸雖以不懂西學爲由再三推辭不就，但皇帝的詔書難違，他又不敢公開抗旨，於是就提出先到日本考察學制，取法日本的國民教育模式，爲中國教育開改革新路。吳汝綸 6 月 9 日（農曆 5 月 4 日）從天津出發，10 月 22 日（農曆 9 月 21 日）回到上海。嚴修是 8 月 10 日（農曆 7 月 7 日）自天津啓程，10 月 30 日（農曆 9 月 29 日）回到上海。

對此事，吳汝綸之子吳闓生在《先府君事略》中寫道：「壬寅春，天子懲往事之過，發憤圖強，參考中外良法，詔行省府州縣咸立學堂，首於京師創立大學堂爲之倡。管學大臣吏部尚書張百熙，以爲學堂之立，首在主持之得人，親枉駕過先君客邸，堅請出相助，不可，則扶服以請，先君猶不應。張公不待許諾，直奏聞之於上，得俞旨賞加五品卿銜，充大學堂總教習。」〔註6〕賀鑄在《吳先生墓表》中詳述並銜接事由：「先生既受張公之聘，以謂諸國學制，歲更月修，久而後定，仿其規範而不能得其精意，恐難見功，故有日本之行。日人素信慕先生，及見先生之來，喜吾國有意圖新，又感先生之勤於所事而虛己以求也，自文部大臣及以教育名家與凡有事於學之人，爭思有以自效，其立學以來文牘，外人所不得見者，皆出之，以備觀採。」〔註7〕

〔註5〕嚴修：《壬寅東遊日記》，嚴修撰，武安隆、劉玉敏點注：《嚴修東遊日記》第 8 頁，天津人民出版社，1995 年。
〔註6〕吳闓生：《先府君事略》，施培毅、徐壽凱校點：《吳汝綸全集》第四卷第 1159 頁，黃山書社，2002 年。
〔註7〕賀鑄：《吳先生墓表》，施培毅、徐壽凱校點：《吳汝綸全集》第四卷第 1149 頁。

　　實際上，1902 年提出「國語統一」〔註8〕這個口號的正是這位「桐城派」後期作家、京師大學堂總教習吳汝綸，此時他是曾國藩門下四大弟子中年齡最小也是唯一的健在者，同時也是學問最好、文章最好的一位。同門師兄張裕釗（1823～1894）、黎庶昌（1837～1896）、薛福成（1838～1894）均未能高壽。相對於薛福成出任駐歐洲英、法、意、比四國公使四年，黎庶昌在歐洲多國使館做文化參贊 5 年、兩度出任駐日本公使 6 年的特殊經歷，吳汝綸說自己不懂西學是絕對的事實。但從他的日記可知，他對嚴復等人的譯介，對介紹西方或西學翻譯著作，如《天演論》、《盛世危言》、《四國志略》、《實學指針》、《學校管理術》有廣泛的涉獵，並有詳細的閱讀筆記。對當時介紹西學的報刊如《格致新報》、《水陸軍報》，美國的《學問報》、《學文報》、《紐約喜羅報》，法國的《博學報》、《格物報》，德國的《七日報》，英國的《太陽報》，日本的《郵報》，俄國的《彼得堡時報》等均有閱讀札記。

　　1902 年 6 月 9 日，吳汝綸奉清廷之命，帶領李光炯等赴日本考覽學制，行程中的見聞、訪談、書信、日記等合編成《東遊叢錄》（此書中的時間均爲農曆）。在三個多月的時間裏，他曾拜訪日本朝野各界人士，深受當時日本所推行的國家觀念至上的「國民教育」的影響。在他所拜訪的各界人士中，先後有四位向他談到國語統一與文字改革的問題。他們依次是：山川健次郎、伊澤修二、土屋弘（伯毅）、勝浦鞆雄。

　　在日本期間，爲吳汝綸充當翻譯的主要是當時留學日本的明治大學的學生章宗祥，即後來成爲民國政府要員，1919 年 5 月 4 日被遊行學生要求嚴懲的「賣國賊」（北洋政府被迫於 6 月 10 日將曹汝霖、章宗祥、陸宗輿等免職）。

　　在日期間，東京帝國大學總長、理學博士山川健次郎就明確地向他建議要重視「國語」統一的具體問題。說：「凡國家之所以存立，以統一爲第一要義。教育亦統一國家之一端。故欲謀國家之統一，當先謀教育之統一。教育之必須統一者有三大端：（一）精神；（二）制度；（三）國語。」〔註9〕山川健次郎又進一步向他解釋了推行「國語」的重要性：「國語似與教育無直接之關係，然語言者，所以代表思想，語言不齊，思想因此亦多窒礙，而教育之精神，亦必大受其影響。此事於他國無甚重要，以貴國今日之情形視之，

〔註8〕 黎錦熙：《國語運動史綱》第 101 頁，商務印書館，2011 年。近有劉進才：《語言運動與中國現代文學》第 23～37 頁，詳論此事。中華書局 2007 年版。

〔註9〕 吳汝綸：《東遊叢錄》，施培毅、徐壽凱校點：《吳汝綸全集》第三卷第 788 頁。

則宜大加改良，而得一整齊劃一之道，則教育始易著手。」〔註10〕

　　7月21日（農曆6月17日），吳汝綸拜訪東京高等師範學校校長，著名教育家伊澤修二（曾在臺灣興學，著有《支那語正音發微》）之後，在當天的日記中寫道：「訪伊澤修二，留飯久談，諄諄以國語一致為統一社會之要。」〔註11〕這次談話，頗有細節的衝擊力量：

　　　　（伊澤修二）又曰：欲養成國民愛國心，須有以統一之。統一維何？語言是也。語言之不一，公同之不便，團體之多礙，種種為害，不可悉數。察貴國今日之時勢，統一語言，尤其亟亟者。

　　　　答：統一語言，誠哉其急！然學堂中科目已嫌其多，復增一科，其如之何？

　　　　伊澤氏曰：寧棄他科而增國語。前世紀人猶不知國語之為重，知其為重者，猶今世紀之新發明，為其足以助團體之凝結，增長愛國心也。……既而德王威廉起，知欲振國勢，非統一聯邦，則不足以躋於盛壯；欲統一聯邦，非先一語言，則不足以鼓其同氣；方針既定，語言一致，國勢亦日臻強盛。……

　　　　答：語言之急宜統一，誠深切著明矣。敝國知之者少，尚視為不急之務，尤恐習之者大費時日也。

　　　　伊澤氏曰：苟使朝廷剴切誥誡，以示語言統一之急，著為法令，誰不遵從！尊意「大費時日」一節，正不必慮。〔註12〕

接下來，伊澤修二以事實為例來勸說吳汝綸：

　　　　即如僕信州人，此阿多君（時席上有此人）薩摩人，卅年前對面不能通姓名，殆如貴國福建、廣東人之見北京人也，然今日僕與阿多君語言已無少差異。敝國語言之最相懸殊者，推薩摩，初建師範學校時，募薩摩人入學，俾其歸而改良語言，今年春僕曾遊薩摩，見學生之設立普通語研究會者，到處皆是。所謂普通語者，即東京語也，故現在薩摩人殆無不曉東京語者。以本國人而學本國語，究不十分為難，況乎今日學理之發明，啞者尚能教之以操語言，況非

〔註10〕吳汝綸：《東遊叢錄》，施培毅、徐壽凱校點：《吳汝綸全集》第三卷第789頁。
〔註11〕吳汝綸：《日記》，施培毅、徐壽凱校點：《吳汝綸全集》第四卷第714頁。
〔註12〕吳汝綸：《東遊叢錄》，施培毅、徐壽凱校點：《吳汝綸全集》第三卷第797～798頁。

啞者乎？惟不試行之爲患耳。苟其行之，假以歲月，其效顯著於齊、魯、閩、粵之間，可操券決也。〔註13〕

這裡所呈現的「東京語」對日本各地人與人交往的改變，和學校教育中的「普通語」教學的實際情況，在二十四年前的日本，卻是另一種景象：書面語（國話）與口語，書面語與方言，州郡之間方言與方言很難溝通，雖本國人也「未能悉辨」，「亦不能解」。這在駐日公使黃遵憲 1878 年（戊寅）的《與日本人筆談》中可見一斑。我錄兩段當時黃遵憲與源桂閣（大河內輝聲）的談話爲證：

1878 年 10 月 29 日（農曆 10 月 4 日）

桂閣（我指著北京官話本《正音提要》中的話說）：「老慷慨」、「老四海」，何語意？

樞仙：老字是北京話中口頭語，如「好久」之意。

桂閣：是書官話了，不知別有纂北京土話者否？如那《紅樓夢》中話，則照之而好否？

公度：其爲北音一也。編《紅樓夢》者乃北京旗人，又生長富貴之家，於一切描頭畫角，零碎之語，無不通曉，則其音韻腔口，較官話書尤妙。然欲學中國音，從官話書學起，乃有門徑。譬如學日本語，不能從《源氏物語》諸說入門也。〔註14〕

1878 年 12 月 14 日（農曆 11 月 21 日）

公度：此間本有翻譯馮姓者爲之，然僕觀之，不譯亦知其事也。通西人語言文字者多，通日本語言文字者少。

桂閣：我邦文字之作用有數樣，雖邦人未能悉辨，《萬葉集》、《源氏物語》、《伊勢物語》等數本，是謂之國語，猶貴邦之官話，然今人寡知之者。邦人碩學鴻儒，讀貴邦典籍，又少知之者。其外平生普通之言異，於其州郡而又異焉，所以邦人亦不能解。〔註15〕

因此，黃遵憲在《日本國志》中，特別強調：「蓋語言與文字離，則通文者少；語言與文字合，則通文者多，其勢然也。然則日本之假名有裨於東方文教者

〔註13〕吳汝綸：《東遊叢錄》，施培毅、徐壽凱校點：《吳汝綸全集》第三卷第798頁。
〔註14〕黃遵憲：《與日本人筆談》，黃遵憲撰，吳振清、徐勇、王家祥編校整理：《黃遵憲集》下卷第725頁。
〔註15〕黃遵憲：《與日本人筆談》，黃遵憲撰，吳振清、徐勇、王家祥編校整理：《黃遵憲集》下卷第746頁。

多矣。……欲令天下之農工商賈婦女幼稚，皆能通文字之用，其不得不於此求一簡易之法哉。」〔註16〕此書1895年底出版後，此說即為王照所關注並摘錄，放在其1906年重印版的《官話合聲字母》中，作為附錄合刊發行。

日本教育界人士對中國的語言文字有感情，他們對日語改革後「東京語」成為國語的現實成效也有十分清醒的認識，因而他們對吳汝綸的「虛己以求」，給予的建議都是很切實、很細化的。土屋弘（伯毅）在給吳汝綸的信中強調：「蓋工業之所以速成，一在用器之利便。教育以文字為利器，文字之簡易利便者，莫若五十音圖。敝邦普通教育，以五十音圖為先，五十音之為用，宇宙百般之事，無不可寫者，而其為字僅五十，雖幼童可輒記之，以此施於初級教育，其進步之速，曾何足怪！」〔註17〕9月23日（農曆8月22日），吳汝綸隨即給土屋弘回信，說：「惠書論貴國以五十音施之初級教育，其進步之速以此；欲令敝國採用此簡便之物，以達教育速奏之效。……國人王某，曾為省筆字，大意取法貴國五十音，改為四十九字，別以十五喉音配之，可以賅盡敝國之音，學之數日可明。擬以此法傳之敝國，以為初級教育，庶幾所謂九十九人者皆得識字知書，漸開智慧，是亦與來教之旨暗合者。」〔註18〕

9月25日（農曆8月24日），東京府第一中學校長勝浦鞆雄在與到訪的吳汝綸交談中得知中國「近有人作省筆字」，大為驚奇，立即向吳汝綸表示：「中國若果行此，普通教育進化必速也。」〔註19〕吳汝綸在10月1日（農曆8月30日）回覆勝浦鞆雄的信中特意解釋說：「查新製之省筆，非下走所製，乃敝國王某所為，政府未必遽用。其所製字，僕決將來必須用此，教育乃能普及。」〔註20〕當然，日本友人所說的「普通教育進化必速」手段是要用「省筆字」。吳汝綸深知中國教育改革過程的艱難和時勢的複雜，所以此時他尚沒有堅定的信心和決斷的能力，只好寄希望於「將來」。

10月9日（農曆9月8日），吳汝綸訪問了創辦早稻田大學的大隈重信（大隈伯），大隈重信的一席話使他對日本「學校」教育有了更為深刻的認識：

〔註16〕黃遵憲：《日本國志》卷三十三第346～347頁，上海古籍出版社，2001年。
〔註17〕吳汝綸：《東遊叢錄》，施培毅、徐壽凱校點：《吳汝綸全集》第三卷第749頁。
〔註18〕吳汝綸：《答土弘伯毅》，施培毅、徐壽凱校點：《吳汝綸全集》第三卷第427頁。
〔註19〕吳汝綸：《東遊叢錄》，施培毅、徐壽凱校點：《吳汝綸全集》第三卷第738頁。
〔註20〕吳汝綸：《答勝浦鞆雄》，施培毅、徐壽凱校點：《吳汝綸全集》第三卷第430頁。

　　　　八日乙丑，訪大隈伯。其稱學校造就四等：一、造就個人，即
　　德育智育體育是也。二、造就國民，即普通教育，團結社會，齊心
　　愛國是也。三、造就公民，即使有政治之學，足以領袖平民是也。
　　四、造就世界人，即交通萬國、取長輔短、相與並立是也。〔註21〕

這是晚清以來，追求學校教育中所謂個人「德育智育體育」全面發展的最爲
直接和最爲明確的借鑒日本經驗的依據。

　　作爲曾國藩弟子中文學成就最高的吳汝綸深受刺激，他深明語言作爲言
志和載道的工具，更清楚晚清以來白話、官話對社會變革的實際推動。在他
心中立刻產生了如法炮製的念頭：即有以「京城聲口」（北京話、官話）對應
「東京語」。效法日本的國語統一，以加速中國的言文合一，異口同聲，進而
推動國民教育。這種對日本國民教育的傚仿、借鑒的明確態度立即呈現在他
的書信中。他10月12日（農曆9月11日）將在日本「閱視各學日記」抄呈
管學大臣張百熙（字野秋、冶秋，因曾官至多部尚書，通常稱其張尚書）的
同時，還有專門的《與張尚書》，信寫道：

　　　　今日本車馬夫役，旅舍傭婢，人人能讀書閱報，是其證也。中
　　國書文淵懿，幼童不能通曉，不似外國言文一致。若小學盡教國人，
　　似宜爲求捷速途徑。近天津有省筆字書，自編修嚴範孫家傳出，其
　　法用支微魚虞等字爲母，益以喉音字十五、字母四十九，皆損筆寫
　　之，略如日本之假名字，婦孺之兼旬，即能自拼字畫，彼此通書。
　　此音盡是京城聲口，尤可使天下語言一律。今教育名家，率謂一國
　　之民，不可使語言參差不通，此爲國民團體最要之義。日本學校，
　　必有國語讀本，吾若傚之，則省筆字不可不仿辦矣。〔註22〕

這就是嚴修之前所預料到的「建白」。信中所說自編修嚴範孫家傳出的「省筆
字書」，和在《答土弘伯毅》書中說的「王某，曾爲省筆字」，以及對勝浦鞆雄
所說的中國「近有人作省筆字」，即是後來頗得胡適褒揚的王照（字小航，號
蘆中窮士，1859～1933）的《官話合聲字母》。胡適1931年爲《王小航先生文
存》寫序時，稱道王是「革新志士，官話字母創始人」〔註23〕。說王小航「主

〔註21〕吳汝綸：《日記》，施培毅、徐壽凱校點：《吳汝綸全集》第四卷714～715頁。
〔註22〕吳汝綸：《與張尚書》，施培毅、徐壽凱校點：《吳汝綸全集》第三卷第435～
　　　　436頁。
〔註23〕胡適：《〈王小航先生文存〉序》，《胡適全集》第4卷第486頁，安徽教育出
　　　　版社，2003年。

張教育之要旨在於使人人有生活上必須之知識；主張教育是政治的主腦」〔註24〕。由於嚴範孫在吳汝綸之後也到日本考察教育，並在東京、西京與吳相會，還多次一起參加活動的緣故，吳汝綸對王照（小航）的《官話合聲字母》有特別的瞭解。生於 1859 年的王照，1894 年中進士後入翰林院，與 1883 年中進士的嚴範孫同為翰林院編修。1898 年，王照捲入「戊戌變法」，遭追捕前即逃亡日本。在日本期間，受日本片假名的直接影響，創制中國官話字母表。潛回中國後，到天津，得嚴範孫接濟。1900 年，王照得嚴範孫送給他的清初李光地《音韻闡微》的啟發，知曉是康熙皇帝將滿語的「合聲」之法，傳給李光地，使得他應用於漢文字音，寫成《音韻闡微》。於是，他在 1900 年成書《官話合聲字母》，並先在嚴範孫的家學館中試用。1901 年，此書傳到日本江戶，被中國留學生翻印。黎錦熙說：「嚴氏家裏，人人都練習得很熟；丫頭老媽子廚子車夫都是能看《拼音官話報》，能用官話字母寫信作文的。」〔註25〕這是緣於 1898 年嚴範孫在天津自家設立學館（「嚴館」），「半日讀經書，半日讀洋書」〔註26〕。隨後，他與時俱進，辦「女塾」（1902 年）、「工藝學堂」（1903 年）、「小學堂」（1903 年）、「南開學校」（1904 年）。欲維新變法，改良社會，必須先從辦教育入手的理念，在他是越來越明確，並成為他後半生的不懈追求。

　　王照在《官話合聲字母》的序言中寫道：「今各國教育大盛，政藝日興，以及日本號令之一，改變之速，固各有由，而言文合一，字母簡便，實其至要之原。」〔註27〕他更是強調：「各國文字雖淺，而同國人人通曉，因文言一致，字母簡便，雖極鈍之童，能言之年即為通文之年。故凡有生之日，皆專於其文字所載之事理，日求精進。無論智愚貴賤，老幼男女，……而吾國通曉文義之人，百中無一。占畢十年，問：何學？曰：學通文字耳。鈍者或讀書半生，而不能作一書束。惟其難也。故望而不前者十之八九，稍習即輟者又十之八九。文人與眾人如兩世界，凡政治大意、地理大略、上下維繫、中外消長之大概，無從曉譬。」〔註28〕如何能使語言文字合二為一？王照積極

〔註24〕　胡適：《〈王小航先生文存〉序》，《胡適全集》第 4 卷第 488 頁。
〔註25〕　黎錦熙：《國語運動史綱》第 101 頁。
〔註26〕　嚴修自訂、高淩雯補、嚴仁曾增編、王承禮輯注、張平宇參校：《嚴修年譜》第 127 頁，齊魯書社，1990 年。
〔註27〕　王照：《〈官話合聲字母〉原序》，王照：《官話合聲字母》第 3 頁，文字改革出版社，1957。此書是根據 1906 年北京「拼音官話書報社」翻刻本《重刊〈官話合聲字母〉序例及關係論說》影印。
〔註28〕　王照：《〈官話合聲字母〉原序》，王照：《官話合聲字母》第 1～2 頁。

主張採用已經成為「官話」的「京話」，來統一中國的語言：「用此字母，專拼白話。語言必歸畫一，宜取京話。因北至黑龍江，西逾太行宛洛，南距揚子江，東傅於海，縱橫數千里，百餘兆人，皆解京話。外此諸省之語，則各不相通。是京話推廣最便，故曰官話。官者公也，公用之話，自宜擇其占幅員人數多者。」〔註29〕。在《出字母書的緣故》中，王照更是明確表示：「借著字母，就認得漢字，日子多了，就可以多認漢字，以至連那無有字母的書，也都可以會看了，真是大有益處。以後咱們中國人，都能念書，添點學問，長點見識。這就是我們作字母書的，所很指望的了。」〔註30〕

　　1901 年，王照進京拜見李鴻章，李託病（不久即病逝），令于式枚代見。於王兩人對話，可見王照明世事通大理的改革之志：

　　　　（于式枚）歡然曰：「老前輩！今從海外歸來，亦將有策略以救中國乎？」

　　　　照曰：「天下事豈一策一略所能為？今全國共計二十萬秀才舉人進士，比日本五千萬受過普通教育的人民少二百五十倍；以一敵二百五，還有什麼策略可說？中國政府非注重下層教育不可！欲去下層教育的障礙，非製出一種溝通語文的文字，使言文合一不可！」〔註31〕

李鴻章 1901 年去世後，王照便讓門人王璞趁張百熙出任管學大臣之際，以王璞個人的名義在 1902 年 12 月（農曆 11 月）直接上書張百熙，陳說老師王照所作所為將會對普及教育產生的影響：

　　　　惟於民之宜人人能看書，人人能看報，人人能讀詔書示諭，知其切要。急思便捷之法……苦心焦思，惟有之受業師某老先生所作官話字母，拼合自然，無音不備，至為簡當。若以之譯《聖諭廣訓》，飭州縣遣生貢之無事者，布之民間，雖目不識丁之人，教字母十餘日，自能解讀，自必鼓舞，歡欣頌揚德意，由此而得作書信紀錄簿之能，且有他日讀書讀示諭等類之益，則轉相傳授，增添之速，不可思議。〔註32〕

〔註29〕王照：《新增例言》，王照：《官話合聲字母》第9頁。
〔註30〕王照：《出字母書的緣故》，王照：《官話字母讀物》（八種）第5～6頁，文字改革出版社，1957年。
〔註31〕黎錦熙：《國語運動史綱》第108頁。
〔註32〕王璞：《宛平縣生員王璞謹呈為請用俗話字母廣傳》，王照：《官話合聲字母》第33～34頁。

其實，吳汝綸在訪問日本之前已經讀到了王照的《官話合聲字母》一書。他在 1902 年 3 月 24 日（農曆 2 月 15 日）的日記中寫道：

> 近年南省多仿外國字母另立省筆字母，用反切拼音，教婦孺識字者。小航用《音韻闡微》之例，別製字母並喉音字，爲北方不識字之人便於俗用。其拼音用國書合聲之法，緩讀則爲二字，急讀則成一音。其上一字用支、微、魚、虞、歌、麻諸韻之字，下一字用喉音，謂天下之聲皆出於喉而收於喉，皆闡微例也。其書名《官話合聲》，字母喉音十五，……字母四十九。……凡字分四聲，則依聲加點於字母，並喉音字之四隅。北人無入聲，今但分上平、下平、上、去四聲。〔註33〕

生於安徽皖江北岸的吳汝綸，他家鄉的私塾此時的確是在用反切拼音教學。這在「胡適紀念館」的檔案中可以找到證據。1903 年，13 歲的胡適和他的私塾老師胡禹臣（觀象）、同學胡近仁、胡觀爽在皖南績溪家鄉上莊開始學反切，老師是一位從江西來的遊方學者徐奮鵬，用的課本是《反切直圖》。這個課本如今還保存在臺北南港的「胡適紀念館」〔註34〕裏。而北方，則是王照的《官話合聲字母》的影響力在日益增大。

袁世凱爲官話字母作「護法」

1903 年 12 月 29 日（農曆 11 月 11 日），直隸大學堂學生王用舟、何鳳華、劉奇峰、張官雲、世英、祥懋等上書直隸總督袁世凱，請他「奏明頒行官話字母，設普通國語學科，以開民智而救大局事」〔註35〕。他們首先說明「近見自嚴太史修家所傳出之《官話合聲字母》，係仿國書合聲之法，制爲字母五十，喉音十二，轉換拼合。凡口中所能言之音，無不能達，且專以京音爲主，便利通用，莫逾於此。誠能推行，則億萬眾愚夫愚婦，能言者即能文，無用者亦有用矣」〔註36〕。他們特別強調統一語言以結團體，「夫國人所賴以相通相結者，語言也。言不類則心易疑，此渙散之本也。彼泰西各國，類皆文言

〔註33〕 吳汝綸：《日記》，施培毅、徐壽凱校點：《吳汝綸全集》第四卷第 676～677 頁。

〔註34〕 胡頌平編著：《胡適之先生年譜長編初稿》第 1 冊第 50～51 頁，（臺北）聯經出版事業公司，1984 年。

〔註35〕 《十一月十一日上袁宮保稟》，王照：《官話合聲字母》第 73 頁。

〔註36〕 《十一月十一日上袁宮保稟》，王照：《官話合聲字母》第 76 頁。

合一，故團體最固。至於日本，尤以東京語爲普通教育，誠握要之圖也。我國無事不規仿泰西，步武日本，獨於此漠然置之，可惜孰甚」〔註37〕。這裡所提到的日本以「東京語」爲普及教育的方式，和吳汝綸在日本所獲得的事實完全一致。

袁世凱在批示中明確寫道：「據稟已悉，國民普及教育，必由語文一致，而成爲東西各國之通例。該學生等所呈《官話合聲字母》以及切合音之法，包括一切語文，與吾國古時文字單簡假借同音之例，初不相背，果能通行無阻，誠如日本伊澤氏所謂簡要器具者。」〔註38〕但他同時擔心社會上層與下層的成見，一時難以接受，無法推廣。所以他主張「必先引其端倪而後可收成效，姑候行。學校司體察情形，如何試辦，妥酌具覆飭遵繳」。結果是本年臘月，經學校司覆後，「督批飭保定蒙養半日各學堂並駐保定各軍營試辦」〔註39〕。

吳汝綸在日本「閱視各學日記」和以「京城聲口」（北京話、官話）對應「東京語」的表達，直接影響到了 1904 年 1 月 13 日（農曆 1903 年 11 月 26 日）張百熙和榮慶、張之洞起草的《重訂學堂章程摺》、《奏定大學堂章程》、《奏定學務綱要》。其中《奏定學務綱要》中的「各學堂皆學官音」，就是吳汝綸的主張：

> 各國言語，全國皆歸一致，故同國之人，其情易恰，實由小學堂教字母拼音始。中國民間各操土語，致一省之人，彼此不能通語，辦事動多扞格。茲擬以官話統一天下之語言。故自師範以及高等小學堂，均於中國文一科內附入官話一門。其練習官話，各學堂皆應用《聖諭廣訓直解》一書爲準。將來各省學堂學員，凡授科學，均以官音講解，雖不能遽如生長京師者之圓熟，但必須讀字清眞，音韻朗暢。〔註40〕

1903 年 2 月 9 日（農曆 1 月 12 日），吳汝綸在安徽樅陽老家因急發疝氣導致腸梗阻去世，未來得及實際履新京師大學堂總教習的職位，更未能得見他主張的「京城聲口」作爲「國語」的推廣和普及。但他在去世前，要門人把王

〔註37〕《十一月十一日上袁宮保稟》，王照：《官話合聲字母》第 77 頁。
〔註38〕《十一月十七日督憲袁批》，王照：《官話合聲字母》第 93 頁。
〔註39〕《十一月十七日督憲袁批》，王照：《官話合聲字母》第 94 頁。
〔註40〕《奏定學務綱要》，王杰、祝士明編著：《學府典章》第 257 頁，天津大學出版社，2010 年。

照的《官話合聲字母》帶回家鄉，供新創辦的桐城小學堂使用，希望能將其傳遍江淮。王照在《挽吳摯父先生聯語並序》中評介他「生平謂古文外，必無經濟。自遊日本，頓悟普通教育之意，乃特命其同鄉門人五人習蘆中窮士所作《官話合聲字母》」〔註41〕。「夫能以文章名世者，莫摯父先生若也。而先生獨能虛心折節，以倡俗話之學。蓋先生心地肫摯，目睹日本得力之端，在人人用其片假名之國語，而頓悟各國莫不以字母傳國語爲普通教育至要之原」〔註42〕。

同年（1903），王照自天津到北京創立官話字母義塾，木版刻印《官話合聲字母》。直隸總督袁世凱長子克定得其書，授其弟克文，克文年幼，能無師自通。袁世凱本人因此高興，而贊成官話字母〔註43〕，所以黎錦熙說「給王照的『官話字母』作護法的，除嚴修、吳汝綸兩氏外，還有一個力量更大的，便是太子少保北洋大臣直隸總督袁世凱」〔註44〕。這裡實際指的是《官話合聲字母》對袁世凱所屬軍人的直接影響。因爲從 1904 年初（農曆 1903 年底即光緒二十九年臘月）開始，王照的官話字母教學就與袁世凱北洋軍系的軍事教育相結合。這從王照「光緒三十年九月替常備軍第三鎮作的」《對兵說話》一書的序言《衍說學官話字母要緊》可以知道，「自從光緒二十九年臘月，袁宮保就商量，教各軍營裏的人，學習這官話字母。如今商量定了，教咱們軍營的人，無論官長頭目兵丁，都得學習」〔註45〕。

1904 年 10 月（農曆 9 月），直隸學務處針對豐潤縣王金綬等稟，起草了呈袁世凱的覆文：「今該生等所呈字母拼音書與日本之片假名略同，而純拼單音尤爲省便。桐城吳京卿所謂婦孺習之兼句即可自拼字畫，彼此通書，蓋確有證據之言，非虛語也。此教育普及之說也。……今該生等所呈官話字母拼音，雖僅爲下等人急就之法，而用意亦隱與暗合，且能解此法，於習官話者尤爲捷便。吳京卿所謂此音盡是京城聲口，尤可使天下語音一律，亦非虛語也。此語言統一之說也。」〔註46〕這裡進一步明確驗證了吳汝綸所說的用「京城聲口」統一天下語音，達到語言統一的主張，「非虛語也」。

〔註41〕 王照：《挽吳摯父先生聯語並序》，王照：《官話合聲字母》第 37 頁。
〔註42〕 王照：《挽吳摯父先生聯語並序》，王照：《官話合聲字母》第 39～40 頁。
〔註43〕 黎錦熙：《國語運動史綱》第 108 頁。
〔註44〕 黎錦熙：《國語運動史綱》第 103 頁。
〔註45〕 王照：《對兵說話》，王照：《官話字母讀物》（八種）第 79 頁。
〔註46〕 《直隸學務處覆文》，王照：《官話合聲字母》第 67～68 頁。

　　改革者的命運通常是磨難重重。也就在 1904 年，王照因受譚嗣同好友沈藎的株連，自行到步軍統領衙門投案，從此在獄中生活兩個多月。王照的注音字母研究和教學實驗由門人王璞繼續。

　　與之同時，另一股民間的勢力在湧動，那就是冠以「俗話」、「白話」或「京話」的各種報刊創刊，如《無錫白話報》（1898 年 5 月 11 日）、《杭州白話報》（1901 年 6 月）、《京話報》（1901 年 9 月，北京）、《中國白話報》（1903年 12 月 19 日，上海）、《安徽俗話報》（1904 年 3 月 31 日，安慶－蕪湖）、《京話日報》（1904 年 8 月 16 日，北京）等在全國主要城市大量出現，與學堂的「官話」教學形成合力，進一步促使了「國語」的推行。

　　當然，歷史也會給先行者一個回報：1905 年，延續千年的科舉取士終結，傳統的精英教育，向公共的國民教育順利轉型。如此國語作為普通教育的一個最為重要的工具，才有被普遍使用的可能。京師大學堂在民國時期，由海外留學歸來的教育家引領，順利向具有現代國際視野的國立北京大學轉型。1912 年民國新建國立北京大學，而首任校長正是吳汝綸的弟子嚴復；1902、1904 年兩次赴日本，1918 年又專程赴美考察學制教育的嚴修和赴美留學歸來的門生張伯苓，將一個私塾學館、小學堂、中學堂，成功轉化為民國時期上好的私立南開大學。王照、王璞師徒也在民國新的教育體制下，有為於「讀音統一會」、「國語統一籌備會」。如同「小站練兵」一樣奇跡凸現，由袁世凱作「護法」的《官話合聲字母》曾經「傳習至十三省之境」〔註 47〕，用這種字母編印的「初學修身倫理歷史地理地文植物動物外交等拼音官話書，銷至六萬餘部」〔註 48〕。吳汝綸、嚴修、王照、袁世凱的合力作用，更是將作為「官話」的「京城聲口」推進到「國語」的位置，於是「國語統一」才逐步變成現實。1917 年在胡適《文學改良芻議》、陳獨秀《文學革命論》的推動下，「國語的文學－文學的國語」成為「建設的文學革命論」的核心問題，「用白話作各種文學」〔註 49〕逐步成為創造新文學的大趨勢，也就自然成就了梁啟超所期待的真正的現實的「新中國未來記」。

　　「異口同聲」——所以我說中國現代語言學、現代文學大歷史真正的精彩，是閃現在這個由構想成為現實的關鍵詞之中。

〔註 47〕《內容說明》，王照：《官話合聲字母》扉頁。
〔註 48〕《內容說明》，王照：《官話合聲字母》扉頁。
〔註 49〕胡適：《建設的文學革命論》，《胡適全集》第 1 卷第 60 頁。

第二章　舊學新知

「國語統一」是現代統一的多民族國家文化建設的重要標誌，如同統一貨幣和度量衡那樣重要。據「國語統一」運動的親歷者黎錦熙1934年出版的較爲翔實的《國語運動史綱》所示，「國語運動」開始於 1897 年，與商務印書館開幕、湖南時務學堂同時。先知者的宣傳當屬 1896 年 11 月《時務報》上刊出的維新派梁啓超的《沈氏音書序》一文，文中提出「此後吾中土文字，於文質兩統可不偏廢，文與言合，而讀書識字之智民可以日多矣」〔註1〕。即隨後所謂的「言文一致」。當時雖無「國語」之說，但在對「白話」重視的言論中，和「詩界革命」、「小說界革命」的呼聲裏，都蘊含著對新思想和新文體的期待。裘廷梁在《論白話是維新之本》一文中，把中國不富強的原因歸結爲「此文言之爲害矣」〔註2〕。黃遵憲主張的「我手寫吾口」〔註3〕和梁啓超的「新文體」，爲詩體的解放和文體解放，開啓了一條嘗試的路子。隨之，吳汝綸在 1902 年叫出「國語統一」〔註4〕的口號。

1903 年，直隸大學堂學生王用舟、何鳳華、劉奇峰等上書直隸總督袁世凱，請他奏明皇上，「頒行官話字母，設普通國語學科，以開民智而救大局事」。他們特別強調「彼泰西各國，類皆文言合一，故團體最固。至於日本，尤以

〔註 1〕 黎錦熙：《國語運動史綱》第 85 頁，商務印書館，2011 年。梁啓超：《飲冰室合集·飲冰室文集之二》第 1 冊第 2 頁，中華書局，1989 年（據 1936 年版影印）。

〔註 2〕 郭紹虞主編：《中國歷代文論選》第 399～403 頁，上海古籍出版社，1979 年。

〔註 3〕 黃遵憲著、錢仲聯箋注：《人境廬詩草箋注》卷一第 15 頁，古典文學出版社，1957 年。

〔註 4〕 黎錦熙：《國語運動史綱》第 101 頁。

東京語爲普通教育，誠握要職圖也。我國無事不規仿泰西，步武日本，獨於此漠然置之，可惜孰甚」〔註5〕。

語言的變革，迎來了文學革命的好時機，火借風勢，風助火威。

文學革命的推動

1912 年中華民國政府由南京北遷後，教育部總長蔡元培便著手準備成立「讀音統一會」。12 月，教育部成立「讀音統一會籌備處」，由吳敬恒（稚暉）任主任，並制定讀音統一會章程八條。章程確立了讀音統一會的職責，就是要審定每一個字的標準讀音，作爲「國音」。同時議定各省兩名代表，蒙、藏和華僑各一名，專家若干人，於 1913 年 2 月 15 日～5 月 22 日，在北京開會，審定生字讀音和注音字母。〔註6〕

1915 年，教育部總長張一麐（公紱），呈請袁世凱批准設立注音字母傳習所（所長王璞），希望能夠「借語言以改造文字，即借文字以統一語言；期以十年普及全國」〔註7〕。

同時，「文學革命」的問題在美國的留學生胡適、梅光迪等人中開始引起討論。國內以《甲寅》派政論家黃遠庸（遠生）的主張最爲明確。他在爲梁漱溟《晚周漢魏文鈔》寫的序言和《新舊思想之衝突》、《致〈甲寅〉雜誌記者》等文章中指出，「欲發揮感情，溝通社會潮流，則必提倡新文學」〔註8〕；「欲瀹發智慮，輸入科學，綜事布意，明白可觀，則必提倡一種近世文體」〔註9〕。特別是他的《致〈甲寅〉雜誌記者》兩封信，被胡適稱之爲「中國文學革命的預言」〔註10〕。

1916 年 10 月，黎錦熙、汪懋祖、朱文熊、彭清鵬等在京人士成立中華國語研究會〔註11〕。1917 年 12 月 11 日，黎錦熙、陳頌平、董茂堂等國語研究

〔註5〕 《十一月十一日上袁宮保稟》，王照：《官話合聲字母》第 73～77 頁。
〔註6〕 黎錦熙：《論注音字母》，黎澤渝、劉慶俄編：《黎錦熙文集》（下）第 364 頁，黑龍江教育出版社，2007 年。
〔註7〕 黎錦熙：《論注音字母》，黎澤渝、劉慶俄編：《黎錦熙文集》（下）第 374 頁。
〔註8〕 黃遠庸：《〈晚周漢魏文鈔〉序》，《遠生遺著》卷二第 355 頁，上海中國科學公司，1938 年（這裡據上海書店影印本）。
〔註9〕 黃遠庸：《〈晚周漢魏文鈔〉序》，《遠生遺著》卷二第 356 頁。
〔註10〕 胡適：《五十年來中國之文學》，《胡適全集》第 2 卷第 310 頁，安徽教育出版社，2003 年。
〔註11〕 黎錦熙：《國語運動史綱》第 133～134 頁。

會成員，與北京大學國文門研究所國語部沈尹默、錢玄同、劉半農、朱希祖、胡適等聯合，在國史編纂處討論國語統一之事，國語研究會會長、北京大學校長蔡元培出席指導。〔註12〕

1917 年 1 月，北京大學文科學長陳獨秀主持的《新青年》上刊發胡適的《文學改良芻議》，掀起文學革命的浪潮，極大地引發了社會的文化變革，並推進了國語運動的展開。胡適也一下子被推到了國語統一和文學革命的潮頭。

之後在 1918 年 4 月 15 日《新青年》第 4 卷第 4 號上發表的《建設的文學革命論——國語的文學・文學的國語》中，胡適首先強調，自己在《文學改良芻議》中所提出的八不主義，都是從消極的，破壞的一方面著想的。

> （一）不做「言之無物」的文字。（二）不做「無病呻吟」的文字。（三）不用典。（四）不用套語爛調。（五）不重對偶——文須廢駢，詩須廢律。（六）不做不合文法的文字。（七）不摹倣古人。（八）不避俗話俗字。〔註13〕

現在胡適便把這「八不主義」都改爲肯定的口氣，又作出四條概括：

> （一）要有話說，方才說話。（二）有什麽話，說什麽話；話怎麽說，就怎麽說。（三）要說我自己的話，別說別人的話。（四）是什麽時代的人，說什麽時代的話。〔註14〕

胡適明確強調，他所提倡的文學革命，只是要替中國創造一種國語的文學。有了國語的文學，方才可有文學的國語。要做到這一點，胡適特意提出了這個完備的方案（節錄）：

> （一）工具：多讀模範的白話文學；用白話作各種文學。
>
> （二）方法：
>
> （1）集收材料的方法：推廣材料的區域；注意實地的觀察和個人的經驗；要用周密的理想作觀察經驗的補助。（2）結構的方法：剪裁；布局。（3）描寫的方法：寫人；寫境；寫事；寫情。（4）翻

〔註12〕王世儒編撰：《蔡元培先生年譜》（上）第 201～202 頁，北京大學出版社，1998 年。

〔註13〕胡適：《建設的文學革命論——國語的文學・文學的國語》，《胡適全集》第 1 卷第 53 頁。

〔註14〕胡適：《建設的文學革命論——國語的文學・文學的國語》，《胡適全集》第 1 卷第 53 頁。引文稍有省略，省略部分爲胡適對「八不主義」改爲肯定口氣的說明。

譯西洋文學：只譯名家著作，不譯第二流以下的著作；全用白話韻
文之戲曲，也都譯爲白話散文。

（三）創造。〔註15〕

黎錦熙在《國語運動史綱》一書中特別強調，胡適的「這篇文章發表後，『文
學革命』與『國語統一』遂呈雙潮合一之觀」〔註16〕。

1918 年 11 月 23 日，教育部以教育部總長傅增湘（沅叔）的名義，頒佈
《教育部令第七五號》，正式公佈注音字母。

時值 1919 年，「國語統一」、「言文一致」運動和《新青年》的「文學革
命」運動完全合作。僅「國語研究會」的會員就增加至九千八百零八人〔註17〕。
1920 年，「國語研究會」的會員達一萬二千人。1921 年，「國語研究會」在上
海成立支部。1922 年，「國語研究會」出版了會刊《國語月刊》。1925 年 6 月
14 日，錢玄同與黎錦熙主編的《京報》副刊之一《國語周刊》創刊發行。與
此同時，新文學陣營的文學社團大量湧現，文學刊物也如雨後春筍。

教育立法

胡適因首倡文學革命而被北洋政府教育部聘爲「國語統一籌備會」成員。
這是他由文學革命向「國語統一」和國語教育滲透所邁出的關鍵一步。爲此，
胡適十分積極地爲「國語統一」獻計獻策。1919 年 11 月 29 日，他爲「國語
統一籌備會」起草了標點符號議案修正新案〔註18〕。這份由馬裕藻、周作人、
朱希祖、劉復、錢玄同、胡適作爲「提議人」，並由胡適最後修正的《請頒行
新式標點符號議案》（修正案），在 1920 年 2 月以《教育部通令採用新式標點
符號文》爲名作爲「訓令第 53 號」發出。訓令稱此令是「據國語統一籌備會
函送新式標點符號全案請予頒行等因」〔註19〕而頒發。

1919 年 11 月 30 日，胡適開始爲「國語統一籌備會」〔註20〕起草議案。

〔註15〕 胡適：《建設的文學革命論——國語的文學·文學的國語》，《胡適全集》第 1
卷第 60～68 頁。
〔註16〕 黎錦熙：《國語運動史綱》第 136 頁。
〔註17〕 黎錦熙：《國語運動史綱》第 136 頁。
〔註18〕 胡適：《日記 1919 年》，《胡適全集》第 29 卷第 25 頁。
〔註19〕 阿英編選：《中國新文學大系·史料·索引》第 240 頁，上海良友圖書印刷公
司，1936 年。
〔註20〕 胡適：《日記 1919 年》，《胡適全集》第 29 卷第 26 頁。

12 月 21 日，繼續爲「國語統一籌備會」〔註21〕謀劃。1920 年 5 月 21〜24 日，「國語統一籌備會」在北京召開大會。作爲「國語統一籌備會」的大會主席，胡適的號召力還是很強的，在他的主持下，各項議案得以順利通過〔註 22〕。依照章程，此次會議上推舉張一麐爲會長，袁希濤、吳敬恒爲副會長。

其中馬裕藻、周作人、朱希祖、劉復、錢玄同、胡適等提出的《國語統一進行方法》的議案中，「第三件事」爲「改編小學」課本，理由是「統一國語既然要從小學校入手，就應該把小學校所用的各種課本看作傳佈國語的大本營；其中國文一項，尤爲重要。如今打算把『國文讀本』改作『國語讀本』」〔註23〕。

這項 1919 年底已經議定的議案，先行由「國語統一籌備委員會」組織委員會呈部施行。1920 年 1 月 24 日以代理教育部總長（教育次長代理部務）傅嶽棻（治薌）的名義，發出《教育部令第七號》，通令全國各國民學校先將一二年級的國文改爲語體文：

> 案據全國教育會聯合會呈送該會議決《推行國語以期言文一致案》，請予采擇施行；又據國語統一籌備會函請將小學國文科改授國語，迅予議行各等因到部。查吾國以文言分歧，影響所及，學校教育固感受進步遲滯之痛苦，即人事社會亦欠具統一精神之利器。若不急使言文一致，欲圖文化之發展，其道無由。本部年來對於籌備統一國語一事，既積極進行，現在全國教育界輿論趨向，又咸以國民學校國文科宜改授國語爲言；體察情形，提倡國語教育實難再緩。茲定自本年秋季起，凡國民學校一二年級，先改國文爲語體文，以期收言文一致之效。合亟令行該□轉令遵照辦理可也。〔註24〕（沈按：原引文中□，保留）

胡適認爲「這個命令是幾十年第一件大事。他的影響和結果，我們現在很難預先計算。但我們可以說：這一道命令把中國教育的革新至少提早了二十年」〔註25〕。

同日發出的《教育部令第八號》，通令全國改小學「國文」科爲「國語」

〔註21〕　胡適：《日記 1919 年》，《胡適全集》第 29 卷第 43 頁。
〔註22〕　胡適：《日記 1920 年》，《胡適全集》第 29 卷第 173〜177 頁。
〔註23〕　黎錦熙：《國語運動史綱》第 160 頁。
〔註24〕　黎錦熙：《國語運動史綱》第 161 頁。書中附有《教育部令第七號》原文。
〔註25〕　胡適：《〈國語講習所同學錄〉序》，《胡適全集》第 1 卷第 224 頁。

科，「首宜教授注音字母，正其發音。次授以簡單語詞語句之讀法、書法、做法。漸授以篇章之構成。並採用表演、問答、談話、辯論諸法，使練習語言。讀本宜取普通語體文，避用土語，並注重語法之程序。其材料，擇其適應兒童心理並生活上所必需者用之。」〔註 26〕

這也就實現了基督教北長老會傳教士狄考文（Calvin Wilson Mateer 1836～1908）1896 年在《官話讀本》第一版前言中的預見：「總有一天，豐富、準確、高雅的官話會成為中國流行的口語和書面語言。」〔註 27〕

同年四月，教育部召集各省有志研究國語的人，在北京辦了一個國語講習所。胡適在這裡面講演十幾次。他在為這個講習所《同學錄》寫的序言中強調：「推行國語便是定國語標準的唯一方法；等到定了標準再推行國語，是不可能的事。」〔註 28〕

此後，胡適被聘為中小學十一年學制方案的起草人。〔註 29〕

所以，錢基博在 1933 年初版，1936 年增訂版的《現代中國文學史》中，明確指出：「一以『國語的文學，文學的國語』十字為宣傳，是則適建設的文學之樹以為鵠者也。於是教育部以民國九年頒『小學課本改用國語』之令；而白話文之宣傳，益得植其基於法令焉。」〔註 30〕

隨之胡適有意識地將國語由小學教育、大學教育試驗、整理國故和新文學作家的文學創作嘗試，做一整合，並推向整個國民教育。試圖將文學的雅俗，教育的長幼，學術的新舊，完全打通，以求新文化運動狀態下全社會的動員。他在 1921 年 8 月 5 日《國語運動與國語教育》的演講中有如此明確的思路：

一、國語運動：

（1）白話報時代：以白話為「開通民智」的利器。

（2）字母時代：以簡字或拼音文字為不識字人求知識的利器。

（3）讀音統一會：謀國語的統一，作注音字母。

（4）國語研究會：①推行注音字母。②以國語作教科書。

〔註 26〕黎錦熙：《國語運動史綱》第 161～162 頁。書中附有《教育部令第八號》原文。

〔註 27〕郭查理：《齊魯大學》（陶飛亞、魯娜譯）第 125 頁，珠海出版社，1999 年。

〔註 28〕胡適：《〈國語講習所同學錄〉序》，《胡適全集》第 1 卷第 227 頁。

〔註 29〕胡適：《日記 1928 年》，《胡適全集》第 31 卷第 116 頁。

〔註 30〕錢基博：《現代中國文學史》第 425～426 頁，華中師範大學出版社，2011 年。

（5）國語文學的運動：以前皆以國語爲他們小百姓的方便法
　　門，但我們士大夫用不著的，至此始倡以國語作文學，打
　　破他們與我們的區別。以前尚無人正式攻擊古文，至此始
　　明白宣言推翻古文。

（6）聯合運動：今日與今後。

二、國語教育：

（1）國語不止是注音字母。

（2）國語教育不單是把文言教科書翻成白話。

（3）國語教育當注重「兒童的文學」，當根本推翻現在的小學
　　教科書。盧騷説，「教育兒童不可圖節省時間，當糟蹋時
　　間。」此意最宜注意。〔註31〕

國語統一運動中的一股重要的推動勢力是在北京的幾位大學教授組成的「數
人會」。1925 年 9 月 26 日，有志於研究國音與國語的黎錦熙、劉復、林語堂、
趙元任、錢玄同、汪怡六人，組成了「數人會」。相約每月開會一次，每人擔
任輪值主席，拿一個問題來討論〔註32〕。其中汪怡對注音和速記貢獻尤多。

　　至 1926 年，教育部國語統一籌備會布告，決定推行王璞、趙元任、錢玄
同、黎錦熙、汪怡、白鎭瀛（字滌洲）爲起草委員所修訂的國語標準音，即
以北京語音爲標準，羅馬字母辨認拼切。〔註33〕

　　「國語統一」與「文學革命」合流之後所帶來的巨大變化，顯現在小學、
中學和大學教育的各個層面，同時也帶動了圖書出版、報刊傳媒的迅猛發展。
一切都呈現出嶄新的面貌。僅就大學中文系的文學課程、語言課程建設而言，
北京大學、北京高師、清華學校（大學）的教授們貢獻最大，並由此帶動起
方言調查、歌謠的搜集整理。隨之而起的殷商考古、敦煌文獻整理、明清大
內檔案整理和方言調查，共同形成語言學研究中的「文獻整理＋田野調查」
的學術研究模式，將傳統的「小學」（文字、音韻、訓詁）研究提升爲參與民
族國家重建過程中的文化支柱地位，使得科學落後的中國，因自身的人文學
術研究的崛起，而能夠參與世界文明的「對話」。北京大學也因此而確立了文
學研究、語言學研究近百年來的絕對優勢。

〔註31〕　胡適：《日記 1921 年》，《胡適全集》第 29 卷第 399～400 頁。

〔註32〕　錢玄同：《記數人會》，《錢玄同文集》第 3 卷第 292～293 頁，中國人民大學
　　　　　出版社，1999 年。

〔註33〕　黎錦熙：《國語運動史綱》第 203 頁。

新舊勢力搏擊

但「國語統一」和「文學革命」合流的歷史進程中,也遭遇了反對之聲。因爲「思想解放即從文字的解放而來;解放之後,新機固然大啓,就是一切舊有的東西,都各自露其本來面目」〔註 34〕。比如著名的反對派林紓當時就以文化貴族式的傲慢與偏見,對「文學革命」發出的謾罵,引起了新文化陣營的強力反攻。他的這種反對力量,客觀上反而加速了「國語統一」和「文學革命」的進程。

1922 年 1 月南京東南大學創辦的《學衡》雜誌,向胡適及新文學、新文化運動開火。1924 年 11 月北京臨時政府成立後,代表反「國語」勢力的章士釗到京就任司法總長,並於次年 4 月 15 日兼任教育總長,他與同仁以《甲寅》擺出「虎陣」,成爲「國語運動的攔路虎」〔註 35〕。一時間,反對力量形成南北夾擊新文學和國語運動的聲勢。針對反「國語」、反「新文學」的勢力,胡適坦然應對,他在 1922 年所著的《五十年來中國之文學》一文中認爲文學革命已經大勝,而且已經過了討論的時期,進入創作的試驗和收穫期了,「反對黨已經破產」〔註 36〕。黎錦熙說他們新文化陣營應對反對勢力的聯合作戰計劃,布出了三道防線:白話文、國語教科書(包括一切國語讀物)、教育法令。黎錦熙認爲白話文是第一道防線,「擔任的軍隊是急先鋒的新文學家、不曾落伍的教育界、受了訓練的青年們。總司令胡適之(胡先生擔任這路總司令,並不是誰派的,也不是大家推舉的,尤不是他自己要幹的,乃是敵軍只認他爲總司令)」〔註 37〕。因爲《學衡》、《甲寅》的火力就是直接對準他發的。

這時,出陣迎敵的先鋒大將,仍是錢玄同。當年,文學革命初瀾,他欲置「選學妖孽」、「桐城謬種」於死地;如今則在《京報》上創辦《國語周刊》,作爲「大家發表關於國語的言論機關」和與敵人交火的陣地。《國語周刊》的發刊辭中這樣表述:

〔註 34〕 黎錦熙:《國語運動史綱》第 136 頁。
〔註 35〕 魏建功:《打倒國語運動的攔路虎》,《國語周刊》第 12 期(1925 年 8 月 30 日)。《魏建功文集》第 5 卷第 433～434 頁,江蘇教育出版社 2001 年版。魏建功《繼往開來出力多》一文中說自己是 1928 年回北京大學服務,「追隨本師錢玄同先生從事『國語運動』」。《魏建功文集》第 5 卷第 589 頁。
〔註 36〕 胡適:《五十年來中國之文學》,《胡適全集》第 2 卷第 342 頁。
〔註 37〕 黎錦熙:《國語運動史綱》第 176 頁。

　　1、我們相信這幾年來的國語運動是中華民族起死回生的一味聖藥，因爲有了國語，全國國民才能彼此互通情愫，教育才能普及，人們的情感思想才能自由表達。所以我們對於最近「古文」和「學校的文言文課本」陰謀復辟，認爲有撲滅它之必要；我們要和那些僵屍魔鬼決鬥，拼個你死我活！

　　2、我們相信正則的國語應該以民眾的活語言爲基礎，因爲它是活潑的，美麗的，純任自然的，所以我們對於現在那種由古文蛻化的國語，認爲不能滿足；我們要根據活語言來建立新國語。

　　3、我們相信中華民族今後之爲存爲亡，全靠民眾之覺醒與否；而喚醒民眾，實爲知識階級唯一之使命。……講到喚醒民眾，必須用民眾的活語言和文藝，才能使他們眞切地瞭解。……〔註38〕

《國語周刊》先是作爲《京報》副刊之一種出版。自 1925 年 6 月 14 日～12 月 27 日，共出版 29 期。1926 年 4 月，《京報》也被張作霖查封停刊。1931 年 9 月 5 日《國語周刊》又作爲《世界日報》的副刊新出第一期。以後一直出到 300 期（1937 年 7 月）〔註39〕。抗戰期間，因北平師範大學等高校遷至漢中，黎錦熙將《國語周刊》在陝西南鄭復刊（1941 年 3 月 8 日），1944 年 1 月改在甘肅蘭州，又相繼出版發行 60 期（1941 年 3 月 8 日～1946 年 5 月 10 日）。

　　1925 年 9 月 2 日錢玄同在爲顧頡剛編選的《吳歌甲集》所寫的序言中，明確指出他認爲的「國語應該具有三個美點：活潑，自由，豐富」。他說自己有「國語熱」，所以連帶著有「國語文學熱」。「我極相信文學作品對於語言文章有莫大的功用，它是語言文章的血液。語言文章缺少了它，便成了枯槁無味的語言文章：低能兒的語言」。國語文學應當用「眞的活人的話語」〔註40〕來做。

〔註38〕錢玄同：《〈國語周刊〉發刊辭》，《錢玄同文集》第 3 卷第 156～157 頁。

〔註39〕《國語周刊》南鄭版第 1 期（民國三十年三月八日）有黎錦熙著《國語周刊南鄭版發刊詞》，開頭說：「國語周刊是教育部國語推行委員會的一個機關報，是民國二十年九月在北平發刊的，到二十六年七月，恰出到三百期，而『七七』國難日，停版。二十九年七月，教育部令本會擴大組織，調整工作，召開第二屆全體大會於重慶，本刊就在二十九年雙十節的前一日，□刊於中央日報。」（沈按：無法辨認的字用□表示）若按照黎錦熙的話，是出版 300 期，但就目前所看到的材料，是到第 286 期（1937 年 4 月 3 日）。

〔註40〕錢玄同：《〈吳歌甲集〉》序》，《錢玄同文集》第 3 卷第 361～373 頁。次序言的摘錄先刊發在 1925 年 9 月 6 日《國語周刊》第 13 期上。

　　三年前，《學衡》出來反對新文學與新文化時，魯迅、周作人都有積極的回擊。吳宓、梅光迪、胡先驌、柳詒徵、胡夢華的言論都引起了周氏兄弟尖銳的批評。魯迅（署名「風聲」）在《晨報副鐫》上的文章就有：《估〈學衡〉》（1922 年 2 月 9 日），《「一是之學說」》（1922 年 11 月 3 日），《對於批評家的希望》（1922 年 11 月 9 日），《反對「含淚」的批評家》（1922 年 11 月 17 日）。

　　同年，周作人以「式芬」我筆名在 2 月 4 日《晨報副鐫》和 2 月 13 日《時事新報・學燈》上發表《〈評嘗試集〉匡謬》。（胡適日記認爲周的文章是持中的，公正的）。2 月 12 日周作人又以「仲密」爲筆名在《晨報副鐫》刊出《國粹與歐化》，反對梅光迪關於模仿的主張。4 月 23 日《晨報副鐫》又刊出周作人（仲密）的《思想界的傾向》的文章，悲觀地說：「現在思想界的情形……是一個國粹主義勃興的局面；他的必然的兩種傾向是復古與排外。」因仲密文章中提到《學衡》，所以胡適在 27 日《晨報副鐫》上刊出《讀仲密君〈思想界的傾向〉》一文做針對性的回應。他說梅光迪、胡先驌「不曾趨時而變新，我們也不必疑他背時而復古」。「知道梅、胡的人，都知道他們仍然是七、八年前的梅、胡。他們代表的傾向，並不是現在與將來的傾向，其實只是七八年前——乃至十幾年前——的傾向。不幸《學衡》在冰桶裏擱置了好幾年，遲到一九二二年方才出來，遂致引起仲密君的誤解了」〔註41〕。

　　隨後周作人變換筆名又刊登多篇批評文章，主要刊發在《晨報副鐫》上。沈雁冰針對梅光迪及其他「學衡派」〔註42〕同人也有多次尖銳的批評。魯迅和胡適的態度相似，不屑與復古勢力和反對新文學的章士釗等再戰。他在給《國語周刊》主編錢玄同的信中說道：「此輩已經不值駁詰，白話之前途，只在多出作品，使內容日見充實而已」〔註43〕。同時在 1925 年 8 月 28 日《莽

〔註41〕胡適：《讀仲密君〈思想界的傾向〉》，《胡適全集》第 21 卷第 265 頁。此問題的詳論參見沈衛威：「學衡派」譜系——歷史與敘事》第 448～450 頁，江西教育出版社，2007 年。

〔註42〕郎損：《評梅光迪之所評》，《時事新報・文學旬刊》第 29 期（1922 年 2 月 21 日）。郎損：《近代文明與近代文學》，《時事新報・文學旬刊》第 30 期（1922 年 3 月 1 日）。郎損：《駁反對白話詩者》，《時事新報・文學旬刊》第 31 期（1922 年 3 月 11 日）。冰：《「寫實小說之流弊」？》，《時事新報・文學旬刊》第 54 期（1922 年 11 月 1 日）。雁冰：《文學界的反動運動》，《文學周報》第 121 期（1924 年 5 月 12 日）。

〔註43〕魯迅：《致錢玄同》，《魯迅全集》第 11 卷第 452 頁，人民文學出版社，1981 年。

原》周刊第 19 期上刊發的《答 KS 君》一文中，再此強調，「因爲《甲寅》不足稱爲敵手，也無所謂戰鬥」；「倘說這是復古運動的代表，那可是只見得復古派的可憐，不過以此當作訃聞，公佈文言文的氣絕罷了」〔註44〕。

大學學科建設的差異性

從傳統經、史、子、集的「四部」之學，經晚清到民國初年教育部《大學令》〔註45〕（1912 年 10 月 24 日）確立的文、理、法、商、醫、農、工的「七科」之學的轉變是大學學科發展的重要變化。第二年，教育部頒佈的《教育部令第一號》（1913 年 1 月 12 日）的《大學規程》第二章《學科與科目》，又將文學門分爲國文學（中國文學）、外國文學、言語學。中國文學系在文科建制中也日趨獨立。

大學文科之科目中文學門又分爲八類，其中，國文學類分爲：

一、文學研究法　　　　　　二、說文解字及音韻學
三、爾雅學　　　　　　　　四、詞章學
五、中國文學史　　　　　　六、中國史
七、希臘羅馬文學史　　　　八、近世歐洲文學史
九、言語學概論　　　　　　十、哲學概論
十一、美學概論　　　　　　十二、論理學概論
十三、世界史〔註46〕

北京大學（前京師大學堂）的文科「課程」設置，也就自然成爲國內新起大學的傚仿榜樣。爲此，我專門找來北京大學文科中國文學系 1919 年 9 月～1920 年 6 月學年（一二三年級）課程設置：

科學概論（一、二，王星拱）。哲學史大綱（一，胡適）。社會學大意（一、二、三，陶孟和）。文字學（二、三，錢玄同）。文學史（三，吳梅）。文學史（二，劉毓盤）。中國詩文名著選（一，朱希祖）。中國文學史（一，朱希祖）。中國文學史要略（一，朱希祖）。歐洲文學史（一，周作人）。十九世紀文學史（二，周作人）。詩（二、

〔註44〕 魯迅：《答 KS 君》，《魯迅全集》第 3 卷第 112 頁。
〔註45〕 中國第二歷史檔案館編：《中華民國史檔案資料彙編》第三輯《教育》第 108 頁，鳳凰出版社，1991 年。
〔註46〕 中國第二歷史檔案館編：《中華民國史檔案資料彙編》第三輯《教育》第 116 頁。

三，黃節）。文（二、三，劉毓盤）。詞曲（二、三，吳梅）。〔註47〕
這份課程表中沒有劉師培和黃侃。因為劉師培此時病重，1919 年 11 月 20 日
病逝。黃侃 1919 年 7 月底即離開北大到武昌高師任教。〔註48〕

據北京大學 1921 年 10 月制定的《中國文學系課程指導書》〔註49〕所示，

〔註47〕《文科中國文學系第三二一學年課程時間表》，《北京大學日刊》1919 年 10 月 25 日。

〔註48〕黃焯：《黃季剛先生年譜》，《黃侃日記》第 1115 頁，江蘇教育出版社，2001 年。

〔註49〕據《中國文學系課程指導書》（十年十月訂），《北京大學日刊》1921 年 10 月 13 日所示，具體科目如下：

科目	教員	單位
文字學概要（說明音形義之大略，俾得應用之以讀古書）	沈兼士、馬裕藻	4
古籍校讀法（乙）（述前代學者治學之方法）	馬裕藻	1
文學史概要（乙）（說明中國文學之流別及其利弊）	朱希祖	3
詩文名著選（選授歷代詩文之名著，藉以知文學之梗概）	吳虞、劉毓盤	4
以上為本系一年生必修之科目（入外國文學諸系及史學系哲學系者，選修）		
文字學 A 音韻（乙）	錢玄同	3
文字學 B 形義	沈兼士	3
經學通論 A 今文家學說	崔適	3
經學通論 B 不分今古文家學說	陳漢章	3
史傳之文（或選讀各史，或專讀一史，或兼讀數史）	張爾田	3
諸子之文（或選讀各家論文，或專讀一家，或兼讀數家）	吳虞	3
詩（乙）	黃節	3
騷賦		2
詞	劉毓盤	3
戲曲	吳梅	3
雜	吳虞	3
外國文學書之選讀	周作人	3
戲曲史	吳梅	2
詞史	劉毓盤	2
歐洲文學史	周作人	3
普通音理及和聲學初步	蕭友梅	3
中國古聲律（凡今日以前中國所傳之聲律皆屬）	吳梅	2
以上為本系二三年生選修之科目		
文學史概要（甲）	朱希祖	3
古籍校讀法（甲）	馬裕藻	1
以上為二年生補修之科目		
文字學（音韻）（甲）	錢玄同	3
詩（甲	黃節	3
戲曲（甲）	吳梅	2
小說史（甲）	周樹人	1
以上為三年生補修之科目		

彼時的北大已經堪稱現代大學，而且已經確立了基本的模式和內容，並且體現了循序漸進，層次分明現代課程設置特徵。

在文學課、語言課之外的第三類的「雜文學之類」，即後來又統稱為「古籍校訂」或「文獻學」方面，也體現了這種特徵。其中的教師黃節（《兼葭樓詩》）、劉毓盤（《濯絳宦詞》）、張爾田（《初日山房詩集》）、吳梅（《霜崖詩錄》、《霜崖曲錄》、《霜崖詞錄》）都是詩人，擅長詩詞或詞曲，且在各自的學術領域都有專門的研究。

此時的北大教師中，沈兼士、馬裕藻、朱希祖、崔適、陳漢章、錢玄同、周樹人、周作人均是浙江人，且都是章太炎的同學、門生，所以被視為浙江派取代「桐城派」文人，控制北京大學中國文學系。日後教育界鬧風潮時，出現的「某籍某系」之說便是此現象的特指。

王星拱、陶孟和留學英國，胡適留學美國，蕭友梅留學日本、德國，其他有海外留學經歷的人都是從日本回來的，除四川人吳虞外，多是章太炎的弟子。他們與晚清反滿革命有關，自然也是與浙人蔡元培出任教育部總長、北京大學校長有最為密切的關係。

凡有　符者，必須兼作箚記。有　符者，得自由為作文之練習。（沈注：原課表「有　符者」實際上沒有顯示出來）

本系待設及暫闕各科要目如左（沈按：原文為豎排文字）。本學年若有機會，擬即隨時增設。

文學概論、經學通論、古文家學說、解詁之文一切解經詁史之文、小說、詩史、小說史（乙）、新詩歌之研究、新戲劇之研究、新小說之研究

中國文學之特別研究科目假定如左（擬自下學年起逐漸增設）：

第一類　文字學之類

甲骨金石文字及說文解字諸書、古韻學及切韻以降韻學諸書、爾雅以次詁訓諸書、發音學之研究、閩音之研究、方言之研究、語法之研究

第二類　純文學之類

詩經、樂府詩、騷賦、古今謠諺、兩漢迄唐諸名家詩、唐以降諸名家詩、唐以降諸名家律詩、唐宋金元以降諸名家詞（附清）、元明清諸名家戲曲、唐以前諸小說、唐以後諸小說

第三類　雜文學之類

書禮周官左傳國語及漢以前諸史志、兩漢迄唐史志諸書（正史以外諸史志皆屬之）、唐律等書、易春秋及周秦諸子（儒、道、墨、名、法及其他）、唐以前儒名法及雜家、魏晉玄言、佛學經論譯者、兩漢迄唐議禮論政之文、宋明諸儒語錄、周髀算經及九章算術諸書、素問靈樞諸書、大小戴記及春秋公羊谷梁傳、兩漢迄唐解經詁史之文、唐宋人筆記、清儒考訂之文、昭明文選派之文、唐宋八家及桐城派之文

對於北京大學開設「科學概論」這門課，陶孟和當時就有這樣的認識，他在《大學課程問題》一文中說：

> 在大學第一二年級設科學概論一科（Survey Course or General Survey Course），把各種科學聯絡起來，給學生一個對於科學的鳥瞰。……現在哥倫比亞大學設有「現代文明」一科，爲第一年生所必修，即是此意。〔註50〕

胡適、周樹人（魯迅）、周作人、錢玄同，都是新文學作家，沈兼士、馬裕藻、朱希祖雖不創造新文學作品，但是新文學陣營的盟友。蕭友梅是著名的音樂教育家。吳虞是被胡適稱之爲「隻手打孔家店的老英雄」。他們共同處在新文化的陣營裏，對北京大學的引領方向由此可見一斑。

其中特別說的是胡適的《哲學史大綱》這門課。它是先在哲學系贏得信譽，才在國文系開設，並成爲文科的品牌課程的。1917 年 9 月留美歸來進入北京大學的胡適，深知傅斯年、顧頡剛、毛子水等人的國學基礎均在他之上，因此他想確立一個屬於自己的課程空間。而原來講中國哲學的陳漢章，從伏羲講起，講了一年，只講到「洪範」。胡適接課後，拋開以前的課本，重編講義，第一講是「中國哲學結胎的時代」，用《詩經》作時代的說明材料，丟開唐、虞、夏、商，從周宣王講起。這樣一改，頗讓人耳目一新，對那些充滿三皇五帝的腦筋也是一個嚴重的打擊。據顧頡剛《〈古史辨〉自序》所言，正是胡適「有眼光，有膽量，有斷制」〔註51〕的思想方法，贏得了學生的信賴和支持，站穩了北大的講臺。在之後的「五四」運動中傅斯年、顧頡剛、毛子水、羅家倫、楊振聲等最著名的幾個人物都成了胡適的門生。學生中的傅斯年（北京大學代校長、臺灣大學校長）、羅家倫（清華大學校長、中央大學校長）、楊振聲（青島大學校長），後來成爲著名大學的校長，承傳他的辦學理念，聘請新文學作家到大學執教（朱自清、俞平伯進清華，沈從文、聞一多、梁實秋等進青島大學等），並將新文學研究和創作指導，推進到了大學國文系。胡適還推薦新文學作家陳源（西瀅）出任武漢大學文學院院長，之後沈從文、蘇雪林也被聘任，並將「新文學研究」由此「開進」武大。

1921 年 10 月，東南大學正式成立，原南京高等師範學校與之兩名稱並存，1922 年 12 月 6 日兩校評議會、教授會聯席會議通過，南京高師歸入東南大學。

〔註50〕陶孟和：《大學課程問題》，《孟和文存》第 166 頁，上海書店出版社，2011 年。
〔註51〕顧頡剛：《〈古史辨〉自序》，《古史辨》第 1 冊第 36 頁，北京樸社，1926 年。

　　國文系首任系主任是原兩江師範學堂學生，1917 年夏畢業於北京大學哲學門（後又爲文科研究所研究生）的陳中凡（鍾凡）。他實際是回自己的母校任教。而另一個教授吳梅是從北京大學到東南大學執教，所以他的詞曲課從北大開到東大。

　　據 1923 年 4 月印行的《國立東南大學一覽》所示，此時（1923 年 1 月統計）國文系的師資爲：

　　陳鍾凡（斠玄）　　系主任、教授

　　顧　實（惕森）　　國文教授

　　陳去病（佩忍）　　詩賦散文教授

　　吳　梅（瞿安）　　詞曲國文教授

　　周　盤（銘三）　　國語主任教員

　　邵祖平（潭秋）　　國文助教

　　周　澂（哲準）　　國文助教

國立東南大學國文系課程開設可以參考和比擬的只有國立北京大學中國文學系。〔註 52〕顯而易見，這是東南大學學習北京大學，取法北京大學的結果，

〔註52〕課程有詳細的內容，這裡引用文字有省略，詳見《國立東南大學一覽》，東南大學編印，1923 年 4 月（南京大學圖書館藏）。
　　　　國文系開設的課程爲五類，分別是：
　　　　　　　　　本科學生課程（第一類）：
　　　　國學概要一（群經通論）、國學概要二（諸子通論）、國學概要三（史傳通論）、國學概要四（典籍總略）、散文一（經典解詁之文）、散文二（學術思想之文）、散文三（傳記之文）、散文四（書牘雜文）、古今詩選、歷代賦選、詞選、曲選、小說選
　　　　　　　　　輔系學生自選課程（第二類）：
　　　　文字學、聲韻學、訓詁學、文章學、詩賦通論、詞學通論、歷代文評
　　　　　　　　　他科學生自選課程（第三類）：
　　　　中國文學史、詩賦史、詞史、曲劇史、小說史
　　　　　　　　　本科學生研究科目（第四類、第五類）：
　　　　三禮文、春秋三傳文、論語文、群經文、國策文、史記文、漢書文、三國志文、晉書宋書文、老子文、莊子文、墨子文、孟子文、荀子文、韓非子文、呂子文、周秦諸子文、賈誼文、淮南文、揚雄文、曹植文、陸機文、漢魏名家文、六朝文、韓愈文、柳宗元文、唐宋名家文、文選派之文、唐宋八家派之文、詩經、楚辭、漢魏樂賦、建安七子詩文、阮嗣宗詩、陶淵明詩、謝康樂詩、八代名家詩、文選派之詩、李太白之詩、杜子美之詩、唐宋名家詩、江西派詩、元明清名家詩、唐五代詞、北宋人詞、南宋人詞、宋元以來名曲、宋以後小說、本國人論東西洋各國之文、外國人研究中國文學之情形、特別研究

可見國立北京大學國文系有其首先創辦的示範作用。不同之處在於，北京大學中國文學系計劃開設的「新詩歌之研究、新戲劇之研究、新小說之研究」，是新文化運動和新文學運動的大勢所趨。這恰恰是東南大學「學衡派」成員所排斥、所反對的東西，因爲此時東南大學西洋文學系的教授梅光迪、吳宓正主持《學衡》雜誌。國文系的任課教授中，陳去病、顧實曾留學日本。其中陳去病又是「南社」著名詩人。此時顧實還撰寫有《東南大學國學院整理國學計劃書》〔註53〕，其主旨與北京大學同人所倡導的「整理國故」的主張，特別是與《國立北京大學研究所整理國學計劃書》的中的主張（民國九年十月，馬敘倫撰寫）〔註54〕也存在著巨大的差異。「古史辨」的討論，就是在北京大學與南京高師－東南大學的師生之間展開的。古史觀念中的南北分歧被顧頡剛稱之爲「精神上的不一致」〔註55〕。這就形成了胡適所說的：「南高以穩健保守自持，北大以激烈改革爲事。這兩種不同之學風，即爲彼時南北兩派學者之代表。然當時北大同人，僅認南高爲我們對手，不但不仇視，且引爲敬慕，以爲可助北大同人，更努力於革新文化。」〔註56〕

事實上，就南京與文學的關係而言，長期在南京執教的胡小石1950年有專門的《南京在中國文學史上的地位》一文，刊發在金陵大學的《中國文化研究匯刊》第九卷上。他指出：「南京在文學史上可謂詩國。尤其在六朝建都之數百年中，國勢雖屬偏安，而其人士之文學思想，多傾向自由方面，能打破傳統桎梏，而又富於創造能力，足稱黃金時代，其影響後世至巨。」〔註57〕

這裡我著重引述他對所謂的「文學教育，即文學之得列入大學分科」之

這五類課程是國文系學生所必修、選修的課，之所以又分出類別中第二類、第三類，是分別供同學科輔系（如歷史、哲學）學生和不同學科的他科學生選修的。

此史料我第一次使用是在《文科建制與中文系課程設置的經典化過程——從東南大學－中央大學到南京大學》，《文學評論叢刊》第11卷第1期（2008年）。

〔註53〕初刊東南大學主辦的《國學叢刊》第1卷第4期（1923年12月）。1924年3月15日、18日，《北京大學日刊》第1420、1422號作爲「專件」分兩期連載。

〔註54〕《國立北京大學研究所整理國學計劃書》（民國九年十月），《北京大學日刊》1920年10月19日。

〔註55〕顧頡剛：《答柳翼謀先生》，《北京大學研究所國學門周刊》第15、16期合冊（1926年1月27日）。

〔註56〕胡適：《在中央大學宴會上的演說詞》，《胡適全集》第20卷第108頁。

〔註57〕胡小石：《胡小石論文集》第139頁，上海古籍出版社，1982年。

說。胡小石認爲「此與唐代自開元起以詩取進士，有同等重要」〔註58〕。

　　但 1917 年以後的情形卻有悖南京在文學上開風氣之先的歷史傳統，變成了文化保守的一個代表。尤其是在大學教育中，許多年間，南京東南大學－中央大學的文學教授不允許新文學進大學課堂。

　　晚清的排滿革命運動中，以章太炎爲首的革命派，強調並提升漢語言文字的特殊地位，使之成爲民族革命的一種文化力量的整合和鬥爭策略，但進入民國，特別是五四運動之後，以白話爲主體的「國語統一」運動，和「新文學」建設，極大地消解了章黃學派的地位和學術範式。這樣，1928 年黃侃到中央大學後對傳統「小學」的堅守和章太炎始終排斥甲骨文，就都成了文化守成的明顯實例。

　　據 1923 年 4 月印行的《國立東南大學一覽》所示，國文系爲配合新興的國語運動，特別是 1920 年 1 月教育部通令小學一、二年級課本廢除古文改用國語後的實際需要，爲本系國語組開設了十門課程：

　　　注音國語、實用國語會話、國語語法、國語教學法、小學國語
　　試驗、國語語音學、中國語音史、中國語言史、方言研究、國語問
　　題

原南京高師的課程是師範體系，國立東南大學成爲綜合大學之後，這份國文系課程，是陳中凡參照國立北京大學中國文學系課程設置而制定的。特別是爲國語組開設了十門課程，更是國文系系主任陳中凡受北京大學的影響，順應時代潮流。但他 1924 年 11 月到新成立的廣東大學任文科學長後，東南大學國語組的課程體系便落空了。他也再沒能回到東南大學－中央大學任教。東南大學－中央大學國文系，也就一直處在排斥新文學並不允許其進入課程體系的保守狀態。

　　此時南京東南大學的學生來源，保留了 1902 年南京興學時三江（江蘇、安徽、江西）師範學堂的生源特點，又增加了浙江的學生。這樣一來，在東南大學讀書的學生中有江淮方言、吳方言、徽州方言、贛方言、客家話（部分江西學生）等幾大語言壁壘。在大學和師範教育系統首先推行的國語運動，是新文化－新文學進入教育體制的一個重要環節，也是爲提高全民文化素質和教育普及所邁出的關鍵一步，更是統一的多民族國家文化認同和文化建設的基礎性工作。

〔註58〕胡小石：《胡小石論文集》第 141 頁。

　　實際上，這份課程設置有許多理想的成分，有「取法其上」的較高要求。如當時的師資就根本無法開出「本國人論東西洋各國之文」、「外國人研究中國文學之情形」這樣的課程。1930 年代，北京大學國文系有類似「外國人研究中國文學之情形」的課程開出。如曾留學英法的劉復所開的「歐文所著中國學書選讀」、曾留學日本的錢稻孫所開的「日本文所著中國學書選讀」。

北京大學國文系的創新機制

　　1915 年在美國的中國留學生中曾有一場關於「文學革命」的討論，是由胡適為「美東中國學生會」的「文學科學研究部」年度論題《中國文字問題》提交的報告《如何可使吾國文言易於教授》而引起的，隨著討論的逐步深入，胡適也被「逼上梁山」，變成了「文學革命」的旗手。文學革命從文言－白話的形式變革到思想新質的內容呈現，進而迎來了文學的白話時代，教育的普及也因此展開。當新文學運動開展十年之後，新文學教育也順勢被提到大學、中學、小學的議事日程，即新文學進入課堂。

　　到了 1930 年代後，「國語統一」被「革命文學」及「文藝大眾化」運動所挾持，呈現更為激進的態勢。此時的「國語統一」主要依靠教育法令和教科書來保障。

　　先說教育法令。1930 年 2 月國民黨中央執行委員會令教育部通飭全國中小學校在最短期間，屬行國語教育。

　　先有教育部的請示，接著就有國民黨中央執行委員會的批覆：

> 各國都有標準語通行全國。我國自教育部國語統一籌備委員會議決以北平語為標準以來，各小學並不注意實行，仍以方言教學。我國人心不齊，全國人數雖多，竟如一盤散沙，毫無團結力量。這雖然不全是因為言語隔膜緣故，可是言語隔膜，也是一個最大的原因，為此，懇請中央令教育部通飭全國中小學校在最短期間，屬行國語教育。

> 前大學院曾經通令所屬各機關，提倡語體文，禁止小學採用文言文教科書。這是屬行國語教育的第一步。第二步的辦法，應由各該廳、局，一面遵照前令，切實通令所屬各小學，不得採用文言教科書，務必遵照部頒小學國語課程暫行標準，嚴屬推行；一面轉飭所屬高中師範科或師範學校，積極的教學標準國語，以期養成師資，

這是很緊要的。望各該廳、局查照辦理。此令。〔註59〕

再說教科書的編輯出版。實際上，教科書的編輯出版者，大都是新文學作家和語文教育家，具有中小學教育的實際經驗。如「開明本」的教科書，就是葉紹鈞、夏丏尊、朱自清、朱光潛、豐子愷、俞平伯、劉大白等當年白馬湖畔「春暉中學」同人努力的結果。朱自清、朱光潛、俞平伯、劉大白隨後在大學國文系，繼續推進新文學研究和課程的開設。

就 1931 年 9 月 14 日《北京大學日刊》登出的北京大學文學院中國文學系（1931 年 9 月至 1932 年 6 月）的課程（沈按：下面是將課表分解，課時和學分略）來看，其與時俱進的程度不可小視，而且對 1921 年的課程有較多的修改，引進了許多新課。〔註60〕

〔註59〕引自《胡適全集》第 31 卷第 604～605 頁黏貼的剪報。刊登的報紙為 1930 年 2 月 3 日《民國日報》。

〔註60〕《二十年度北京大學理文法學院各系課程大綱》，《北京大學日刊》1931 年 9
共同必修課科目
　　中國文字聲韻概要（沈兼士、馬裕藻）、中國詩名著選（附實習）（俞平伯）、中國文名著選（附實習）（林損）、中國文學史概要（馮淑蘭）
　　1. 分類必修及選修科目
A 類
　　語音學（劉復）、語音學實驗（劉復）、言語學大意（暫停）、中國文字及訓詁（沈兼士）、石文研究（沈兼士）、甲骨及鐘鼎文字研究（商承祚）、說文研究續（三）（錢玄同）、中國音韻沿革（錢玄同）、清儒韻學書研究（三）（馬裕藻）、古音系研究（三）（魏建功）、中日韓字音沿革比較研究（三）（金九經）、中國古代文法研究（鄭奠）、滿洲語言文字（壽春）、蒙古語言文字（奉寬）、西藏語言文字（未定）
　　凡注（三）字者，為三年以上之科目。
B 類
中國文學
　　毛詩續（三）（黃節）、楚辭及賦（張煦）、漢魏六朝詩（黃節）、唐宋詩（林損）、詞（俞平伯）、戲曲及作曲法（許之衡）、先秦文（林損）、漢魏六朝文（劉文典）、唐宋文（暫停）、近代散文（周作人）、小說（俞平伯）、修辭學（下學期開）（鄭奠）
中國文學史
　　中國文籍文辭史（傅斯年）、詞史（趙萬里）、戲曲史（許之衡）、小說史（暫停）
文學批評
　　文學概論（徐祖正）、中國古代文學批評（暫停）
　　文學講演（臨時通知，不算單位）
　　新文藝試作（單位未定）
C 類
　　目錄學（余嘉錫）、校勘學（暫停）、古籍校讀法（余嘉錫）、經學史（馬

其中開設「中日韓字音沿革比較研究」的金九經是朝鮮人。他與此前到朝鮮京城帝國大學（今首爾大學）法文學部任中國語講師的北京大學中國文學系的畢業生魏建功相識（1927 年）。金九經 1927 年 9 月辭去帝國大學圖書館的職位，1928 年到北京求職，經魏建功介紹，住在未名社。他在北京結識胡適、魯迅、周作人、錢稻孫、劉半農、臺靜農、韋素園、韋叢蕪等。1928 年，魏建功回北京大學中國文學系任教，隨後便介紹金九經到北大教授日語和朝鮮語。在北京期間，金九經幫助胡適校寫整理出版敦煌寫本《楞伽師資記》（胡適從倫敦大英博物院、巴黎國立圖書館帶回的兩個影印本）〔註61〕。他也曾到瀋陽、長春的大學任教，輯譯《滿洲祭神祭天典禮》。回國後從教於京城帝國大學。

上述 1931 年 9 月 14 日《北京大學日刊》刊登的課表中的「單位」指的是課時。A 類為語言學科的課程。語言文字學研究一直是北京大學的強項，並形成了較好的傳統。尤其是滿、蒙、藏少數民族語言文字的研究，是他們的特色。實際上，A、B、C 三類課程就是語言文字、文學、古籍校訂三組。

僅從上述開課的教師看，俞平伯、劉復（半農）、馮淑蘭（沅君）、傅斯年、魏建功、周作人、錢玄同都是新文學作家。劉復所開的「語音學實驗」就是從英法大學學來的。相比之下，此時由東南大學易名中央大學的國文系，則是絕對排斥新文學的。

而上述課程表所列的「新文藝試作（單位未定）」，一周後就得到落實。在《北京大學日刊》1931 年 9 月 24、25、26 連續三日登出 1931 年 9 月 23 日擬定的「國文學系布告」：

裕藻）、國學要籍解題及實習（鄭奠）、考證方法論（上學期開）（鄭奠）、三禮名物（吳承仕）、古聲律學（許之衡）、古曆學（范文瀾）、古地理學（鄭天挺）、古器物學（暫以歷史系的金石學代之）、歐文所著中國學書選讀（劉復）、日本文所著中國學書選讀（錢稻孫）
    1. 共同選修課科目（他系開設，本系學生必須選修外國語文一二種）
    2. 國語（為本校各系開，本系一年級學生須選作文）
    3. 外國語（另有規定）
    4. 畢業論文（大四開始）
  此史料我第一次使用是在《現代大學的知識體系與新文學的生存空間——以六所國立大學中文系課程為例》，《揚子江評論》2007 年第 2 期。
〔註61〕胡適：《〈楞伽師資記〉序》，《胡適全集》第 4 卷第 257 頁。

　　新文藝試作一科暫分散文、詩歌、小説、戲劇四組。每組功課
暫定爲一單位（每一單位一小時或二小時）。諸生願選習此科者，可
各擇定一組（多至兩組）。將平日作品一篇繳至國文系教授會，俟擔
任指導教員作評閲後加以甄別。合格者由本學系布告（其一時未能
合格者可至下學期再以作品請求甄別）。學年終了時，以試作之平均
分作爲成績（但中途對於試作不努力者，如作輟無恒或草率從事之
類，得令其停止試作）。

　　本學年擔任指導教員

　　散文（胡適　周作人　俞平伯）、詩歌（徐志摩　孫大雨）、小
説（馮文炳）、戲曲（余上沅）。

　　（以後增聘教員，隨時由本學系布告）

九月二十三日〔註62〕

1932 年，經周作人推薦，文學院院長兼國文系主任胡適聘原北大英文系畢業
生、作家廢名（馮文炳）爲講師，主講散文寫作、現代文藝。廢名於 1935～
1937 年主講「現代文藝」的講義，即 1944 年北平新民印書館出版的《談新詩》
〔註63〕。此前，胡適的弟子、門生朱自清、楊振聲、沈從文、蘇雪林，先後
在清華大學、武漢大學、青島大學開了「新文學研究」的課程。

　　這裡還以胡適爲例。胡適 1931 年出任北京大學文學院院長之後，立即著
手解決北京大學乃至全國大學國文系都面臨的問題。他想方設法要「新文學」
進入北京大學的課堂。這裡包含四個具體的動作：延攬師資、增設「新文藝
試作」課程、開設「現代文藝」研究課程、指導學生撰寫新文學研究論文。
前面所說的兩門課程即是胡適「具體的動作」。

　　北京大學的文學課如此，語言文字學科的強勢也在逐步擴大。據長期追
隨錢玄同從事「國語運動」的魏建功所述，1919 年羅常培從北京大學中國文
學系畢業（升入哲學門研究生），入北京大學預科。隨之他便參與「整理國故」
的討論和「國語運動」的國語推廣。1930 年代中期，北京大學曾參與過新文
學運動的老一輩教授，多不再在課堂第一線執教，課程轉進一個新階段，開
始分文學、語言文字、古籍校訂三組。他和羅常培於 1936 年合擬的《中國文

<hr>

〔註62〕《國文學系布告》，《北京大學日刊》1931 年 9 月 24、25、26 日連續刊登。
〔註63〕陳建軍編著：《廢名年譜》第 235～238 頁，華中師範大學出版社，2003 年。

學系語言文字學組課程總綱》〔註64〕，分爲：中國語言學、中國文字學，並細分爲 23 門課程。

這一課程綱要長期指導北京大學國文系的語言學科。1949 年以後，在中國大學的語言學科方面，北京大學始終保持絕對的強勢，這是有歷史積澱和學術傳承的。至於「現代漢語」取代「國語」，「現代文學」取代「新文學」作爲課程名稱的時間及客觀因素，隨後將著重討論。

〔註64〕魏建功：《繼往開來出力多》，《魏建功文集》第 5 卷第 591 頁的具體內容如下：
甲　中國語言學
A 語言
　　一　語言學（2‧3）※○　二
　　二　語義學（訓詁）（2‧3）※　二
　　三　中國訓詁學史綱（3）※○　二
　　四　方言研究（2）二
　　五　東方語言研究
　　六　漢語學擇題研究（聯綿格、殷周詞類）（3‧4）※○　二
　　七　中國文法研究（古文法、現代語法）（3‧4）※○　二
B 聲韻
　　一　語音學（附實驗）（1‧2）※○　三
　　二　中國聲韻學概要（橫的敘述）（1）※○　二
　　三　中國聲韻學史綱（縱的敘述）（2）※○　二
　　四　古音考據沿革（3‧4）※○　三
　　五　韻書系統（3‧4）※○　三
　　六　等韻圖攝及音標運動（3‧4）※○　三
　　七　域外中國音韻論著研究　二
　　八　方言調查實習　二
　　九　聲韻學‧擇題研究（漢魏六朝音）（3‧4）※○　二
乙　中國文字學
　　一　中國文字學概要（1）※○　二
　　二　漢字變遷史綱（2）※○　二
　　三　中國文字學史（3‧4）※○　三
　　四　古文字學導論（3‧4）※○　二
　　五　甲骨文字研究　三
　　六　鐘鼎文字研究　三
　　七　文字學擇題研究（3‧4）※○　二
　　加※者必修。分年者加 1‧2‧3‧4 字樣。照分年必修之規定如有應修未修者，必須補修。
　　教育系輔系生選習科目加○，除一年級功課須必修，餘爲選修。

中央大學的保守姿態

相對北京大學國文系的課程而言，由原南京高師－東南大學改制的中央大學國文系的課程，就顯得保守多了。

先看 1932 年秋冬學期（1932 年 9 月～1933 年 1 月）中央大學文學院中國文學系的課程一覽（沈按：因表格佔據大量篇幅，下面是將課表分解，課時和學分略）：

> 各體文選一（錢子厚）、各體文選二（黃耀先）、國學概論一（錢子厚）、國學概論二（黃耀先）、方言（或文字學）（汪旭初）、文學史綱要（胡小石）、目錄學（汪辟疆）、修辭學（王曉湘）、文學研究法（黃季剛）、練習作文（王伯沆）、漢書（黃季剛）、音韻學（黃季剛）、周以後文學（胡小石）、詩歌史（汪辟疆）、唐詩（陳仲子）、詩名著選（汪辟疆）、樂府通論（王曉湘）、宋詩（陳仲子）、詞曲史（王曉湘）、詞學通論（吳瞿安）、專家詞（夢窗）（吳瞿安）、南北詞簡譜（南詞）（吳瞿安）、論孟舉要（王伯沆）、毛詩（陳仲子）、莊子（徐哲東）、左傳（徐哲東）、書經舉要（王伯沆）、漢魏六朝詩（伍叔儻）、鐘鼎釋文名著選（胡小石）、楚辭（徐哲東）。〔註65〕

北京大學與中央大學中國文學系的課程相比，差別很大。後者沒有新文學研究的課程。1928 年中央大學所確立的課程中有「甲骨文研究」，這是 1920 年代「清華國學研究院」時期，王國維、陳寅恪所達成共識並反覆強調的「三大新學問」之一。但這一學期中央大學中國文學系沒有開設，隨後長時間也沒能開設，胡小石只開了「鐘鼎釋文名著選」。這與「章黃學派」排斥甲骨文有關〔註66〕。

〔註65〕《國立中央大學日刊》1932 年 10 月 7 日。

〔註66〕章太炎是始終排斥甲骨文的。在 1935 年 9 月 16 日蘇州開講的「章氏國學講習會」第一期中，有《小學略說》。據王乘六、諸祖耿記錄，孫世揚校的《章氏國學講習會講演記錄》所示，章太炎說：「至如今人嘩傳之龜甲文字，器無徵信，語多矯誣，皇古占卜，著龜而外，不見其它。……獸骨龜厭，紛然雜陳，稽之典籍，何足信賴？……至於龜甲，則矯誣之器、荒忽之文而已。」引自南京大學中文系古典文學教研室、南京大學學報編輯部編印《章太炎先生國學講演錄》（內部交流·非賣品）第 20～21 頁。另外，1935 年 6 月至 8 月章太炎與金祖同有四封討論甲骨文的通信，他說：「甲骨之為物，真偽尚不可知，其釋文則更無論也。」馬勇編：《章太炎書信集》第 960 頁，河北人民出版社，2003 年。
據《黃侃日記》所示，他晚年對甲骨文的看法有所轉變。他購買了多種有關甲骨文的書，但多沒有來得及讀。楊樹達在《積微翁回憶錄》1936 年 12

汪旭初（東）、黃季剛（侃）爲章太炎的弟子。汪旭初長期爲國文系主任。

與此同時，也是相鄰學校的金陵大學中國文學系，所開設的課程就與北京大學中國文學系有趨同的地方。這是教會大學的開放性和創新性的另一表現形態。

先說金陵大學中國文學系的師資：

胡光煒（小石）	兼任教授
佘賢勳（磊霞）	講師
吳　梅（瞿安）	兼任教授
吳徵鑄（白匋）	助教
胡翔冬（俊）	教授
高炳春（柳橋）	講師
張守義（君宜）	講師
黃　侃（季剛）	兼任教授
劉繼宣（確杲）	教授
章樹東	助理員〔註67〕

這三位兼任教授，都是中央大學中國文學系的教授。以下課程的具體內容可以顯示出兩校中國文學系區別：

> 補習班國文、各體文選（上下）、文字學大綱、目錄學、文學概
> 論、現代文藝、古代詩選、唐詩選、賦選、高等作文、文學史（上
> 下）、詞選、諸子文選、小說選、小說概論及小說史、文藝批評、說
> 文、聲韻學、訓詁學、經學通論及經學歷史、詩學概論、詞學通論
> 及詞史、金元戲曲選、曲學概論及曲史、專家詞、屈原賦、專家詩、
> 專家文、甲骨文、鐘鼎文、專經研究、諸子專著研究、佛教文學、
> 國文教學法、畢業論文。〔註68〕

這裡的「現代文藝」是「講授近代文學之源流及轉變趨勢並選讀批評近代文

月 27 日的日記中記有：「林景伊來，告余云：黃季剛於沒前大買龜甲書讀之。嘗語渠云：『汝等少年人盡可研究甲骨，惟我則不能變，變則人將詆議我也。』……余謂，季剛始則不究情實，痛詆龜甲，不免於妄；繼知其決非僞物，則又護持前錯，不肯自改，又不免於懦矣。」見楊樹達：《積微翁回憶錄·積微居詩文鈔》第 126 頁，上海古籍出版 385～1986 年。

〔註67〕《私立金陵大學一覽》（1933 年 6 月）第 385～1986 頁。
〔註68〕《私立金陵大學一覽》（1933 年 6 月）第 164～170 頁。

學家作品」。「高等作文」是「講授國文做法每兩周並須作文一次以資實習」。「國文教學法」是「研究教材之選擇及支配並實習教授方法」。所謂的「現代文藝」和「國文做法」，以及「國文教學法」都是新的東西，與國語運動和新文學的關係極為密切。課程中的「甲骨文」為胡小石所開設，在保守的國立中央大學國文系沒法開，他只好在金陵大學國文系開講。

北平師範大學國文系的課程建設

接下來看師範大學國文系的課程設置。

錢玄同長期在北京高等師範學校（北平師範大學）任教，他和黎錦熙一直是國文系的兩大臺柱，也可以說是國文系的核心人物，具有絕對的話語權。1928 年以後，錢玄同任國文系系主任，黎錦熙出任文學院院長。1937 年，國立北平大學、國立北平師範大學和國立北洋工學院西遷組建國立西北聯合大學，黎錦熙出任文學院院長、師範學院院長。

為配合文學革命，錢玄同 1922 年發表了著名的《漢字革命》一文，提倡寫「破體字」和「白字」。這樣做符合漢字「六書」中「假借」的演進規律和造字方法。1935 年，他又起草了《第一批簡體字表》。這裡我選用黎錦熙、錢玄同為師範大學擬定的課程大綱暨《師範大學國文系科目表說明書》〔註69〕

〔註69〕《師範大學國文系科目表說明書》，《西北聯大校刊》1938 年 8 月 15 日第 1 期，第 41～50 頁（此表由我的博士生趙林同學提供）。

師範大學國文系科目表說明書

國立北平師範大學文學院院長

國立西北聯合大學國文系主任　黎錦熙

國立北平師範大學國文系主任　錢玄同　　　擬

（甲）本系設置目標

　　造就中等學校國文科教師，並培養學生用歷史的態度與科學的方法研習中國古今語言文字，以解決今後國文的新趨向之能力。

（乙）本系課程要旨

　　因為中等學校的國文教材，語體文與文言文並選，關於文體，則記敘文，抒情文，說明文，議論文等等都要分別講授，高中的國文課程，則純文藝及關於文學源流，學術思想的文章，都要選講其代表作品並須酌授文字學所以本系的教材，包括（一）語言文字學，（內分字形音韻義訓，文法諸項），（二）文學（內分文學史，文論修辭學，各體作品諸項），（三）學術思想（整理方法及分析評訓並重）三類，其內容注重歷史的變遷，使學生明瞭本國的語文，文學，思想各方面演進的真理，至於文學的技術，則各隨其性之所近，自由習作但以能勝指導中等學校學生作文之任為畢業生的最低限度。學生中如有願作窄而深的研究者，於達到三類平衡的標準之外仍得專精一類，以資深造。

（丙）科目表

年級	必修科目	每週時數 上學期	每週時數 下學期	學分	總數	選修科目	附注
一年級	中國文字學概要	2	2	四	22	散文選 駢文選 新文學概要 白話文選 簡體字研究及練習	選修科目——略分三階段（以虛線爲界）第一階段一年級以下皆可選修。第二，二年級以下選；第三，三、四年級選。每門學分，于設置時酌定。或逐年間年或三年一設，或刪並，或增析隨時酌定之。
一年級	國語發音學概要	2	2	四	22		
一年級	古今文法比較	2	2	四	22	甲骨金石文字研究 中國修辭學 詩歌史	
一年級	中國文學史大綱	3	2	五	22		
一年級	書目舉要	2	3	五	22		
二年級	古今音韻沿革	2	2	四	18	三百篇選 辭賦選 漢魏六朝詩（兼樂府）選 唐宋已降詩選 詞選 戲曲選 小說史 專言研究	習作——選修科目之「散文選」「白話文選」均附習作，凡一年級生國文寫作程度過低者，必選。
二年級	文體源流	2	2	四	18		
二年級	周至唐思想概要	3	3	六	18		
二年級	經學史略	2	2	四	18		
三年級	文字形義沿革	2	2	四	19	周秦古音研究 近代語研究 中國文學理論史 古書校讀法 國文教材及語文工具研究	此外，「駢文選」「詩賦選」「詞選」「戲曲選」「小說選」等，則由選修學生自由習，交任課教員評改。
三年級	文學概論	2	2	四	19		
三年級	宋元明思想概要	2	2	四	19		
三年級	清代思想概要		2	二	19		
三年級	諸子概論	2	2	四	19		
四年級	國文教學法	2		二	9		參考——除有習作之各門外，無論必修選修，凡授課一小時時至少須參考自習一小時，始爲一學分。
四年級	國文試教及討論			六	9		
四年級	專題研究			一	9	以上選修各門每人合計至多得選至三十學分至少選足二十二學分。	總計本系必選修以九十四學分爲准，約占畢業總學分百分之七十
四年級	以上合計必修六十八學分						

（丁）說明書（沈按：此處從略）

（戊）附注

（一）、師範大學有修養類之公共科目（如社會科學概論，自然科學概論，哲學概論，黨義，衛生，體育等）。約占畢業總學分百分之十：又有專業類之公共科目（如教育概論，教育史，教育行政，中等教育，師範教育等），約占

看其中的內涵（具體內容見附注）。

　　由於師範大學培養師資的特殊屬性，國文系的課程就具有相應獨立性。國語發音學概要、新文學概要、白話文選、簡體字研究及練習等課程，是培養教師「解決今後國文的新趨嚮之能力」的基本訓練，這和國立綜合大學國文系的培養目標是不同的。「甲骨金石文字研究」課程的開設，是北方學人對新材料、新學問重視的體現。

　　綜上所示，現代大學「七科」之學的確立，有六科都是純粹的西學。大學學科建制過程中，日本師範教育（1912 年確立的六所高等師範：北京高師、南京高師、瀋陽高師、武昌高師、成都高師、廣東高師）體制的影響逐步消退，被德國和美國的學科體製取代。1927 年以後，除北京高師變爲師範大學外，都改制爲國立綜合大學。各家中國文學系也都取法北京大學的國文系課程體系，在文科建制中也日趨獨立。我此前曾專門討論過北京大學、中央大學、中山大學、武漢大學、浙江大學、清華大學六所國立大學國文系 1930 年代的課程，分辨了各校國文系課程的差異及原因。這裡我所要強調的是，國文系的課程是最具中國特色的，並且具有同西學並立、對峙的強勁勢頭。中國語言、文學和典籍，是中華民族的文化載體和精神傳承的依託。國文系課程由北京大學所確立的文學課、語言課、典籍整理三個板塊，正是統一的多民族國家文化重建和多民族團結融合過程中，各家大學國文系取法的依據。北京大學國文系百年來一直堅持這種學科建制。同時，國語統一、文學革命所帶來的新的課程，以及「三大新學問」也進入國文系的課程體系，強化了國文系學科的前沿性、時代性和學術性，造就出陳寅恪所看重的掌握「新材料」，發現「新問題」，得時代學術之新潮流的一代學人。同時也實現了胡適所希望的中國人自己的人文學科與西方的人文學科平等對話。

畢業總學分之百分之二十（國文試教六學分另計在本系學分之內），其科目表及說明書另具，此概在略。
　　（二）、他系學生以國文系爲副系者，應分年將國文系一年級必修科目計算及四年級之國文教學法（並試教）完全畢業，此外任選何門，或不復選概聽其便。
　　（三）民廿六度國立西安臨時大學（廿七年三月部令改名西北聯合大學）國文系科目表亦適用之。但實際課程，略有變動。
　　（四）戰期中應添授之民族文學抗戰文藝及對民眾宣傳之語文研究與訓練等，概包括於關係之各科目中，不另設立科目。

第三章 雅言俗語

　　這份《國立東南大學南京高師日刊・〈詩學研究號一〉》是 1921 年 10 月 26 日由南京高師－東南大學學生編輯出版的報。該報因「詩學研究號」受到葉聖陶等「文學研究會」成員在《文學旬刊》上的批評而受到關注；隨後，又因鄭振鐸在爲《中國新文學大系》編選《文學論爭集》的導言中舊事重提，並加以「復古派」的說辭，而載入史冊。遺憾的是，因是校刊，這張報紙，沒有公開在社會上發行，國內的主要圖書館也沒有收藏（僅以我個人閱讀、查找過的十多家圖書館爲例），不易看到。後來的史家論者，包括我本人，都沒能尋得。因此在數以十計的著作和數以百計的文章中多是依據葉聖陶、鄭振鐸等批評者的一面之詞而進行「缺席審判」。儘管主要當事人後來沒有專門的文章說清楚此事，但是他們（如茅盾的回憶錄《我走過的道路》）和爲其編纂年譜的師友（如陳福康的《鄭振鐸年譜》，唐金海、劉長鼎的《茅盾年譜》，商金林的《葉聖陶年譜長編》）在著作中有關此事的時間段內卻都寫到了此事。我的《「學衡派」譜系——歷史與敘述》也只是在翻閱《文學旬刊》後，列舉了葉聖陶、鄭振鐸等批評者的文章題目。十多年前，專治詩學的陸耀東、解志熙兩位學者，曾經託我在寧查找這張報紙，我跑了在寧的多家圖書館，均無獲。不意近幾年，由於我把目光從圖書館轉向檔案館，這張報紙卻出現在燈火闌珊處。

南北不同論下「東南學風」之說

　　中國文化中「南與北」的大地理觀念，關聯著歷史地理學和民族人類學的諸多問題，特別是學術思想的南北差異。20 世紀以來，劉師培、梁啓超、

丁文江、楊鴻烈、朱謙之、賀昌群、張其昀、金毓黻、孫隆基、楊念群、桑兵、羅志田、彭明輝等都有專門的論述〔註1〕。這裡我僅選取畢業於北京大學，長期執教中央大學的史學教授金毓黻為《史學述林》寫的「題辭」中的一段文字，看他在大歷史觀念下有關民國時期的「俗語」與「雅言」之說：

> 嘗謂吾國古今之學術，因長江大河之橫貫，顯然有南北兩派之差別。先秦諸子，孔、孟居北，而老、莊居南，儒、道二家，於以分途。魏、晉、南北朝之世，經學傳授亦有南、北兩派，頗呈瑰瑋璀璨之光。至唐初《五經正義》成書，而其焰以息。清代學者初有漢、宋二派，繼則經學家有古文、今文之分，宋學及古文學多屬北派，而漢學及今文學多屬南派，皆有顯然之途軌可尋。史學亦然，廿載以往，北都學者主以俗語易雅言，且以為治學之郵，風靡雲湧，全國景從。而南都群彥則主除屏俗語，不捐雅言，著論闡明，比於諍友，於是有《學衡》雜誌之刊行。考是時與其役者多為本校史學科系之諸師，吾無以名之，謂為史學之南派，以與北派之史學桴鼓相聞，亦可謂極一時之盛矣。〔註2〕

而本文所要討論的正是南京高師－東南大學師生在「北都學者主以俗語易雅言」，掀起新文學運動，特別是白話新詩高潮五年後，仍「不捐雅言」，以「詩學研究」為名，集體創作並刊登古體詩詞，所引發的一場關於新舊文學之爭這一具體問題。

1912年中華民國新建，在7～8月的全國臨時教育會議上，議定要在北京、瀋陽、南京、武昌、成都、廣東設立六所高等師範學校。1914年8月30日，江蘇巡按使韓國鈞批覆「南京高等師範學校」成立，9月2日任命江謙為校長。1915年9月10日南京高等師範學校正式開學。

1920年12月7日，由民國政府國務會議通過，國立東南大學設立。12月16日，以郭秉文為主任的「東南大學籌辦處」正式成立。1921年6月6日，東南大學校董事會成立；1921年10月，東南大學正式成立，原南京高等師範學校的名稱與之並存；1922年12月6日兩校評議會、教授會聯席會議通過，

〔註1〕 沈衛威：《學分南北與東南學風》，《新國學研究》第4輯，人民文學出版社，2006年。

〔註2〕 金毓黻著、《金毓黻文集》編輯整理組校點：《靜晤室日記》第7冊第5243～5244頁，遼瀋書社，1993年。

南京高師歸入東南大學。這是刊物取名《國立東南大學南京高師日刊》的由來，也是日後學界稱「南高學風」、「東南學風」或「南高學派」、「東南學派」的名稱上的由來。《學衡》創刊於 1922 年 1 月，後來所說的「學衡派」是因此刊而得名。

此前反對胡適及新文化－新文學運動的成員是南京高師的植物學教授胡先驌和史學教授柳詒徵。胡先驌在《東方雜誌》第 16 卷第 3 號（1919 年 3 月）發表《中國文學改良論》（上），此文是轉載，文後注有「《南京高等師範日刊》」，原刊未能得見。柳詒徵在《史地學報》創刊號（1921 年 11 月）上發表《論近人講諸子之學者之失》。隨後發生的「古史辨」討論是在北京大學的胡適、錢玄同、顧頡剛、魏建功師生與南京高師柳詒徵、劉掞藜、繆鳳林弟子之間。以史學討論爲主，核心問題是疑古與信古，因此後來所謂「北大」與「南高」的對立主要是史學。先後有四次交鋒：胡先驌與羅家倫（有關文學改良）；柳詒徵與胡適（有關諸子）；柳詒徵、劉掞藜、繆鳳林與胡適、錢玄同、顧頡剛、魏建功（有關古史辨）；繆鳳林、鄭鶴聲與傅斯年（有關《東北史綱》）。後三次都是史學方面的，因此在史學界又有「南高史學」之說。柳詒徵和他的學生堪稱民國時期「南高史學」的代表，他們始終有自己的刊物，先後是《史地學報》（南京：南京高師－東南大學）、《史學雜誌》（南京：中央大學）、《史學述林》（重慶：中央大學）、《史地雜誌》（杭州－遵義：浙江大學）、《思想與時代》（遵義－杭州：浙江大學）。因此，胡先驌在《懺庵叢話》中的《柳翼謀先生》一文中說：「予初至南京高等師範學校任教時，先生正主講中國文化史，不蹈昔人之蹊徑，史學史識一時無兩。其所著《中國文化史》，實爲開宗之著作。其門弟子多能卓然自立，時號稱柳門，正與當時北京大學之疑古派分庭抗禮焉。」〔註 3〕而「東南學風」〔註 4〕之說，也正是柳詒徵在 1924 年 9 月的《學衡》雜誌中提出的。

在《學衡》創辦之前，反對胡適及新文化－新文學運動的成員是在美國，刊物是《留美學生季報》。1922 年 1 月《學衡》創刊，即「學衡派」形成以後，由於梅光迪、吳宓的專業是西洋文學，所以剛開始的討論以文學爲主，問題的關鍵是倡導不講格律聲韻的白話新詩與堅守格律聲韻古體詩詞的分歧。某種程度上，這是梅光迪與胡適在美國（1915～1917）「文學革命」討論的繼續，

〔註 3〕 胡先驌：《胡先驌文存》（上）第 513 頁，江西高校出版社，1995 年。
〔註 4〕 柳詒徵：《送吳雨僧之奉天序》，《學衡》第 33 期（1924 年 9 月）。

只是地點、刊物從美國的《留美學生季報》變移到南京的《學衡》。

《學衡》在東南大學創刊後，胡先驌、柳詒徵加入「學衡派」的陣營。史學與文學始終是兩股並存的力量，特別是史學的勢力主要是柳詒徵和他的學生。由於文學教授王伯沆、植物學教授胡先驌、史學教授柳詒徵都喜好寫作古體詩詞，所以《國立東南大學南京高師日刊》、《學衡》堅決排斥白話新詩，堅持刊登古體詩詞。他們共同操持「沒有格律聲韻非詩」的主張與北京大學《新青年》、《新潮》的文學觀念對立，變成了守護古體詩詞與白話新詩的兩大陣營。即便是吳宓離開東南大學到清華大學後，他主持的天津《大公報‧文學副刊》六年間，仍然堅持刊登古體詩詞，因此所謂「學衡派」與「新青年」－「新潮」派文學上的對立，主要是白話新詩與古體詩詞的分歧。因此，1945 年 9 月 25 日，黃萍蓀主編的《龍鳳》第三期刊出的《胡先驌小傳》中稱胡先驌「素擅長中國文學，與梅光迪、吳宓創辦《學衡》雜誌，提倡人文主義，以與當時學術界狂瀾抗衡，嶄然樹立東南學風」〔註5〕。這與胡先驌在 1934 年《子曰》第四期所刊的《梅庵憶語》中的說辭是一致的：

> 五四運動乃北京大學一大事，《學衡》雜誌之刊行則東南大學一大事也。蔡孑民先生以革命元勳主持北京大學，遂以革命精神領導北大，先後聘陳獨秀、胡適諸人為教授，發刊《新青年》，打倒孔家店，加以五四運動竟奠定外交上之勝利，於是革命精神彌漫全校，偏激詭異之言論，風起雲湧，不通蟹行文字之老師宿儒如林琴南輩竟無以應敵，然非舉國風從草偃也。余曾單獨發表一文論文學改良於南高日刊，不久梅光迪、吳宓諸先生聯翩來校，與伯明先生皆感五四以後全國之學風，有越常軌，謀有以匡救之，乃編纂發行《學衡》雜誌，以求大公至正不偏不激之態度，以發揚國學介紹西學。刊行之後，大為學術界所稱道，於是北大學派乃遇旗鼓相當之勁敵矣。〔註6〕

這裡可以清楚看出，是《學衡》的創刊成為南京高師－東南大學兩股力量的集結，並與北京大學的「新青年」派形成明顯對決之勢，因此才有錢基博 1926年 12 月提出的「北大派」與「東大派」、「學衡派」〔註7〕之說。

〔註 5〕 胡宗剛撰：《胡先驌先生年譜長編》第 373 頁，江西教育出版社，2008 年。

〔註 6〕 同上，第 82 頁。

〔註 7〕 錢基博著、傅宏星編校：《國學文選類纂》第 11～12 頁，華東師範大學出版社，2010 年。

但胡先驌《梅庵憶語》接著所說的學生「不守舊」這一點卻與事實不符。他說南高東大在創辦之初即「養成一種平正質樸之精神」，學生「既不守舊，亦不驚新，於北方各大學之風氣，迥然自異，加以學生皆不參加政治運動，咸能屹立於政潮之外，故校中學術空氣特濃。此種精神，自《學衡》刊佈以後益加強化，流風遺韻尚存於今日焉」〔註8〕。

接下來，要說的正是南京高師－東南大學師生文學上的「守舊」。

文學發展史上「復古派」之說

1934年，鄭振鐸、傅東華為「《文學》一周紀念特輯」編的《我與文學》中，收錄有吳文祺的《我為新文學奮鬥的經過》一文。吳在文章中說，「民國十年，《南京東大月刊》（沈按：應為《國立東南大學南京高師日刊》）出了一個『詩學研究號』，提倡舊詩。他們所做的詩，實在很不（沈按：原本為「不很」）高明。上海《時事新報》的副刊《文學旬刊》上，首先登載了斯提君的《骸骨之迷戀》一文，痛加指斥。雙方的辯難於是乎開始。我也寫了一篇《對於舊體詩的我見》，寄給《文學旬刊》。這是我投稿之始。不久，旬刊上又登了一篇繆鳳林君的《旁觀者言》，替『詩學研究號』的作者辯護，文中論及舊詩（沈按：原本沒有「詩」）的韻律等等，頗多扣槃捫燭之談。我就寫了一篇《駁〈旁觀者言〉》……這一次辯論，發難於斯提君的《骸骨之迷戀》，告終於我的《駁又一旁觀者言》（沈按：應為《〈又一旁觀者言〉的批評》）。參加討論者有許地山、王平陵、劉延陵、臺靜農、鄭重民、王警濤、繆鳳林、景昌極、薛鴻猷、歐陽羲……諸君」〔註9〕。這是參與辯論的當事人對往事相對客觀的說辭，而沒有以惡語相加。1936年4月，吳文祺在上海亞細亞書局出版了自己研究新文學專門著作《新文學概要》（1989年上海書店將此書列入「民國叢書」影印出版）。這裡提到的許地山，此時為燕京大學剛剛畢業留校任教的教師，「文學研究會」成員，1935年以後他在香港大學推廣、傳播白話新文學。劉延陵為浙江一師的教師，並擔任學生文學團體「晨光社」、「湖畔詩社」的顧問。1922年與葉聖陶、朱自清等編輯出版《詩》月刊。抗戰爆發後到新

〔註8〕胡宗剛撰：《胡先驌先生年譜長編》第84頁。

〔註9〕吳文祺：《我為新文學奮鬥的經過》，鄭振鐸、傅東華編：《我與文學》第250～251頁，生活書店，1934年（上海書店1981年6月複印，我這裡用的是吳文祺的校改簽名本）。

加坡工作，後爲南洋大學教授，在新加坡推廣傳播中國新文學。我兩度在南洋理工大學執教，就遇到過他當年指導的寫作新詩的學生。

1935 年 10 月鄭振鐸爲《中國新文學大系》編選的《文學論爭集》中，專門有一編叫「學衡派的反攻」，收錄了胡先驌的《中國文學改良論》（上），羅家倫的《駁胡先驌君的〈中國文學改良論〉》，梅光迪的《評提倡新文化者》，西諦（鄭振鐸）的《新與舊》，玄珠（茅盾）的《四面八方的反對白話聲》，郢生（葉聖陶）的《讀書》。這六篇文章中，只有梅光迪的一篇是刊發在《學衡》上的。胡先驌的文章早在《學衡》創刊三年前發表；其他四篇文章是批評《學衡》的。《文學論爭集》中的第六編「白話詩運動及其反響」，收錄有胡先驌的《評〈嘗試集〉》和郎損（茅盾）的反駁文章《駁反對白話詩者》。《評〈嘗試集〉》文後注明是「見《國衡》第一期」，是誤寫，實際上此文刊登在《學衡》第一、二期上。後來影印出版的《中國新文學大系》此卷《文學論爭集》中，此誤寫仍沿襲。

鄭振鐸在《文學論爭集》的序言中，將《學衡》和《國立東南大學南京高師日刊·〈詩學研究號一〉》作爲「復古派」一併討論：

> 復古派在南京，受了胡先驌、梅光迪們的影響，彷彿自有一個小天地，自在地在寫著「金陵王氣暗沉銷」一類的無病呻吟的詩歌。……他們當時都在南京的東南大學教書，彷彿是要和北京大學形成對抗的局勢。林琴南們對於新文學的攻擊，是純然的出於衛道的熱忱，是站在傳統的立場上來說話的。但胡、梅輩卻站在「古典派」的立場來說話了。他們引致了好些西洋的文藝理論來做護身符。聲勢當然和林琴南、張厚載們有些不同。但終於「時勢已非」，他們是來得太晚了一些。新文學運動已成了燎原之勢，決非他們的書生的微力所能撼動其萬一的了。
>
> 然而在南京的青年們竟也有一小部分是信從著他們的主張。
>
> 他們在一個刊物上，刊出一個「詩學專號」所載的幾全是舊詩。《文學旬刊》便給他們以極嚴正的攻擊。這招致了好幾個月的關於詩的論爭。這場論爭的結果便是撲滅了許多想做遺少的青年人們的「名士風流」的幻想。同時也更確切的建立了關於新詩的理論。〔註10〕

〔註10〕鄭振鐸編：《中國新文學大系·文學論爭集·導言》（上）第 13 頁，上海良友圖書印刷公司，1935 年。

根據這三段文字判斷，此時鄭振鐸手中沒有這張報紙。即便是有，也沒有查對文字，兩處關鍵的文字都寫錯了：將「而今王氣暗沉銷」寫成「金陵王氣暗沉銷」；「詩學研究號一」寫成「詩學專號」。《文學論爭集》中也沒有收錄這張報紙的文章。阿英為《中國新文學大系》編選的第 10 卷《史料索引》雖專門設有「特刊專號」，也沒有收錄這張報紙的內容。鄭振鐸、阿英兩位文學史家在當時尚且如此，惶論後來的研究者，他們更難看到原刊史料。與《學衡》相關的討論，這裡略去，只談《國立東南大學南京高師日刊·〈詩學研究號一〉》。

《國立東南大學南京高師日刊〈詩學研究號一〉》出版時間為 1921 年 10 月 26 日。這張報紙共有四個版面，開設的欄目有：啓事、論著、討論、詩話、隨筆、詩叢，第四版的最後注明「未完」。

第一版上刊出的「本期要目」如下：

本刊啓事

詩與哲學	薛鴻猷
論詩數則	章松齡
伯沆先生詩問	薛鴻猷
曼雲樓詩話	吳江冷
讀詩隨筆	薛鴻猷
過道旁古墓有感	潘一強
秋夜思親	白眉初
謁南京古物陳列所	歐陽翥
金陵雜詠	薛鴻猷
舟中	林昭音
過放翁亭	李　瑤
金陵雜詠 十八首	薛鴻猷
寄懷謝養純綏定	周邦道
月夜聞笛	潘一強
送友人歸寧波	林昭音
舟中	林昭音
讀書	林昭音
問菊	徐書簡

菊語	徐書簡
南京	盧正紳
自題小照	盧正紳
訊菊	茅祖槳
感懷	李　瑤
秣陵客菊與王木生夜話	李　瑤
過董小宛故里	李　瑤
過放翁亭	李　瑤
雨後登豁蒙樓	章松齡
登雨花臺	徐書簡
月夜	潘一強
秋雁	潘一強
日暮舟泊羅衣	曾節之

這只是個「要目」而已，實際的詩詞多於這個數目。

「本刊啓事」有意不用新式標點符號，甚至連句讀也沒有。內容如下：

（一）本刊詩學研究號原擬本月中旬出版嗣以發刊孟羅特號猶爲當務之急遂致稽遲至今始克出版望閱者原諒

（二）本期研究號辱荷諸君踴躍投稿奈限於篇幅未能一一登載容當發刊第二期再爲揭載不誤如荷同文仍以佳稿惠寄者請照研究號投稿辦法徵稿期十一月終截止

（三）本期所載各篇小詩已商準王伯沆先生批評抉出其優劣點當於第二期發表先此奉聞

（四）此次徵稿以語體詩見惠者甚多同人以爲語體詩問題亟需研究之點頗多容當另刊專號從事討論所收各稿已代保存知念此白

編輯部謹啓十月二十六日

從中可以看到，此次徵稿中有大量語體詩即白話新詩投來，編輯部計劃另開專號。

「詩學研究號一」中出現的作者名字中，王伯沆、白眉初是教師，分別講授國文和地理；其他都是南京高師－東南大學的在校學生。

「論著」欄目中的首篇是薛鴻猷的《詩與哲學》，繼之爲章松齡的《論詩

數則》，因爲是發表在報紙上，文章都不長，都是提綱挈領式的短文。薛鴻猷在《詩與哲學》後加有「附識」，強調他所說的詩與哲學的對象，爲人生，其作用爲批評人生。「換言之，即詩與哲學之對象，大部分爲人生，其作用大部分爲批評人生」。僅此看來，他的這一觀點與當年新起的「文學研究會」所持的「爲人生而藝術」的主張相同。章松齡的《論詩數則》開首即說「詩乃情感流露於文字者，故以抒情寫景爲尚」。「詩是表人生之一部，作者之人格，可於詩中尋之」。詩貴抒情，偏激不中，不節制，無含蓄，少沉靜，不細膩，不高潔，如「牧兒村姑之狂叫，非好詩也」。「詩之最要者爲相像」，「詩爲動於中而發者，非酬應之品」。章松齡和薛鴻猷一樣，都認同「詩爲人生」。但他所說的詩如「牧兒村姑之狂叫，非好詩也」則是有所指的。如此時詩壇上「狂飆」出的一些詩篇，可以對號入座。

「討論」欄目中刊出的是薛鴻猷的《伯沆先生詩問》，在前面刊出的是說明文字，接下來是薛鴻猷問，王伯沆先生的回答。這份對話錄是整個「詩學研究專號」中最長的一篇。

「詩話」欄目中刊出的是吳江冷的《曼雲樓詩話》。吳江冷開篇即說他喜好龔自珍的詩，「其詩豪氣縱橫，不爲詞章所困，非有俠骨而天機穎敏者，不能成此詩」。最後，他強調「打油詩可作，壽詩萬不可作」。

「隨筆」欄目上刊出的是薛鴻猷的《讀詩隨筆》，他主要是引述清人的詩與詩話，談南京與項羽兩個主題。文中錄有長州彭希鄭的《秣陵懷古》七首詩，吳晉壬的《金陵雜詠》和王漁洋的詩論。

「詩叢」欄目裏則全是古體詩，佔據第三版的七分之一和整個第四版，共計 41 首。具體作者和篇目如下：

過道旁古墓有感	潘一強
過淮陰侯釣魚臺（五古）	徐書簡
中秋前一夕作	吳江冷
對月	吳江冷
溪畔閒立	吳江冷
江濱晚步	吳江冷
紅葉怨	茅祖槃
秋夜思親	白眉初
秋夜寄吳大	徐書簡

歸思	林昭音
晚歸東青	潘一強
秋山遠眺	潘一強
秋風	潘一強
謁南京古物陳列所（即明故宮遺址）	歐陽蕭
金陵雜詠（十八首）	薛鴻猷

　　莫愁湖、秦淮河、臺城、雨花臺、胭脂井、明孝陵、烏衣巷、
雞鳴寺、紫金山、明故宮、北極閣、棲霞寺、玄武湖、勝棋樓、靈
谷寺、掃葉樓、天堡城、燕子磯

寄懷謝養純綏定	周邦道
月夜聞笛	潘一強
問菊	徐書簡
菊語	徐書簡
送友人歸寧波	林昭音
舟中	林昭音
讀書	林昭音
南京	盧正紳
自題小照	盧正紳

因最後注明「未完」，所以要目中所列的九首詩沒有刊出：

感懷	李　瑤
秣陵客菊與王木生夜話	李　瑤
過董小宛故里	李　瑤
過放翁亭	李　瑤
雨後登豁蒙樓	章松齡
登雨花臺	徐書簡
月夜	潘一強
秋雁	潘一強
日暮舟泊羅衣	曾節之

四十一首古體詩的主題是有相對的一致性：借景抒情，思人思古思遠，或感
歎王朝的興衰更迭。

　　鄭振鐸在《文學論爭集》的導言中所舉例的「金陵王氣暗沉銷」一句，

出自南京高師－東南大學在校學生歐陽翥的《謁南京古物陳列所即明故宮遺址》，原詩句爲「而今王氣暗沉銷」。其他作者的詩中有兩位寫到「王氣」，如薛鴻猷《金陵雜詠・紫金山》中有「王氣金陵似此多」，盧正紳的《南京》中有「試問六朝金粉地，舊時王氣可全收」。歐陽翥（1898～1954），字鐵翹，號天驕，生於湖南望城，童年時代跟從祖父歐陽笙樓、父歐陽鵬學習四書五經，並習作古體詩詞。1919 年考入南京高等師範學校，學習心理學、生物學，師從胡先驌，後留學法國、德國，1934 年秋回國任中央大學生物學系教授，1954 年 5 月 25 日夜在南京大學投井自殺（因嚴重的眼疾，經學校與北京高教部交涉，爭取到北京的蘇聯紅十字醫院醫治，因無法解決在京的住宿等問題，絕望自殺）。歐陽翥和他的老師胡先驌一樣，都具有深厚的國學基礎，都喜好文學，都在科學研究之外畢生堅持寫作古典詩詞。作品有《退思盦詩草》六卷，《退思盦文稿》兩卷，《退思盦詩抄》十三卷，《退思盦雜綴》三十六卷。現在南京大學存有胡先驌詩集《蜻洲遊草》是歐陽翥捐給南京大學的。這個詩集原本是胡先驌簽名後（「鐵翹仁弟惠存，胡先驌持贈」）送給歐陽翥的。白眉初是剛從北京高師轉入南京高師的地理學教授。盧正紳即盧前（冀野），同時也寫作白話新詩，出版有新詩集《春雨》、《綠簾》。林昭音 1925 年出版有《男女性之分析》。周邦道爲江西人，1919 年入南京高師，其主編的《教育年鑒》1935 年在開明書店出版而廣受關注，1949 年赴臺灣後潛心佛學。

《文學旬刊》對「詩學研究號」的批評、討論

1921 年 1 月 4 日，「文學研究會」在北京成立，周作人、沈雁冰（茅盾）、鄭振鐸、葉紹鈞（聖陶）、孫伏園、耿濟之等 12 位爲發起人。同年春，鄭振鐸自北京交通部鐵路管理學校畢業，分配到上海西站當實習生。不久因出任《時事新報》的副刊《學燈》的編輯而脫離原來崗位。5 月 11 日，鄭振鐸經《小說月報》主編沈雁冰介紹進了商務印書館編譯所，但仍兼職做《學燈》的編輯工作。因《小說月報》是商務印書館的刊物，不能爲某個文學社團所獨佔，所以沈雁冰說因爲鄭振鐸擔任《學燈》編輯的緣故，「我們創辦了《文學旬刊》，附在《時事新報》發行」，作爲「文學研究會」的會刊。這樣很自然的「上海變成了文學研究會的總部」〔註11〕。

〔註11〕茅盾：《我走過的道路》（上）第 181 頁，人民文學出版社，1981 年。

5月10日，鄭振鐸主編的《文學旬刊》作為上海《時事新報》的副刊發行。創刊一年後，即1922年5月11日，鄭振鐸在《文學旬刊》上發表啓事，鄭重聲明《文學旬刊》是「文學研究會」的刊物。因此可以看出，對「詩學研究號」，對《學衡》的批評、討論都是鄭振鐸操作主持的。十四年後，他為《文學論爭集》寫作導言時，舊事重提，也是將「詩學研究號」和《學衡》一併清算。

此時因陳獨秀組黨，《新青年》轉型，《新潮》社的主要成員也都出國留學了。當1922年1月《學衡》反對新文學的文章出來時，胡適就明確表示文學革命已經過了討論期，反對黨已經破產，到了新文學開始收穫大量的創造成果的時候，《學衡》的「學罵」〔註12〕出來不值得一駁。這樣批評「詩學研究號」及《學衡》的任務自然落到了「文學研究會」成員的肩上。「文學研究會」成員對「詩學研究號」及《學衡》的批評，主要集中新詩與古體詩的對立上。這裡主要討論與「詩學研究號」相關的批評、反批評和旁觀者。

檢閱雙方出場的人物，南京高師－東南大學都是在校學生，「文學研究會」的成員多在上海、蘇州、海寧、北京，以中小學教師和商務印書館的編輯、商務印書館國文函授社的教師為主。

1921年10月26日的「詩學研究號」出版後，

於是就鄭振鐸首先看到，他在11月3日給周作人的信中寫到：

> 南高師日刊近出一號「詩學研究號」，所登的都是舊詩，且也有幾個做新詩的人，如吳江冷等，也在裏面大做其詩話和七言絕。想不到復古的陳人在現在還有如此之多，而青年之絕無宗旨，時新時舊，尤足令人浩歎，聖陶、雁冰同我幾個人正想在《文學旬刊》上大罵他們一頓，以代表東南文明之大學，而思想如此陳舊，不可不大呼以促其反省也。寫至此，覺得國內尚遍地皆敵，新文學之前途絕難樂觀，不可不加倍奮鬥也。〔註13〕

有了接下來的猛烈批判。第一位出場的斯提（葉聖陶），在11月12日《文學旬刊》第19期上發表了《骸骨之迷戀》一文。他首先針對薛鴻猷在《詩與哲

〔註12〕 胡適：《日記1922》，《胡適全集》第29卷第509頁，安徽教育出版社，2003年。

〔註13〕 《鄭振鐸致周作人》，《中國現代文藝資料叢刊》第五輯第353頁，上海文藝出版社，1980年。

學》中所強調的，詩與哲學的對象是爲人生；其作用是爲批評人生。提出質問：「假定詩的作用是批評人生，表現人生……人生不是固定的。然則爲什麼有照抄以前的批評人生表現人生的詩學的研究呢？」〔註14〕

他說：「冢墓裏的骸骨曾經一度有生命……那些以前的生命或者留下些精神給後人。可是後人須認清，這是以前時代的精神，可以供我們參考，給我們研究，但絕不是我們的精神；更有一層，決不能因尊重以前時代的精神，並珍重冢墓裏的骸骨。」他認爲「詩學研究號」的作者「卻犯了我所說的反面。舊詩的生命，現在是消滅了」。而「詩學研究號」的先生們「卻在那裡討論做法，刊佈詩篇，我不得不很抱歉地說他們是骸骨之迷戀」。「舊詩何以已成爲骸骨？這不必詳言，說的人多極了。（一）用死文字，（二）格律嚴重拘束，就是使舊詩降爲骸骨的要因。要用他批評或表現現代的人生，是絕對不行的。『生也有涯』，精神須耗於相當之地，不要迷戀骸骨罷」〔註15〕。

顧頡剛看到《文學旬刊》後，在 12 月 12 日致信葉聖陶說：「《骸骨之迷戀》我猜是你做的。守廷是誰？」〔註16〕

此文一出，就立刻引起了南京高師－東南大學學生的反批評，並由此在《文學旬刊》引發了四個月討論。

一般而言，向誰挑戰就由誰來應招。11 月 21 日，《文學旬刊》第 20 號的《通訊》專欄刊出薛鴻猷 11 月 13 日致西諦（鄭振鐸）無標點的信，和西諦的答覆（「編者附記」）。薛鴻猷說《骸骨之迷戀》「全失批評態度又無學理根據殊難令人滿意」，因此投稿一篇，申明編輯「詩學研究號」的宗旨，「糾正斯提之謬誤」。他要求西諦在第二十、二十一期連載。「編者附記」說薛鴻猷投來的文章題目爲《一條瘋狗》，「全篇皆意氣用事之辭。本不便登刊……但新舊詩的問題，現在還在爭論之中，迷戀骸骨的人也還不少，我們很想趁此機會很詳細的討論一番。所以決定下期把薛君的大稿登出，附以我們的批評」。

12 月 1 日，《文學旬刊》第 21 號頭版刊出守廷的《對於〈一條瘋狗〉的答辯》，此時雙方都失去了文學論爭的底線，開始互相謾罵。守廷文章一開始就稱薛鴻猷爲迷戀骸骨的「準遺少」，說自己不願意來同「做『一條瘋狗』的

〔註14〕斯提：《骸骨之迷戀》，《文學旬刊》第 19 期，1921 年 11 月 12 日。

〔註15〕斯提：《骸骨之迷戀》，《文學旬刊》第 19 期，1921 年 11 月 12 日。

〔註16〕顧頡剛：《致葉聖陶》，《顧頡剛全集　顧頡剛書信集》卷一第 74 頁，中華書局，2010 年。

薛鴻猷君討論」，只是斯提在蘇州，來不及看薛鴻猷的文章，只得由他來回應。守廷說斯提的《骸骨之迷戀》主要是批評「詩學研究號」中的古體詩，並不是批評薛鴻猷的《詩與哲學》。這是薛鴻猷的誤會。接下來，守廷尖銳地指出，「詩學研究號」上的詩文，缺少現代精神，也看不出人生觀，如果不是寫有《國立東南大學南京高師日刊》幾個字，我們還以為是前清的落魄秀才，或三家村的學究的作品。他甚至說歐陽翥的《謁南京古物陳列所即明故宮遺址》一詩，句句都含有「遺老」的口氣，其中「荊棘銅駝任湮沒，而今王氣暗沉銷」一句，簡直是明目張膽地提倡帝制，想要復辟。守廷特別強調所謂「骸骨」指的舊詩的形式，並不是指古人所做之詩。我們所有說的是現代人不應再用舊的形式來發表自己的思想與情緒。同時，他批評南京高師－東南大學還在傳授舊詩的做法，這在學校教育中「決不普遍」。最後，守廷發出：「唉，『薛君休矣！』請你先去研究明白文學是什麼東西後再來說話。」〔註17〕

第二、三版刊登出了薛鴻猷的答辯，同時也是反攻的長文《一條瘋狗》。薛鴻猷一開始就說斯提的《骸骨之迷戀》「不過是狂吠一陣罷了」，他通過對《骸骨之迷戀》文本分析和自己的論證，認定斯提是三家村的一個惡婆娘，是「一條瘋狗」。最後，薛鴻猷提出了他對於詩所取的態度（摘錄）：

（一）我認文學（詩是一種）這種東西，是人生的奢侈品，應當由各人自由欣賞，不受外力的壓迫，喜歡做文言，就用文言，喜歡做白話，就用白話，格律方面，自己須解放自己，但是願受格律的拘束者聽之。

（二）約翰·穆勒所著《自由論》中曾以為世界萬全之真理，亦無絕非真理者。我於文學的標準亦然。

（三）我認語體詩是一體，但我不奉之為金科玉律，掛一面「只此一家，別無分鋪」的招牌。

（四）我認定我們當在文言詩中，做一番整理的和改革的工夫，在語體詩中，做一番建設的工夫。……決不能因為是前人的作品，就鄙棄之，一筆抹煞，謂之毫無價值，而失學者研究精神。

（五）我認定一個學府中，對於各家學說，當並容兼蓄，決不

〔註17〕守廷：《對於〈一條瘋狗〉的答辯》，《文學旬刊》第 21 號，1921 年 12 月 1 日。

能受一種學閥之把持。所以「詩學研究號」全發表文言詩，改日尚須另刊語體詩，從長討論。……

（六）我承認優良的文學，是有普遍性的，永久不變的。……

（七）……若謂模仿古人，便是古人的奴隸，未免是一孔之見。

（八）我認文學是必須模仿的……

（九）我們以前人的文學做食品，我們吃了消化了，很可以滋養我們的身體，增長我們的智力。……〔註18〕

薛鴻猷文中所說的「學閥」正是日後胡先驌、梅光迪罵胡適的話。緊隨其後的是署名「卜向」的《詩壇底逆流》、署名「東」的《看南京日刊裏的「七言時文」》、署名「赤」的《由〈一條瘋狗〉而來的感想》。前者視「詩學研究號」為「詩壇底逆流」，問他們「這樣效忠於骸骨，到底何苦來呢」〔註19〕？「東」的《看南京日刊裏的「七言時文」》則說看了「詩學研究號」後起了個「惡嘔」。他質問薛鴻猷《金陵雜詠》（十八首）：「哪一首沒有腐亂的別人的口唾氣！哪一首，哪一句，是有獨到的意境，和清新警策的詞句？」〔註20〕署名「赤」的文章中稱薛鴻猷為「做『一條瘋狗』的先生」，很有些可憐，因為他的神經狂亂。文章最後說道：「薛君！再會！恭候你的第二條瘋狗！」〔註21〕

由此可見，雙方現在擺出的是罵陣！

接下來的12月11日《文學旬刊》第22號上，有繆鳳林的《旁觀者言》、歐陽翥的《通訊——致守廷》、守廷的《通訊——致歐陽翥》。「編者」特有短文說明：「薛鴻猷先生：來信因篇幅關係，且中多意氣之辭，不便登出。乞見諒！」

前者繆鳳林為南京高師文史地部學生，柳詒徵的得意弟子，後來成為中央大學歷史學教授。他的文章是寄給張東蓀，由張轉給鄭振鐸的。他首先聲明自己不是為「詩學研究號」辯護，因為他「深信其中之詩，無一有文學之真價者」。他提出兩個問題：一是雙方均以此刊刊登少數人之詩，牽扯到學校，很遺憾；二是斯提、守廷之論都「似以偏概全」〔註22〕。

〔註18〕薛鴻猷：《一條瘋狗》，《文學旬刊》第21號，1921年12月1日。

〔註19〕卜向：《詩壇底逆流》，《文學旬刊》第21號，1921年12月1日。

〔註20〕東：《看南京日刊裏的「七言時文」》，《文學旬刊》第21號，1921年12月1日。

〔註21〕赤：《由〈一條瘋狗〉而來的感想》，《文學旬刊》第21號，1921年12月1日。

〔註22〕繆鳳林：《旁觀者言》，《文學旬刊》第22號，1921年12月11日。

歐陽翥與守廷的通信，主要是討論「荊棘銅駝任湮沒，而今王氣暗沉銷」一句，是否有提倡帝制，想要復辟的問題。這三篇文章相對溫和，而沒有罵人的架勢。其中繆鳳林的文章看似沒有「謾罵語」，但從他文章後面鄭振鐸加的「編者附誌」中得知，是編者把幾段「謾罵語」刪除了。「編者附誌」說繆鳳林：「他的主張較薛鴻猷先生尤為極端。薛君尚承認語體詩是一體，繆君則根本不承認有新詩的存在，並且否認『散文詩』這個名詞。這種大膽的極端的主張還沒有什麼人發表過。」接著，列舉兩段被刪掉的話，其一為：「第自偽新文化運動以來，繆悠之論，層出不窮，盲目之徒，不知是非，騰為口說，以誤傳誤！」

12月21日《文學旬刊》第23號上有靜農的《讀〈旁觀者言〉》、吳文祺的《對於舊體詩的我見》、王警濤的《為新詩家進一言》、薛鴻猷的《通訊——致編輯》。這一期的開篇是署名Y.L的《論散文詩》，文後有西諦的附注，說這篇《論散文詩》似乎稍嫌簡單，他將在下一期做一篇較詳細的同題目文章。第24期的首篇就是西諦的《論散文詩》。

靜農即臺靜農，此時為北京大學國文系的旁聽生，他的文章是11月23日從北京寄來的自然投稿。他說繆鳳林《旁觀者言》論詩只講形式，繆鳳林所說詩的特質就是形式，離開了平仄就不能成為詩的論斷，違背詩歌的歷史事實，《詩經》就沒有固定的平仄。「我想繆先生若沒有神經病，決不至如此的荒謬！」〔註23〕他認為接下來繆鳳林論述詩的音韻與詩人的天才兩個問題，「竟能以音律而限制天才」的說法更是大膽、可笑。

薛鴻猷的來信，申明他的文章是個人行為，不代表南京高師－東南大學；「詩學研究號」上的作品，由作者負責，更不能代表全體之思想。他同時指出南京高師學生繆鳳林的《旁觀者言》，「於此已有誤解」，「亦多與事實不符」〔註24〕。

1922年1月1日《文學旬刊》第24號上有署名幼南的《又一旁觀者言》。1922年1月11日第25號上有吳文祺的《駁〈旁觀者言〉》、西諦的《通訊——致鳳林、幼南》和鳳林、幼南的《通訊——致西諦》。

幼南為南京高師學生景昌極，他是繆鳳林的好友。他在文章中說他的主張與繆鳳林的《旁觀者言》基本一致，並又有進一步解釋，最後幼南「希望

〔註23〕靜農：《讀〈旁觀者言〉》，《文學旬刊》第23號，1921年12月21日。
〔註24〕薛鴻猷：《通訊——致編輯》，《文學旬刊》第23號，1921年12月21日。

西諦君者」有四點：不做謾罵語；不以臆爲知；不拘成見；不深閉固拒。西諦的答覆是：希望繆鳳林放棄死守「詩必須有韻」之舊律這一成見，同時感謝幼南對散文詩討論的貢獻。雙方的語氣和態度相對平和多了。

　　1922 年 2 月 11 日第 28 號上有吳文祺的《〈又一旁觀者言〉的批評》。吳文祺 1917 年自南京的金陵大學肄業，對南京的學界比較瞭解，此時爲商務印書館國文函授社教師。吳文祺先後三篇文章，發揮了自己研究語言學的特長。在《對於舊體詩的我見》一文中，他列舉了舊體詩嚴重格律化後的毛病：（一）陳陳相因，已成濫調，不能充分表現作者的情緒。（二）口吻失眞，不合言語之自然。（三）刻削語句，使意義晦澀，或不合文法。（四）犧牲了很有精彩的句子，硬把不相干字句來雜湊。最後，他強調代表前人精神的詩的形式早已枯死而成爲濫調，「舊詩的迷信者，可以從夢中醒來了！」〔註25〕《駁〈旁觀者言〉》針對繆鳳林之說，他明確提出（一）詩的特質，不在外象的韻律，而在他的具體性。（二）詩的好壞，在乎作者之天才大小有無，詩的形式愈自由變化，天才便愈能盡量表現。（三）詩的音節，既不在句尾的韻，也不在句中的平仄，卻在順著詩意的自然音節。（四）舊詩的內容和形式都是骸骨。他特別批評繆鳳林所謂新詩不用韻律所以沒有文學價值的武斷之說，「根本不對」〔註26〕。尤其是在第三篇文章《〈又一旁觀者言〉的批評》中，他談到沈約的「沈韻」、陸法言的《切韻》、孫愐的《唐韻》、陸彭年等人的《廣韻》，丁度等人的《集韻》，清儒編就的《佩文韻府》等專門詩韻問題，闡述了自己對新舊詩歌的看法，特別表達了自己對進化而來的無韻律的白話散文詩的肯定。〔註27〕

　　隨後《文學旬刊》轉向對東南大學那些「極力反對新文學運動」的「歐化的守舊者」〔註28〕所創辦的《學衡》的批評。從後來《學衡》的作者來看，參與討論的繆鳳林、景昌極都成了「學衡派」成員。組織、參與批評「詩學研究號」的「文學研究會」成員，多位與首倡白話新文學的北京大學有關。茅盾 1916 年畢業於北京大學預科。葉聖陶 1919 年加入北京大學的「新潮社」，1922 年在北京大學預科短期出任講師。鄭振鐸在北京讀書時參加了 1919 年北

〔註25〕 吳文祺：《對於舊體詩的我見》，《文學旬刊》第 23 號，1921 年 12 月 21 日。
〔註26〕 吳文祺：《駁〈旁觀者言〉》，《文學旬刊》第 25 號，1922 年 1 月 11 日。
〔註27〕 吳文祺：《〈又一旁觀者言〉的批評》，《文學旬刊》第 28 號，1922 年 2 月 11 日。
〔註28〕 《鄭振鐸致周作人》，《中國現代文藝資料叢刊》第五輯第 353 頁。

京大學學生發起的五四學生運動；組織批評「詩學研究號」之前，又專門向北京大學教授周作人做了書信彙報。臺靜農爲北京大學的旁聽生。因此，圍繞「詩學研究號」的批評與反批評，可被視爲南京高師－東南大學與北京大學的對立。「詩學研究號」只出版一期，「本刊啓事」中所說的「另刊專號」也沒能實現。且由於反新文化－新文學的《學衡》的高調登場，他們堅守古體詩詞的姿態，鮮明地出現「學衡派」的刊物《學衡》、《國風》、《大公報・文學副刊》上。極端的對立所顯示出的另一現象是，「學衡派」的刊物上絕不允許白話新詩出現。東南大學－中央大學也不允許新文學進入課堂。中央大學畢業生錢谷融在《我的老師伍叔儻先生》一文中特別指出：「中央大學中文系一向是比較守舊的，只講古典文學，不講新文學。新文學和新文學作家，是很難進入這座學府的講堂的。」〔註 29〕這就是胡先驌所說的「學衡派」的「流風遺韻」。

　　當然，在新文學作家陣營內部也有對古體詩的形式──即「骸骨之迷戀」持不同看法的作家，只是當時他們並沒有介入這場討論，而在隨後發表了自己的看法。1925 年 1 月郁達夫在北京寫了《骸骨迷戀者的獨語》，他明確表示出自己的主張：「目下在流行著的新詩，果然很好，但是像我這樣懶惰無聊，又常想發牢騷的無能力者，性情最適宜的，還是舊詩；你弄到了五個字，或者七個字，就可以把牢騷發盡，多麼簡便啊。」〔註 30〕同時他也說明自己是大不喜歡像那些老文丐的什麼詩選，什麼派別，「因爲他們的成見太深，弄不出眞眞的藝術作品來」〔註 31〕。最後他特別強調中國人的文化心理：「喜新厭舊，原是人之常情；不過我們黃色同胞的喜新厭舊，未免是過激了，今日之新，一變即成爲明日之舊，前日之舊，一變而又爲後日之新，扇子的忽而行長忽而行短，鞋頭的忽而行尖忽而行圓，便是一種國民性的表現。我只希望新文學和國故，不要成爲長柄短柄的扇子，尖頭圓頭的靴鞋。」〔註 32〕這一看法頗似幾年後周作人在《中國新文學的源流》中提出的「言志」與「載道」互爲消長的「循環論」。

　　朱自清在《論中國詩的出路》中討論了近代以來中國詩發展史上的三次

〔註 29〕 錢谷融：《閒齋憶舊》第 144 頁，上海人民出版社，2008 年。
〔註 30〕 郁達夫：《骸骨迷戀者的獨語》，《郁達夫全集》第 3 卷第 110～111 頁。
〔註 31〕 同上，第 111 頁。
〔註 32〕 同上，第 111 頁。

重要變革時期（「詩界革命」──在詩裏裝進他們的政治哲學，引用西籍中的典故，創造新的風格；「白話新詩」──大家「多半是無意識的接受外國文學的暗示」，「注重的是白話，不是詩」；「新格律詩」──模仿外國近代詩的意境、音節）後，又專門談到「骸骨之迷戀」的問題，他說：

> 五七言古近體詩乃至詞曲是不是還有存在的理由呢？換句話，這些詩體能不能表達我們這時代的思想呢？這問題可以引起許多辯論。胡適之先生一定是否定的；許多人卻徘徊著不能說就下斷語。這不一定由於迷戀骸骨，他們不信這經過多少時代多少作家錘鍊過的詩體完全是冢中枯骨一般。固然照傅孟眞先生的文學的有機成長說（去年在清華講演）一種文體長成以後，便無生氣，只餘技巧；技巧越精，領會的越少。但技巧也正是一種趣味；況如宋詩之於唐詩，境界一變，重新，沈曾植比之於外國人開埠頭本領（見《石遺室詩話》），可見骸骨運會之諡，也不盡確。「世界革命」諸先生似乎就有開埠頭之意。他們雖失敗了，但與他們同時的黃遵憲乃至現代的吳芳吉，顧隨，徐聲越諸先生，向這方面努力的不乏其人，他們都不能說沒有相當的成功。他們在舊瓶裏裝進新酒去。所謂新酒也正是外國玩意兒。這個努力究竟有沒有創造時代的成績，現在還看不透；但有件事不但可以幫助這種努力，並且可以幫助上述的種種；便是大規模地有系統地試譯外國詩。〔註33〕

一向穩重、謹慎的朱自清沒有明確表態，但文中卻顯露出自己的詩學原則，而「大規模地有系統地試譯外國詩」之語，只是一個託辭。

在革命的年代，以激進的姿態做出反傳統的種種行為，以政治挾持文化的風火互動，體現出短期效應的所謂進化、進步，這無疑置保守主義者於多重困境：自己的言論使得自身與激進主義者處於敵對的危險境地，或言論與行為的逆差、悖論；受激進挾持的受眾對象把其看作落伍、荒謬和反動；話語霸權的激進主義者對其極端的蔑視。

時間和實踐是最好的判官。文學家、批評家的歷史有時竟讓我們感到如此多姿多彩，作為新文學作家的葉聖陶、茅盾，早年都寫作白話新詩，用激烈的言詞批評南京高師－東南大學師生寫作古體詩，但他們兩人卻在 1940 年

〔註33〕朱自清：《論中國詩的出路》，《朱自清全集》第 4 卷第 292～293 頁，江蘇教育出版社，1996 年。

代都轉向寫作古體詩，迷戀古體詩的形式——「骸骨」。如果只說是「形式的
誘惑」顯然不足以明事理，因爲幾千年的詩歌文化元素在他們心理積澱後所
產生的內驅力，有時會超越激進與保守。五四「文學革命」所形成的單一性
模式，在錢鍾書批評周作人的《中國新文學的源流》的文章中有相應的討論，
即主張白話新詩者革了寫古體詩的命後，「革命在事實上的成果便是革命在理
論上的失敗」，始於「革」而終於「因」〔註 34〕。

〔註 34〕中書君：《中國新文學的源流》，《新月》第 4 卷第 4 期，1932 年 11 月 1 日。

第四章　激進保守

學統所指

　　每一所大學都有屬於自己的「歷史」，但不是每所大學都形成了可以言說的屬於自己的所謂「大學精神」和「學術傳統」。中國大學很多，有學術特色，形成學派的卻很少。「學統」是「大學精神」和「學術傳統」的合稱，並非一個周嚴的概念。「大學精神」是校長、教授和學生三者合力的社會化展示；「學術傳統」是「大師」的魅力發散。這裡我提出激進與保守作爲「民國大學的兩大學統」的命題，主要指人文學科，這也正是建立在我對多所大學歷史的研讀之後，同時也是我在「學衡派」研究基礎之上的進一步整合、昇華，即「問題」的發現和提出。既然是「大學統」之說，也就有個別的「小學統」的存在，不可一概而論，陷入絕對。這裡的「兩大學統」之論，也只是一個相對的說辭。同時存在的還有某校某學科或某專業，因具體的地緣優勢和特殊的個人開創的某一學科的強大，並在梯隊和後繼者的努力下形成的「小學統」。但這種相對單一的學科優勢並不足以左右民國大學人文學科的整體發展走向。

校長的個人魅力

　　1949 年之前民國時期的現代大學形態，基本上是三大版塊：公立大學、私立大學、教會大學。而教會大學際上也是私立的。

　　辦學首先需要經費，上述三大版塊的大學群落的經費來源明顯表現出：

公立大學由政府出資、私立大學由民間集資、教會大學由國外教會團體讚助。由於經費決定辦學，所以就出現大學運作中的三種力量。

公立大學的經費來自政府，因而它受制於國家權力和主流意識形態，主要體現在校長的任命上。私立大學（如南開大學、復旦大學、廈門大學）受制於民間財團和個人的資助，受校董事會的權力制約，但同時受校長個人人格魅力的強烈影響，因此體現出私學家法的特性，尤其注重學生的人格陶冶，校長的個人魅力也成爲大學生存的一個支柱性力量。這就是嚴修、張伯苓與南開大學，馬相伯、李登輝與復旦大學，林文慶與廈門大學，唐文治與無錫國學專門學校的特殊聯繫。

教會大學在獨立於中國國家教育體制，受「治外法權」保護的前提下，自然又有其必須要遵從的教義教規，和對西洋文化的接受、傳播的前提，才可能有自由發展機會。同時還要承擔由教會自身力量，對學生進行心靈滲透的任務。這就是海波士爲《滬江大學》寫史時所說的「強調發展學生的基督化品格」〔註 1〕，「保持大學的基督教性質是學校開辦之初必須面對的問題」〔註 2〕，這些也就體現在卜舫濟與聖約翰大學，司徒雷登、陸志韋與燕京大學，陳裕光與金陵大學、陳垣與輔仁大學，韋卓民與華中大學，吳貽芳與金陵女子大學，劉湛恩與滬江大學，鍾榮光與嶺南大學的直接關聯上。

上述兩種私立大學的校長權力很大，而教授的權力相對弱化。公立大學校長、教授和學生之間三種力量共存，相互制衡，所以鬧學潮的往往是公立大學，顯然是學生勢力與教授力量的合力作用。民國時期公立大學必須要面對的動盪就是政治勢力作用下的校長任命和學潮。私立大學和教會大學相對要穩定得多。東南大學（1925 年郭秉文）、清華大學（1931 年羅家倫、吳南軒）、中央大學（1932 年段錫朋）、浙江大學（1935～1936 年郭任遠）都有過因校長去留和任命時發生的學潮動亂。好的校長，可以穩定、發展和振興學校。蔡元培、蔣夢麟振興北京大學，羅家倫穩定發展中央大學九年，梅貽琦穩定發展清華大學十八年，竺可楨穩定發展浙江大學十三年。〔註 3〕

這裡所謂的「學統」是以公立大學中的國立大學爲討論對象。首先我引

〔註 1〕 海波士：《滬江大學》（王立誠譯）第 226 頁，珠海出版社，2005 年。

〔註 2〕 海波士：《滬江大學》（王立誠譯）第 82 頁。

〔註 3〕 竺可楨興浙江大學的手段之一是「用人校長有全權，不受黨政之干涉」。竺可楨：《竺可楨全集　日記》第 6 卷第 36 頁，上海科學技術出版社，2005 年。

用霍爾丹勳爵在《大學和國民生活》中的名言：「大學是民族靈魂的反映。」
〔註4〕因為民國時期國立大學必須要承擔起民族國家重建過程中的培育人
才、學術研究的重任，還必須有民族文化精神和國家主流意識形態的責任擔
當。這是民族國家對國立大學的政治期待和要求。因此，羅家倫 1932 年 10
月 11 日上任伊始，首先在《中央大學的使命》的演講中強調「一定要把一個
大學的使命認清，從而創造一種新的精神，養成一種新的風氣，以達到一個
大學對於民族的使命」〔註5〕。私立大學和教會大學所具有的相對獨立的自在
屬性，是國立大學所沒有的，因此，國立大學的教授們一直在爭取能有更大
的「教授權力」，一直在爭取教育獨立，即爭取學術獨立、學術自由，但始終
沒有成為現實。這自然是由其「國立」屬性所決定的。下面將由多個話題，
或詳或略，展示激進與保守兩大學統的不同和基本的歷史演進。

大學空間

激進的「新青年」－「新潮」派的學脈在大學空間的分佈

五四運動是新文化運動和青年愛國運動的合流，是「促進中國成為獨立
自由的現代化國家的運動」〔註6〕。在北京大學，胡適個人魅力影響下的學生
主要是鼓動和參與新文化運動的，陳獨秀個人魅力影響下的弟子主要是參與
了共產黨的黨團組織建設。羅家倫在 1950 年 12 月 30 日所寫的《元氣淋漓的
傅孟真》一文中有這樣一段文字：

> 我們開始有較深的瞭解，卻在胡適之先生家裏。那是我們常去，
> 先則客客氣氣的請教受益，後來竟成為討論爭辯肆言無忌的地方。
> 這時期還是適之先生發表了《文學改良芻議》以後，而尚未正式提
> 出「國語的文學·文學的國語」，也就是未正式以文學革命主張作號
> 召以前。適之先生甚驚異孟真中國學問之博與精，和他一接受以科

〔註4〕 亞伯拉罕·弗萊克斯納：《現代大學論》（徐輝等譯）第 2 頁，浙江教育出版
社，2001 年。
〔註5〕 羅家倫：《中央大學之使命》，羅家倫先生文存編輯委員會編輯：《羅家倫先生
文存》第 5 冊第 236 頁。國史館、中國國民黨中央委員會黨史委員會出版，
1988 年。
〔註6〕 羅家倫：《話「五四」當年》，羅家倫先生文存編輯委員會編輯：《羅家倫先生
文存》第 6 冊第 533 頁。國史館、中國國民黨中央委員會黨史委員會出版，
1988 年。

學方法整理舊學以後的創獲之多與深。適之先生常是很謙虛的說，他初進北大做教授的時候，常常提心弔膽，加倍用功，因爲他發現許多學生的學問比他強。……這就是指傅孟眞、毛子水、顧頡剛等二、三人說的。當時的眞正國學大師如劉申叔（師培）、黃季剛（侃）、陳伯弢（漢章）幾位先生，也非常之讚賞孟眞，抱著老儒傳經的觀念，想他繼承儀徵學統，或是太炎學派等衣缽。孟眞有徘徊歧路的資格，可是有革命性，有近代頭腦的孟眞，決不徘徊歧路，竟一躍而投身文學革命的陣營了。以後文學革命的旗幟，因得孟眞而大張。

〔註 7〕

1919 年 5 月 4 日，北京天安門大遊行的總指揮是扛著大旗走在最前面的傅斯年；遊行時散發的《北京全體學界宣言》（即後來收入《羅家倫先生文存》的《五四運動宣言》）〔註 8〕的起草人是羅家倫。而傅、羅是當時北京大學校長蔡元培最器重的學生，更是胡適的得意弟子。羅家倫是第一個提出「五四運動」〔註9〕的人。他在《蔡元培時代的北京大學與五四運動》一文中對當時的北京大學的評價是：

以一個大學來轉移一時代學術或社會的風氣，進而影響到整個國家的青年思想，恐怕要算蔡孑民時代的北京大學。〔註10〕

北京大學、中山大學、武漢大學、清華大學、青島大學－山東大學、西南聯合大學、臺灣大學的人文學科是一個學統。因爲他們有師資的內在關聯，特別是北京大學的文科教授對後幾所大學學科建設的支持，同時也帶來了北大

〔註 7〕 羅家倫：《元氣淋漓的傅孟眞》，羅家倫先生文存編輯委員會編輯：《羅家倫先生文存》第 10 冊第 74 頁。國史館、中國國民黨中央委員會黨史委員會出版，1989 年。

〔註 8〕 羅家倫：《五四運動宣言》，羅家倫先生文存編輯委員會編輯：《羅家倫先生文存》第 1 冊第 1 頁。國史館、中國國民黨中央委員會黨史委員會出版，1976 年。

〔註 9〕 羅家倫：《「五四運動」的精神》，首發《每周評論》第 23 期，1919 年 5 月 26 日。羅家倫先生文存編輯委員會編輯：《羅家倫先生文存》第 1 冊第 2～3 頁。

〔註10〕 羅家倫口述、馬偉（星野）筆記：《蔡元培時代的北京大學與五四運動》，羅久芳、羅久蓉編輯校注：《羅家倫先生文存補遺》第 52 頁，中央研究院近代史研究所史料叢刊（51），2009 年。馬偉（星野，1909～1991）是中央政治學校畢業生，1928 年羅家倫自中央政治學校教務長調任清華大學校長，他北上任羅家倫的校長室秘書，1934 年畢業於美國密蘇里大學新聞學院。後爲中央政治大學新聞系主任、教授，《中央日報》社社長、國民黨政府駐巴拿馬大使。

求新、求變的學風和自由主義思想資源的發散。《新青年》所張揚的科學與民主精神，爲後來者樹立起鮮明的標杆。《新潮》對《新青年》繼承和超越時所列舉的新「元素」是：批評的精神；科學的主義；革新的文詞〔註11〕。這自然與胡適作爲前者的「顧問」、「指導」有密切的關係。先看羅家倫的一段回憶文字：

> 　　傅孟眞是拋棄了黃季剛要傳章太炎的道統給他的資格，叛了他的老師來談文學革命。他的中國文學，很有根柢，尤其是於六朝時代的文學。他從前最喜歡讀李義山的詩，後來罵李義山是妖，我說：「當時你自己也高興著李義山的時候呢？」他回答說：「那個時候我自己也是妖。」傅孟眞同房子的有顧頡剛。俞平伯、汪敬熙和我都是他房間裏的不速之客，天天要去，去了就爭辯。……
>
> 　　因爲大家談天的結果，並且因爲不甚滿意於《新青年》一部分的文章，當時大家便說：若是我們也來辦一個雜誌，一定可以和《新青年》抗衡，於是《新潮》雜誌便應運而產生了。《新潮》的英文名字爲 The Renaissance，也可以看見當時大家自命不凡的態度。……當時負責編輯的是我和孟眞兩個，經理人是徐彥之和康白情兩個。社員不過二十多人，其中有顧頡剛、汪敬熙、俞平伯、江紹原、王星拱、周作人、孫伏園、葉紹鈞等幾位，孟眞當時喜歡談哲學，談人生觀。他還做了幾個古書新評，是很有趣味的。我著重於談文學和思想問題，對於當時的出版界常常加以暴烈的批評，有些文字，現在看過去是太幼稚了，但是在當時於破壞方面的效力，確是有一點的。比較起來，我那篇《什麼是文學》在當時很有相當的影響，《駁胡先驌文學改良論》也很受當時的注意。〔註12〕

廣東高師向廣東大學和中山大學的轉型過程，與廣州作爲國民黨革命的中心有關，這個轉型的實際師資力量來自北京大學。中山大學的雛形，尤其是文科，簡直像一個新的北京大學。

　　據 1927 年 8 月 25 日出版的《國立中山大學》第 19 期的《本校文史科介紹》所列的教授名單看，他們大都是出自北京大學。「除須聘傅斯年、顧頡剛、

〔註11〕 傅斯年：《〈新潮〉之回顧與前瞻》，《新潮》第 2 卷第 1 號（1919 年 10 月）。
〔註12〕 羅家倫口述、馬偉（星野）筆記：《蔡元培時代的北京大學與五四運動》，羅久芳、羅久蓉編輯校注：《羅家倫先生文存補遺》第 56～57 頁。

江紹原等人外，新聘的教授有汪敬熙、馮文潛、毛準、馬衡、丁山、羅常培、吳梅、俞平伯、趙元任、楊振聲、商承祚、史祿國等」〔註13〕。當然一部分人並沒有聘到，但也有前邊沒有提到的如魯迅、許壽裳、容肇祖（元胎）、董作賓（彥堂）、何思源（仙槎）、朱家驊（騮先）、伍叔儻（俶）、羅庸（膺中）、費鴻年等都先後到了中山大學。從上述所列舉的成員看，大多是北京大學畢業生（多爲「新潮社」、「國故社」的核心社員），或原北京大學教授。從顧頡剛在廣州中山大學的日記看，他到中山大學的第一個月（4月17日～5月17日）〔註14〕和1927年10月13日～1929年2月24日的這段時間裏，其人事來往和飯局應酬，幾乎都是北大的故舊〔註15〕。

　　顧頡剛本人具有編輯刊物和叢書的實際工作能力，他倣仿北京大學文科的做法，爲中山大學做了如下籌劃：

　　　　今日議定刊物四種：

　　　　（1）文史叢刊　由文科主任及各系主任編之。

　　　　（2）語言歷史學研究所周刊　余永梁、羅常培、商承祚、顧頡剛
　　　　　　　等編。

　　　　（3）歌謠周刊　鍾敬文、董作賓編。

　　　　（4）圖書館周刊　楊振聲、顧頡剛、杜定友編。〔註16〕

中山大學的人文學科，特別是文學院長傅斯年以「語言歷史學」爲路徑和門類所確立的學術研究，開學界新風。他們辦的《國立中山大學語言歷史學研究所周刊》〔註17〕是北京大學的《北京大學研究所國學門周刊》的繼續和發展，同時他們的《民俗》周刊也是北京大學「民俗學」研究的南下。而「民俗學」中，他們特別看好的是歌謠等鮮活的民間文學，也是胡適倡導的白話新文學的一個重要的支撐力量。同時，因顧頡剛、江紹原在中山大學執教，帶動了鍾敬文、容肇祖在民俗學領域的崛起。

〔註13〕轉引自陳平原：《中國大學十講》第223頁，復旦大學出版社，2002年。

〔註14〕顧頡剛：《顧頡剛日記》第二卷第37～47頁，（臺北）聯經出版事業公司，2007年。

〔註15〕顧頡剛：《顧頡剛日記》第二卷第95～256頁。

〔註16〕顧頡剛：《顧頡剛日記》第二卷第96頁。

〔註17〕1929年11月20日，顧頡剛在北平收到廣州中山大學的來信，說《語言歷史學研究所周刊》出至108期爲止，後改季刊。他在日記中寫道：「這個《周刊》靠我的「挺」，居然能出到百期外，眞算極不容易的事了。」見顧頡剛：《顧頡剛日記》第二卷第345頁。

　　1928 年 5 月 19 日，胡適在南京參加教育大會，大學院院長蔡元培動員胡適接替經亨頤出任中山大學副校長，胡適以寫《哲學史》，和擔心戴季陶思想反動，「恐怕不能長久合作」〔註18〕爲理由，謝絕不去。於是，改由北京大學南來的朱家驊出任副校長。

　　1930 年代的文學院院長是原北京大學「新潮社」的社員吳康。1949 年以後的陳寅恪、容庚、商承祚、劉節等都是北京的南下教授。中山大學的「民俗學」〔註19〕研究一直是優勢學科，教育部人文社科重點研究基地「中國非物質文化遺產研究中心」一直設在這裡，就是這一優勢的體現。傅斯年認爲歷史學、語言學在人文學科裏最具有科學性，隨後他在中央研究院建立了「歷史語言研究所」，直到今天台灣「中央研究院」還保留著這一建制。

　　據顧頡剛日記所示，蔡元培任中央研究院院長後，以他原北京大學的三位弟子傅斯年、顧頡剛、楊振聲爲「歷史語言研究所」籌備人。這三位原「新潮社」的弟子，此時都在中山大學。他們「三人即在粵商量籌備事宜」〔註20〕，隨後，三人返京，傅斯年主事「歷史語言研究所」，顧頡剛、楊振聲分別到了燕京大學和清華大學。當時，北京大學、清華大學、燕京大學都給了顧頡剛的聘書，他選擇了燕京大學。他事後說，不回北京大學的原因是那裡的派系太重，教會大學的人際關係相對簡單。

　　1949 年以後，在中山大學，陳寅恪對「獨立之精神，自由之思想」的堅守，王力對北京大學、清華大學語言學研究的承繼，都是這一學統的體現。

　　1928 年清華學校改制爲清華大學，此時的校長羅家倫、秘書長馮友蘭、教務長楊振聲，教師劉文典、朱自清、俞平伯均來自北京大學。除劉文典外，他們均是「新潮社」成員，是胡適的門生和朋友。作爲文學院院長的楊振聲曾回憶說，清華的國文系是在他和朱自清手中而興的〔註21〕。

〔註18〕　胡適：《日記 1928》，《胡適全集》第 31 卷第 112～113 頁，安徽教育出版社，2003 年。

〔註19〕　吳定宇主編：《走近中大》一書中收錄有蕭向明：《「民俗學」在中大》，王文寶：《容肇祖與中山大學民俗學會》。四川人民出版社，2000 年。另有施愛東：《中山大學民俗出版與中國現代民俗學的建立》，《中山大學學報》2009 年第 1 期。

〔註20〕　顧頡剛：《顧頡剛日記》第二卷第 160 頁。

〔註21〕　參見姜建、吳爲公編：《朱自清年譜》第 80 頁，安徽教育出版社，1996 年版。朱自清進清華是胡適推薦的。他在給胡適的心中說：「承先生介紹我來清華任教，厚意極感。」見耿雲志主編：《胡適遺稿及秘藏書信》第 25 冊第 293 頁，黃山書社，1994 年。

　　接下來在「大學院」院長蔡元培的主持下，北京大學又把武漢大學扶植起來。1928 年 7 月組建武漢大學時，南京政府「大學院」院長蔡元培指派劉樹杞、李四光、王星拱、周覽（鯁生）、麥煥章、黃建中、曾昭安、任凱南 8 人爲籌備委員〔註 22〕。李四光、王星拱、周鯁生是北京大學的著名教授，黃建中是北大畢業生，他們和隨後從北京大學來的王世杰、陳源爲武漢大學的建設貢獻尤多。其中王世杰、王星拱、周鯁生先後做了武漢大學的校長。他們都是胡適的朋友。從自由主義的政治理念和文化精神上看，1928 年以後，武漢大學因「太平洋」－「現代評論」派主要成員的到來而興。《太平洋》、《現代評論》雜誌的主要成員王世杰、李四光、王星拱、周鯁生、陳源、凌叔華、沈從文、楊端六、袁昌英、蘇雪林等人在這裡任教，另外兩位新文學作家聞一多、陳登恪（春隨）也相繼離開中央大學來到武大。陳源也曾邀請過顧頡剛來教中國歷史，並致信胡適，請他催促顧接受武大之聘〔註 23〕。1930 年代，胡適曾以武漢大學的興盛作爲中國教育進步的典型向外國人展示，其中自有內在的學統關聯因素。

　　當然，隨後武漢大學國文系抗衡新文學的力量一直很強大，連蘇雪林也必須研究古典文學才能立身。聞一多無法立身，只好選擇離開。因爲黃侃（1928 年離開）及弟子劉賾（博平，1917 年畢業於北京大學）的古漢語研究和教學，吳宓清華的同學劉永濟的古典文學研究和教學，一直是國文系的優勢和主力。這是民國大學國文系學科優勢的表現，因爲古漢語與古文學這「兩古」專業是檢驗民國大學國文系是否強盛的最重要的指標。

　　在蔡元培的主導下，1930 年 9 月 21 日，國立青島大學正式成立。前兩任校長是蔡元培的北大學生楊振聲、趙太侔。1930 年代，新文學作家雲集，文學之盛得力於北大學統的傳承。特別是 1930 年代前半期，楊振聲、趙太侔、王統照、聞一多、梁實秋、沈從文、方令孺、鄧以蟄、張道藩、陳夢家等在此設壇，胡適也曾專門到訪，師生（學生如臧克家）互動，有矛盾，有故事，更有文學的創造。

　　抗戰勝利後的 1945 年底，許壽裳、魏建功、臺靜農、李何林、俞敏等到臺灣推行國語，有的同時執教於臺灣大學。1949 年 1 月 20 日，傅斯年出任臺灣大學校長，將北京大學的大學精神和部分師資（如毛子水、錢思亮、姚從

〔註22〕《國立武漢大學一覽》（民國廿四年）第 12～13 頁。
〔註23〕耿雲志主編：《胡適遺稿及秘藏書信》第 35 冊第 82 頁。

吾、臺靜農）帶進了臺大。1950、1960 年代堅守自由主義學統的殷海光、李
敖均出自臺大。

保守的「學衡派」的學脈在大學空間的分佈

　　南京高師－東南大學－中央大學、浙江大學、中正大學、中國文化大學
的人文學科是一個學統。

　　蔣夢麟看到北京大學幫助中山大學、武漢大學興盛後，約胡適去辦浙大
文科不成〔註24〕，浙大因此在動盪中徘徊八年之久。1936 年郭任遠校長去職
後，陳布雷向蔣介石推薦了原東南大學的教授，此時任南京中央研究院氣象
研究所所長的竺可楨出任校長。1936 年 4 月新聘竺可楨爲浙大校長後文科迅
速崛起，師資主要是原南京高師－東南大學的畢業生和中央大學的教授。竺
可楨從中央大學帶來了兩任文學院院長梅光迪、張其昀，國文系、外文系系
主任郭斌龢（一度代理校長），教育系系主任、教務長鄭曉滄。抗戰時期「學
衡派」成員主要集中在此校。這一時期，在浙大的「學衡派」成員有梅光迪、
張其昀、郭斌龢、張蔭麟、王煥鑣、繆鉞、王庸、陳訓慈八人〔註25〕。「學衡
派」成員這一時期在浙江大學群聚，與竺可楨有直接的關聯。因爲竺可楨與
陳寅恪爲復旦公學時「同桌讀書的人」〔註26〕，與梅光迪出國留學之前在上
海復旦公學時即相識，到美國後三人又同在哈佛大學學習，其中竺可楨與梅
光迪還同住一宿舍一年〔註27〕。

　　而在竺可楨出任校長之前的浙江大學文科，特別是文史學科沒有教授，
不成體統。他在 1936 年 3 月 9 日的日記中寫道：

　　　　辦大學者不能不有哲學中心思想，如以和平相號召，則根本郭
　　之做法即違反本意。余以爲大學軍隊化之辦法在現時世界形勢之下
　　確合乎潮流，但其失在於流入軍國主義，事事惟以實用爲依歸，不

〔註24〕　胡適日記 1928 年 3 月 25 日記有：「蔣夢麟有信來，說要辦浙江大學文理科，
　　　　要我去辦哲學，與外國文學兩門。我回信辭了，薦通伯任外國文學，哲學請
　　　　他自兼，請單不庵幫管中國哲學的事。」見《胡適全集》第 31 卷第 9 頁。通
　　　　伯即陳西瀅，浙江大學未聘他，胡適將其推薦到武漢大學。
〔註25〕　這裡只討論文科，竺可楨對浙江大學的全面振興還包括他從中央大學請胡
　　　　剛復到浙江大學做理學院長。
〔註26〕　竺可楨：《竺可楨全集　日記》第 15 卷第 79 頁，上海科學技術出版社，2008
　　　　年。
〔註27〕　竺可楨：《竺可楨全集　日記》第 10 卷第 27 頁，上海科學技術出版社，2006
　　　　年。

特與中國古代四海之內皆兄弟之精神不合，即與英美各國大學精神
在於重個人自由，亦完全不同。目前辦學之難即在此點。郭之辦學
完全爲物質主義，與余內心頗相衝突也。此外浙大尚有數點應改良：
課程上外國語文系有七個副教授，而國文竟無一個教授，中國歷史、
外國歷史均無教授。其次辦事員太多，……〔註28〕

抗戰時期江西的中正大學因原東南大學教授胡先驌而興（「學衡派」主要成員
胡先驌爲校長、王易爲文史系主任、文學院長）。王易所寫的《國立中正大學
校歌歌詞》：

澄江一碧天四垂，鬱葱佳氣迎朝曦。

巍巍吾校啓宏規，絃歌既昌風俗移。

揚六藝，張四維；勵志節，戒荒嬉；

求知力行期有爲，修己安人奠國基。

繼往開來兮，責在斯！〔註29〕

參照1935年羅家倫爲中央大學新寫的校歌，可見其精神上的繼承：

國學堂堂；

多士蹌蹌；

勵學敦行，

期副舉世所屬望。

誠樸雄偉見學風，

雍容肅穆在修養。

器識爲先，

眞理是尚；

完成民族復興大業，

增加人類知識總量。

進取，

發揚，

擔負這責任在雙肩上！〔註30〕

〔註28〕竺可楨：《竺可楨全集　日記》第6卷第36頁，上海科學技術出版社，2005
年。

〔註29〕王易：《國立中正大學校歌歌詞》，轉引自趙宏祥：《王易先生年譜》第155頁，
線裝書局，2012年。

〔註30〕羅家倫：《中央大學之回顧與前瞻——民國三十年七月在國立中央大學全體師生

我曾查閱了多所大學的校歌，民族國家的責任擔當和個人德行的自我陶冶，
是這些校歌的核心內容。

王益霖（1856～1913）、王易（1889～1956）父子兩代在三江師範學堂、
中央大學任教。王益霖1903年被聘爲三江師範學堂經學教習，當年中進士後，
仍回三江任教。王易在中央大學任教多年，抗戰期間才回江西主持中正大學
文史系和文學院。

1962年張其昀在臺北陽明山創辦中國文化學院（1980年改爲中國文化大
學），他說自己這樣做，一方面紀念他的老師柳詒徵在南京高師－東南大學開
設中國文化史課程（他爲老師修建紀念堂「劬堂」），同時也是爲了弘揚中國
文化。

這一學統的大學文科與北京大學、中山大學、武漢大學、清華大學、臺
灣大學的另一學統有明顯的對立和人員聘任上的矛盾。這在兩大學統統攝下
各自學校的教授的回憶錄中都有明顯的說辭。1928年5月21日，胡適在南京
中央大學演講時，特別提到，五四時期「南高以穩健保守自持，北大以激烈
改革爲事。這兩種不同之學風，即爲彼時南北兩派學者之代表。然當時北大
同人，僅認南高爲我們對手，不但不仇視，且引爲敬慕，以爲可助北大同人，
更努力於革新文化。」〔註31〕。1935年胡先驌爲紀念南京高師二十週年所作
的《樸學之精神》一文，也有意從學術精神上分出北京大學與南京高師－東
南大學的不同來。他說：

> 當五四運動前後，北方學派方以文學革命、整理國故相標榜，
> 立言務求恢詭，抨擊不厭吹求。而南雍師生乃以繼往開來，融貫中
> 西爲職志。王伯沆先生主講四書與杜詩，至教室門爲之塞，而柳翼
> 謀先生之作《中國文化史》，亦爲世所宗仰，流風所被，成才者極眾。
> 在歐西文哲之學，自劉伯明、梅迪生、吳雨僧、湯錫予諸先生主講
> 以來，歐西文化之真實精神，始爲吾國士大夫所辨認，知忠信篤行，
> 不問華夷，不分今古，而宇宙間確有天不變道亦不變之至理存在，
> 而東西聖人，具有同然焉。自《學衡》雜誌出，而學術界之視聽以
> 正，人文主義乃得與實驗主義分庭抗禮。〔註32〕

初次惜別會中講》，羅家倫先生文存編輯委員會編輯：《羅家倫先生文存》第6冊
第110～111頁，國史館、中國國民黨中央委員會黨史委員會出版，1988年。
〔註31〕胡適：《在中央大學宴會上的演說詞》，《胡適全集》第20卷第108頁。
〔註32〕胡先驌：《樸學之精神》，《國風》第8卷第1號（1936年1月1日）。

胡先驌是激烈的反對新文化，特別是謾罵新詩，堅持寫舊體詩的「學衡派」成員。他作爲科學家的人文關懷主要是對新文化運動的批評和制衡。當他有機會做校長，辦大學時，更是要體現他對南京高師－東南大學文化保守精神的守護。新文化運動高潮過後，兩大學統初步形成：北京大學以激烈、改革爲事，南京高師－東南大學以穩健、保守自持。後來則是隨這兩條理路延伸和被繼承。這是大學空間裏特有的兩大學統形成的基礎。

文化形態

激進與保守作爲一種文化姿態在大學校園的展示

在現代文化轉型過程中所形成的激進、自由與保守三位一體的文化結構，實際上也是一個能動的變量，三者有互相對立、互相牽扯，互爲制衡依存的複雜關係，有時甚至是互相滲透轉化。所謂激進與保守只是一個相對的說辭。特殊的文化結構中，因時間、語境的不同會有不同表現形態，沒有絕對激進、絕對保守的人物。北京大學激進的大本營中，仍有辜鴻銘的辮子和梁漱溟的文化守成。僅國文系就有劉師培和黃侃的保守，更有自由戀愛、自由婚姻倡導者胡適的包辦婚姻。以至於在老師指導下學生團體中有「新潮社」與「國故社」的對立（對立的師生中又有明顯的兼容並包，如後者的成員羅常培隨後成爲胡適派文人的重要成員）。激進與保守在北京大學國文系的對立之勢結束的明顯標誌，是劉師培的病逝和黃侃的出走，從此在文史哲多個領域同時開進的胡適的思想與學術成爲北京大學文科「一貫的主導思想」〔註33〕。這裡我引述馮友蘭對當時北京大學「兼容並包」的直接感受：「所謂『兼容並包』，在一個過渡時期，可能是爲舊的東西保留地盤，也可能是爲新的東西開闢道路。蔡元培的『兼容並包』在當時是爲新的東西開闢道路的。」〔註34〕

說北京大學激進與南京高師－東南大學－中央大學保守，不是單一的所指，是體現在整體辦學理念、學風、學科和教授及學生的發展趨向上。就文

〔註33〕 胡適日記中的黏貼剪報顯示：「1951 年 11 月 14 日，北京大學湯副校長〔沈按：湯用彤〕召集了十三位老教授，座談北大一貫的主導思想問題。通過老教授們的親身體驗，並著重從歷來的代表人物來進行分析的結果，公認胡適是一個具有代表性的，在舊學術界集反動之大成的人物。」胡適：《胡適全集》第 34 卷第 148 頁。

〔註34〕 馮友蘭：《三松堂自序》第 310 頁。

學觀念、歷史觀念、倫理觀和社會變革企圖而言，都存在有明顯的差異或對立。特別是五四時期所形成的整體文化觀念的對立，爲以後的大學學統的形成起到了關鍵的作用。後來的諸多對立、矛盾和衝突，都是有來歷的。

激進與保守的對立，自然也影響到抗戰時期「學衡派」成員集聚的浙江大學。據顧頡剛日記所示，1940 年 4 月 27 日，清華研究院國學門第二屆畢業生劉節（子植）在成都對顧頡剛說自己在浙江大學曾受到排擠：「子植見告，渠去年到浙大，彼校罵胡適之、罵顧頡剛，成爲風氣。嫌彼與我接近，曾爲《古史辨》第五冊作序，強其改變態度，彼不肯，遂受排擠。」〔註 35〕劉節1939 年 9 月～12 月在遷到貴州的浙江大學只教了一個學期的書，便辭職了。

浙江大學 1940 年 2 月在貴州省的遵義湄潭落定，《思想與時代》便於 1941年 8 月在浙大文學院創刊。《思想與時代》沒有發刊詞，但每期都有「歡迎下列各類文字」（列有 6 項）的啓事。胡適認爲其中的前兩項就是他們的宗旨：1、建國時期主義與國策之理論研究。2、我國固有文化與民族理想根本精神之探討。

一向對「學衡派」的文化保守主義不滿的胡適，此時由「學衡派」同人新創辦《思想與時代》的「保守」、「反動」傾向而引起警惕（到美國哈佛大學訪問研究的張其昀帶來了刊物，送給卸任大使胡適）。他在日記中寫道：「此中很少好文字。如第一期竺可楨兄的《科學之方法與精神》，真是絕無僅有的了。（張蔭麟的幾篇『宋史』，文字很好。不幸他去年死了。）張其昀與錢穆二君均爲從未出國門的苦學者；馮友蘭雖曾出國門，而實無所見。他們的見解多帶反動意味，保守的趨勢甚明，而擁護集權的態度亦頗明顯。」〔註 36〕

顧頡剛和他老師胡適對此刊物的反應是一致的。他在日記中寫道：「張其昀有政治野心，依倚總裁及陳布雷之力，得三十萬金辦《思想與時代》刊物於貴陽，又壟斷《大公報》社論。賓四、賀麟、蔭麟等均爲其羽翼。賓四屢在《大公報》發表議論文字，由此而來。其文甚美，其氣甚壯，而內容經不起分析。樹幟讀之，甚爲賓四惜。謂其如此發表文字，實自落其聲價也。」〔註 37〕

〔註 35〕顧頡剛：《顧頡剛日記》第四卷第 368 頁。
〔註 36〕胡適：《日記 1943》，《胡適全集》第 33 卷第 524 頁。
〔註 37〕顧頡剛：《顧頡剛日記》第四卷第 602 頁。樹幟是辛樹幟（1894～1977），中國農業史學家、生物學家。1924 年赴英國倫敦大學和德國柏林大學專攻植物分類學。1927 年回國後，歷任中山大學生物系教授和系主任、國立編譯館館長，西北農林專科學校校長、中央大學教授兼主任導師，國立蘭州大學校長。1949 年後任西北農學院院長。

其實顧頡剛對「學衡派」成員的不滿，早已有之。他 1938 年 4 月 8 日的日記中寫道：「看張其昀所著《中國民族志》，此君平日頗能留心搜集材料，惟不能融化，又不能自己提出新問題，發見新事實，故其著作直是編講義而已。……張君與陳叔諒對我頗致嫉妒，待數百年後人評定之可耳。」〔註 38〕

南京高師－東南大學在新文化運動中的保守，主要是在文史學科。哲學和教育學反倒有非常新的質變。劉伯明開講的西洋哲學，湯用彤講授的佛學史，使得原以儒學為宗，金陵佛學為盛影響下的東南大學的哲學系，顯示出兼容並包的大氣象。教育學科更一度成為實驗主義新教育的重要陣地。

思想操練

實驗主義、自由主義作為一種思想資源與發散途徑

一切所謂的主義在 1912 年以後的中華民國都是待實踐檢驗證明的學說而已，沒有絕對的真理。這是五四一代啓蒙思想家都認識到的知識常識。胡適、魯迅等尤其清醒。陳獨秀是在 1940 年代才明白。1921 年 7 月胡適在《東方雜誌》第 18 卷第 13 號刊有《杜威先生與中國》，他將杜威的實驗主義哲學方法概括為「歷史的方法」和「實驗的方法」。胡適言簡意賅地說實驗的方法有三個層次：

> （一）從具體的事實與境地下手；（二）一切學說理想，一切知識，都只是待證的假設，並非天經地義；（三）一切學說與理想都須用實行來試驗過；實驗是真理的唯一試金石。〔註 39〕

1978 年 5 月 11 日，開啓中國思想解放運動最響的春雷為《實踐是檢驗真理的唯一標準》這篇《光明日報》評論員文章，它與胡適所說的「一切學說與理想都須用實行來試驗過；實驗是真理的唯一試金石」的主旨完全一致。從 1921 到 1978，胡適思想的力量，穿越 57 年的時空再次發揮作用。曾被批判的杜威、胡適的實驗主義思想方法，在中國歷史變革的關鍵時刻，發揮了巨大的威力。

在北京大學，校長蔡元培之後，從蔣夢麟、胡適到馬寅初，都是留學美

〔註 38〕顧頡剛：《顧頡剛日記》第四卷第 53 頁。
〔註 39〕胡適：《杜威先生與中國》，《胡適全集》第 1 卷第 361～362 頁。

國哥倫比亞大學的。實驗主義（1949 年以後作爲馬列主義的對立物批判時習慣稱爲「實用主義」）、自由主義的哲學和教育理念、方法被引進到校園，形成具有北京大學特色的實驗主義、自由主義的思想力量，後來演化爲一種大學精神，並形成傳統。南京師範學院院長陳鶴琴在 1955 年 2 月 28 日《文匯報》的批胡文章中說：「通過杜威當年的一個反動思想大本營──哥倫比亞大學，中國學生留學在那裡的經常有三百人之多，從辛亥革命起一直到解放以前，這三十多年來，上萬的中國留學生帶回杜威反動實用主義主觀唯心論思想和杜威反動實用主義教育思想。其中最顯著的當然要算杜威在中國的幫兇胡適了。」〔註40〕這只是一個例子，背後是更大的學統。

新人文主義、民族主義作為一種思想資源與發散途徑

　　在南京高師－東南大學，郭秉文、陶行知也曾引進實驗主義，但最終爲這所大學所拒絕。1925 年郭秉文被迫離開，主張新人文主義的「學衡派」成員胡先驌、梅光迪等均對他表示過不滿。陶行知的實驗主義教育理念無法在這所大學推行下去，只好另創辦曉莊師範學校。大學一方面具有相應的包容性，同時也顯示出每個大學自身的文化根基和學統。

　　南京高師－東南大學是新人文主義的積極倡導者「學衡派」的大本營，1927 年 8 月 25 日隨國民黨定都南京，它自身中央大學的地位在 1928 年得以確立，新人文主義者向民族主義順勢轉化，具有文化保守主義的鮮明特性。《國風》的創辦，顯示出其教授群體的整體的民族主義傾向。1931 年以後，因外敵入侵，民族矛盾的激化，兩所大學都有相應的民族主義的情緒高漲，但都是政治所催化，北京大學對自由主義的堅守，中央大學對民族主義的守護，各自表現出不同的路向。這可從相關的刊物和言論，特別是校長的辦學理念看出。比如羅家倫所謂「民族主義」的大學觀。羅是胡適的弟子，又絕對與「學衡派」反對新文化－新文學的行爲保持著距離。

　　張其昀在杭州爲1947 年 1 月《思想與時代》寫的《復刊辭》中進一步指明了刊物宗旨。他說，就過去幾年的工作而言，本刊所追求的目標就是「科學時代的人文主義」〔註41〕。《思想與時代》「以溝通中西文化爲職志，與二十年前的《學衡》雜誌宗旨相同」〔註42〕。

〔註40〕此文被胡適引用。胡適：《致雷震》，《胡適全集》第 26 卷第 303 頁。
〔註41〕張其昀：《復刊辭》，《思想與時代》第 41 期。
〔註42〕張其昀：《〈中華五千年史〉自序》（一），《張其昀先生文集》第 20 冊第 10841 頁，（臺北）中國文化大學出版部，1989 年。

刊物派別

《新青年》、《新潮》等作為大學空間裏的思想舞臺

身歷五四運動的羅家倫強調：「凡是運動，必定發生於思想，思想必須藉文字來表達才能傳播，刊物的重要就在於此。何況思想的交流與行動的演進之中，又常常互為因果。」〔註43〕

北京大學教師中的「新青年」雜誌同人和學生中的「新潮社」成員，在思想和學術的發散上，具有明顯的傾向性；圍繞刊物的群體活動也表現出極大的派別特點。我曾以胡適派文人集團概括其幾十年間議政與講學並重的特色，並將其歸結為民國最大，最具社會影響力的自由主義文人群體。這是一個需要偉人同時又產生偉人的思想變革時代，是「大河之旁必有大城」和「群星閃耀」的特殊時刻。相關的研究成果多已達成共識，這裡僅錄用三份最具說服力的說辭：

胡適對自己初登北京大學哲學系講臺是「常常提心弔膽，加倍用功，因為他發現許多學生的學問比他強」〔註44〕。他說：

> 那時北大中國哲學系的學生都感覺一個新的留學生叫做胡適之的，居然大膽的想絞斷中國的哲學史……而胡適之一來就把商朝以前割斷，從西周晚年東周說起。這一班學生都說這是思想造反；這樣的人怎麼配來講授呢！那時候，孟真在學校中已經是一個力量。那些學生們就請他去聽聽我的課，看看是不是應該趕走。他聽了幾天以後，就告訴同學們說：「這個人書雖然讀得不多，但他走的這一條路是對的，你們不能鬧。」我這個二十幾歲的留學生，在北京大學教書，面對著一班思想成熟的學生，沒有引起風波；過了十幾年以後才曉得是孟真暗地裏做了我的保護人。〔註45〕

〔註43〕 羅家倫：《五四的時代背景及其影響》，羅家倫先生文存編輯委員會編輯：《羅家倫先生文存》第 6 冊第 558 頁。國史館、中國國民黨中央委員會黨史委員會出版，1988 年。

〔註44〕 此是胡適在 1946 年底北京大學校慶之夕，在南京國際聯歡社聚餐會上所說的話。羅家倫在《元氣淋漓的傅孟真》一文中引用。羅家倫：《逝者如斯集》第 166 頁，（臺北）傳記文學出版社，1967 年。羅家倫先生文存編輯委員會編輯：《羅家倫先生文存》第 10 冊第 74 頁。國史館、中國國民黨中央委員會黨史委員會出版，1989 年。

〔註45〕 胡適：《傅孟真先生的思想》，《胡適作品集》第 25 冊《胡適演講集》（二）第 55 頁。（臺北）遠流出版公司，1986 年。

顧頡剛回憶說：

> 他（胡適）又年輕，那時才二十七歲（按：實爲二十六歲），許
> 多同學都瞧不起他，我瞧他略去了從遠古到夏、商的可疑而又不勝
> 其煩的一段，只從《詩經》裏取材，稱西周爲「詩人時代」，有截斷
> 眾流的魄力，就對傅斯年說了。傅斯年本是「中國文學系」的學生，
> 黃侃教授的高足，而黃侃則是北大裏有力的守舊派，一向爲了《新
> 青年》派提倡白話文而引起他的痛罵的，料想不到我竟把傅斯年引
> 進了胡適的路子上去，後來竟辦起《新潮》來，成爲《新青年》的
> 得力助手。〔註46〕

傅斯年、羅家倫、顧頡剛是被胡適從精神和心理上爭取的，日後還成了他們
的精神領袖。1919 年 1 月北京大學胡適的學生所辦刊物《新潮》的英文譯名
也是 The Renaissance，對此，余英時說，「毫無疑問，採用『文藝復興』作爲
學生刊物的英文副題乃源於胡適的啓示」〔註47〕。

《史地學報》、《學衡》、《國風》、《思想與時代》等作爲大學空間的另類舞臺

東南大學時期學生中的「史地學會」，教師中的「學衡社」；中央大學時
期教授群體中的「國風社」；浙江大學 1940 年代的「思想與時代」雜誌社；
中正大學的「文史季刊」社，都很明顯地成爲這一學統展示的陣地，並保持
相對的連貫性，和學統的承傳性。張其昀說《思想與時代》「與《學衡》及《國
風》雜誌宗旨相同，以溝通中西文化爲職志」〔註48〕。王易爲中正大學《文
史季刊》所做的《發刊辭》也明顯昭示出與《學衡》的文化精神聯繫：

> 昔漢承秦敝，懷於東周道術分裂，教澤罄竭，乃除挾書之禁，
> 開獻書之路，置博士，隆經術，由是百家之言復出，而儒治蔚然成
> 風。歐西中古末期，希臘抱殘守缺之士，西適羅馬，敷傳古學，因
> 以啓近世文明之曙光，史家美之，號曰「再生時代」。彼其初，固未
> 嘗逆睹其傚之若此也。然文治由是而昌，風氣由是而振，則其焜耀
> 無足怪焉。夫武足以威天下而用僅一時；權足以馭四海而功惟當代。

〔註46〕顧頡剛：《我是怎樣編寫〈古史辨〉的》（上），載《中國哲學》第 2 輯，1980
年 3 月。

〔註47〕余英時：《重尋胡適歷程》第 245 頁，廣西師範大學出版社，2004 年。

〔註48〕張其昀：《六十年來之華學研究》，《張其昀先生文集》第 19 冊第 10257 頁。

欲求開物成務，崇德廣業，以延續人類永久之生命，發揚民族不朽
之精神者，則非學術文化不爲功。史遷曰：「天下君王至於賢人眾矣，
當時則榮，沒則已焉。」魏文曰：「文章經國之大業，不朽之盛事。」
故禹抑洪水，周公驅猛獸，皆有顯功，而孔子成《春秋》，獨垂空文
以並美，此無他，效不囿一隅，而道足以濟天下也。

……

夫學之所貴，在眞善美。惟眞也，故能斷天下之疑，而誕妄穿
鑿之習宜戒矣；惟善也，故能定天下之業，而誣罔偏宕之情宜戒矣；
惟美也，故能通天下之志，而鄙陋狂悖之詞宜戒矣。是以古之學者，
莫不於此三致意焉：「疑事毋質」，「愼言其餘」，此求眞之說也；「曲
能有誠」，「中道而立」，此求善之說也；「君子安雅」，「出言有章」，
此求美之說也。三者備而學無觖骹之患矣。此同人之願，亦《文史》
之鵠也。〔註49〕

所謂「再生時代」，即文藝復興。1915 年 10 月 5 日吳宓在清華學校讀書時，
把將來要創辦的報刊的名字都想好。他在日記中說他日所辦之報的英文名字
爲 Renaissance（《文藝復興》）。

這裡，可以看到胡適的弟子的刊物所取義「文藝復興」，和「學衡派」成
員對「文藝復興」的取義是絕不相同的。

據當時在東南大學西洋文學系讀書的胡夢華的《評〈學衡〉》一文所示：
「《學衡》未面世以前，就有人鼓吹：《學衡》出版以後，對於現在的新文化
運動要下一針砭，並養成一種反現在潮流的學風。」〔註50〕事實上，《學衡》
雖然標榜「論究學術，闡明眞理，昌明國粹，融化新知。以中正之眼光，行
批評之職事。無偏無黨，不激不隨」。但出版後的首要工作就是批評、攻擊新
文化運動帶來的白話新文學、新思潮、新學風。「反現在潮流的學風」是《學
衡》的主要精神。胡夢華的言論反映的是東南大學內部立場。再看校外的一
種意見。據李健新發現的張謇佚箚披露，1922 年 10 月 25 日，南通名流張謇
在收到柳詒徵寄贈的《學衡》雜誌後有一封回信，盛讚《學衡》及東南大學。
他說《學衡》雜誌「論新教育、論白話詩，乃無一非吾意所欲言。不意近日
白門乃有此勝流，群□（沈按：無法辨認的字用□表示）之樂也。望更寄全

〔註49〕王易：《發刊辭》，《文史季刊》第 1 卷第 1 期，1941 年 3 月。
〔註50〕胡夢華、吳淑貞合著：《表現的鑒賞》第 143 頁，1984 年自費再版本（臺灣）。

分三部，欲分與中學、師範諸校，爲流行病之藥。吾惡知惡風之不已侵吾域耶？得此庶以爲自證，以同自衛」〔註51〕。張謇此時在南通辦有師範學校，他的門生江謙爲南京高師的首任校長。他個人的言論在當時一部分舊學者和社會名流中頗具代表性。

所以胡先驌在 1934 年所刊的《梅庵憶語》中說《學衡》雜誌「刊行之後，大爲學術界所稱道，於是北大學派乃遇旗鼓相當之勁敵矣」〔註52〕。胡適卻不是這樣看的。他認爲此時已經過了文學革命的討論期，反對黨已破產，白話文早在 1920 年 1 月也通過政府教育部門的指令，順利進入小學一、二年級的教科書。可以說北大學派已經牢牢掌握了當時的話語權。他們除了像魯迅、胡適那樣說幾句諷刺的話外，不屑與「學衡派」人物爭辯。以至於梅光迪在《九年後之回憶》和《人文主義和現代中國》兩文中也承認，他們這種保守的反新文化－新文學的人文主義運動是失敗的。首先是「中國領導人的失敗」〔註53〕。他們沒有認識到歷史大趨勢上的敗北，而是尋找些個人的因素，如梅光迪與胡適「旗鼓相當」時輸在「懶」上；吳宓「以拜倫自況，而發生一段羅曼史，似尤非白璧德先生信徒所宜有之事也」〔註54〕。

南京高師－東南大學與北京大學兩者由 1920 年初期的南北對立，發展到1930、1940 年代的教授聘任和學術思想的持續交鋒。新舊思想的交鋒，新文學的試驗與舊文學的堅守，都在這兩大高校系統的學術陣地上呈現。

文人議政

在中華民國的政治空間裏，新文學作家難逃政治的影響，因此他們也就或多或少與政治有著不可分割的關聯。新文學作家許多都進入大學的學術體制，具有作家與教授的雙重身份。民國時期的大學教授在自由主義的理念上，都是標榜「獨立」、「公正」，因此他們的言論通常以「公論」、「獨立評論」出示。在特殊的時候，許多作家的政治影響力甚至超過了政論家和傳播知識、啓發思想的教授。

〔註51〕 李健：《由張謇佚箚看其對〈學衡〉及新文化運動的態度》，《史學月刊》2005年第 8 期。

〔註52〕 胡宗剛撰：《胡先驌先生年譜長編》第 82 頁，江西教育出版社，2008 年。

〔註53〕 羅崗、陳春豔編：《梅光迪文錄》第 236 頁，遼寧教育出版社，2001 年。

〔註54〕 胡宗剛撰：《胡先驌先生年譜長編》第 84 頁。

《時代公論》的政治企圖和文化保守

1932 年 4 月 1 日，由楊公達主編、張其昀作爲發行人的《時代公論》周刊在南京中央大學創刊。刊物的編者後來爲合訂本編輯有目錄索引，明確將刊文的內容分爲：時事述評、政治、外交、法律、經濟、教育、中日問題、青年問題、國際、西北、雜著、遊記、文藝。張其昀同時正主持南京的鍾山書局，有編輯、發行的實際經驗。他 1923 年 6 月自南京高師－東南大學畢業後，進入商務印書館，編輯地理教科書。1928 年，他又經老師柳詒徵推薦，回到由原南京高師－東南大學後改名爲中央大學的母校任教。

《時代公論》的作者中，特別是研究政治、外交、法律、經濟的，多是歸國留學生，與中央大學的學緣不深，張其昀則不然。他是考入南京高師時得柳詒徵幫助（因體檢不合格，在復議時得柳的說情），回來任教授時又得柳詒徵推薦。同時，他還承繼《學衡》雜誌的精神，在中央大學創辦了倡揚民族主義的《國風》。但張其昀中途以主持鍾山書局和主編《國風》太忙爲由，在《時代公論》上刊登啓事，宣佈退出，不再擔任幹事。《時代公論》在三年後，即 1935 年 3 月 22 日出版第 155 與 156 合刊後停辦。

爲刊物寫文章的主要是中央大學法學院政治系、法律系和中央政治學校的教授，專門的經濟和教育問題，也是學有專長的教授執筆。歷史、地理、雜著和文藝創作多是文學院的教授。三年間出現在刊物上最有實力的文藝創作者卻是工學院院長顧毓琇。刊物的主要作者有楊公達、薩孟武、杭立武、陶希聖、梅思平、何浩若、武堉幹、朱家驊、樓桐孫、雷震、傅築夫、田炯錦、張其昀、阮毅成、王禮錫、葉元龍、曹翼遠、馬存坤、胡長清、許恪士、羅廷光、劉英士、馬寅初、莊心在、崔宗塤、李熙謀、崔載陽、程其保、柳詒徵、繆鳳林、景昌極、黃侃、汪東、汪辟疆、王易、向達、汪懋祖、龔啓昌、邵祖恭、伍純武，約六分之一的成員是原「學衡派」成員，同時也是《國風》的作者。個別人員如陶希聖隨後北上流動到北京大學，多數還留在南京。他們大多出自 1931 年夏天開始醞釀、籌備，1932 年 9 月在南京正式成立的中國政治學會。首任幹事長是杭立武。他們在憲政問題、民主與獨裁的討論兩個方面，與北方學者特別是胡適主持的《獨立評論》周刊有明顯政治上的分歧。這一方面是因爲他們多數有國民黨黨籍的特殊背景，隨後，又是多人從政，進入國民黨的政府體制。如杭立武、張其昀先後出任教育部長。陶希聖、張其昀分別出任宣傳部副部長、部長。楊公達曾任國民黨中央黨部秘書，國

民黨中央組織部秘書，國民黨重慶特別市黨部主任委員等。雷震從中央大學法學院教授到國民黨南京市黨部書記長，隨後成爲教育部總務司長（1934～1938），後來任國民參政會副秘書長、政治協商會議秘書長、制憲國大副秘書長等。而梅思平曾是「五四」天安門遊行的急先鋒，火燒了賣國賊曹汝霖的住宅趙家樓，抗戰期間卻淪爲大漢奸，1946 年 9 月 14 日被國民黨政府處決。

《時代公論》歷時三年，休刊的時候楊公達寫了一篇《休刊的話》，他說休刊的原因是「感覺到言論不自由」。他說三年來刊物的主張有幾個方面：於黨要求恢復總理制，於國要求組織強有力的政府，於教育以適合國民生活之需要爲方針，於社會屬行救濟事業，特別替青年失業呼籲。

從楊公達的總結也可以看出，《時代公論》辦刊理念的政治色彩十分明顯，僅就主要作者的幾篇文章來看也可以充分體現這一點（不展示具體內容）：

薩孟武《戰與和》（創刊號）、《如何增厚黨的力量》（第 4 號）、《如何挽救過去黨治的失敗》（第 5 號）、《國民黨的出路》（第 12 號）、《中國需要行政部獨裁的憲法》（第 77 號）。

楊公達《實現民主政治的途徑》（創刊號）、《國民黨的危機與自救》（第 4 號）、《再論國民黨的危機與自救》（第 7 號）。

陶希聖《國民黨與國民代表大會》（創刊號）。

梅思平《黨治問題評議》（創刊號）。

張其昀《葫蘆島與東北問題的前途》（創刊號）。

葉元龍《革命的善後》（第 4 號）。

朱家驊《新生活運動之意義──首都新生活運動促進會開會詞》（第 104 號）。

甚至第 6 號乾脆就是「國民代表會問題專號」。

當然，該刊也發表專業的學術論文。《時代公論》作者中的幾位教授都是「學衡派」成員，除張其昀有政治寄託和實際的行動外，柳詒徵、繆鳳林、景昌極、黃侃、汪東、汪辟疆、向達、王易發表的都是學術論文。如汪辟疆在第 10 號、12 號上的《論近代詩》，11 號上的《國蔽與國學》，第 14 號上的《何爲詩》。黃侃在第 11 號上的《漢唐玄學論》。王易在第 12 號上的《讀稼軒文感言》。中央政治學校教授汪懋祖發表的《禁習文言與強令讀經》（第 110 號）、《中小學文言運動》（第 114 號），《關於小學國語教材疑問之進一步的探討》（第 136 號），直接對 1920 年 1 月、1930 年 2 月政府教育部兩次禁習文言，改用白話文的通令，提出反駁意見。

隨後，擁護與反對的雙方都各自發表了相關觀點：

龔啓昌《讀了〈禁習文言與強令讀經〉以後》（第 113 號）。

余景陶《小學讀經與學習文言文》（第 115 號）。

柳詒徵《小學國語教材之疑問》（第 116 號）、《關於小學國語教材的疑問之檢討書後》（第 132 號）。

許夢因《告白話派青年》（第 117 號）。

曹翼遠《衛白話》（第 122 號）。

楊公達《文言白話與大眾語》（第 125 號）。

吳研因《關於〈小學國語教材的疑問〉之檢討書》（第 130 號）、《前文非專對柳先生而發》（第 134 號）、《讀汪懋祖先生〈關於小學國語教材疑問之進一步的探討〉書後》（第 136 號）。

周淦《小學國語教科書確實成了問題》（第 135 號）。

任鴻雋《小學國語教材與白話文惡劣》（第 139 號）。

胡懷琛《語文問題總清算》（第 143 號、146 號）。

汪懋祖留學美國哥倫比亞大學時，學習教育學，是梅光迪 1915～1917 年在美國反對胡適聯盟的重要成員，畢生反對白話新文學。從《新青年》、《留美學生季報》、《學衡》，到此時的《時代公論》、《申報》，他所發的言論，多是反對白話新文學的。當然胡適的回應文章寫於 1934 年 7 月 9 日，刊登在他自己主編的《獨立評論》第 109 號的《所謂「中小學文言運動」》，洋溢著必勝者的自信和現實的喜悅。對於白話這種「我們自己敬愛的工具」，胡適認爲廣大學子最有發言權。胡適最清楚語言作爲負載思想的「工具」，一旦成爲教育普及的「工具」之後的強大威力。十幾年白話文的教育所養育的一代新人，如何能接受知識和「工具」的倒退呢？

面對汪懋祖的文章和許夢因在 6 月 22 日《時代公論》第 117 號所刊的《告白話派青年》所呼籲的「今用學術救國，急應恢復文言」，任叔永也在《獨立評論》第 109 號上登出《爲全國小學生請命》，和《時代公論》上的文章《小學國語教材與白話文惡劣》（第 139 號）一樣，批評白話文。同時胡適則在《一○九號編輯後記》中就自己的朋友任叔永的文章發出了感慨。他說：「今日的白話文固然有許多毛病可以指謫，今日報紙公文的文言文不通的才多哩！」﹝註55﹞魯迅在 6 月 9 日致曹聚仁的信中則斷言：「讀經，作文言，磕頭，打屁股，

﹝註55﹞胡適：《一○九號編輯後記》，《胡適全集》第 22 卷第 128 頁。

正是現在必定盛行的事，當和其主人一同倒斃。但我們弄筆的人，也只得以筆伐之。」〔註 56〕

《時代公論》的文藝欄目有詩歌（舊體詩詞）、小說、劇本、散文（多為遊記）。開始最為顯著的做法是要推出民族主義文學作品，代表人物是中央大學工學院院長顧毓琇（一樵）。他先後在此刊物連載有劇本《岳飛》、《白娘娘》（即雷峰塔下白娘子的故事）、《國手》、《國殤》和傳記《我的父親》。《時代公論》創刊號有他另外一個單行劇本《荊軻》的廣告，標明代售處為「南京國立中央大學時代公論社」，並說這個劇本是「民族文藝的新作品」。創刊號的首篇文章是薩孟武的《戰與和》，文章明確提出政治家對於政治問題須完全負責。對於當下所謂「在野的勿唱高調，在朝的勿存畏縮」之說，薩孟武說得更為明確：「在野的勿個個想做不負責任的岳飛，在朝的不但不要怕做負責任的岳飛，並且不要怕做負責任的秦檜。」宜戰則戰，宜和則和，誰是誰非，千載之後自有公論，而在今日，則戰和均宜從速決定。在創刊號上同時配合薩孟武文章的劇本就是顧毓琇的《岳飛》。劉大杰刊登有一篇文學批評譯文《詩人羅威爾與美國》（英國高士華綏原著，第 112 號）。其他白話文學作品並不多，有特色的是蘇建勳（蒙）的一篇白話小說《秋天的春天》（142 號、143 號）和三篇散文《去沙漠》（第 96 號）、《煙》（第 113 號）、《第一次離鄉》（第 119號）。獨清有散文《南京閒話》（第 124 號、126 號、128 號）。詩歌則全是舊體詩詞：

第 15 號的「詩錄」有柳詒徵的《哀吳碧柳》，陸惟釗的《聞東方圖書館被毀感寄叔諒駕吾江清》、《除夕》，曹元宇的《題畫松》、《題畫》、《出太平門並簡靖陶》、《遊北湖》、《梅庵月下獨坐》。

第 53、54 號合刊上的詩為黃右昌的《春日感事八首》、《燕子磯》、《遊北固山望長江放歌》、《登牛頭山》。

第 56 號上的詩為吳昆吾《聞熱河陷敵有感》、《「九一八」週年有感》，黃右昌的《周處讀書臺》、《觀石達開詩鈔》。

第 79 號上有郭壽華的詩《步南洋一葦兄原韻並簡親友》六首。

第 82 號上有黃右昌的《村興》八首。

第 111 號上有黃右昌的詩《春日農村即事》四首。

其中第 15 號上「詩錄」中的作者和詩中涉及到的的人物柳詒徵、吳碧柳

〔註 56〕 魯迅：《致曹聚仁》，《魯迅全集》第 12 卷第 454 頁。

（芳吉）、陸惟釗（微昭）、陳叔諒（訓慈）、王駕吾（煥鑣）、浦江清都是「學衡派」成員。他們與白話新文學的對立，此時仍很明顯。

《獨立評論》的學理取向

1932 年 5 月 22 日，《獨立評論》創刊，爲刊物寫文章的多是北京大學、清華大學教授，基本隊伍是以胡適爲中心的北方自由主義文人。成員有胡適、蔣廷黻、傅斯年、丁文江、翁文灝、任叔永、吳景超、錢端升、張奚若等。他們關注五個方面的問題：對日問題；憲政問題；民主、民治與獨裁、專制的討論；政治犯問題；民族反省與文化批判。其中憲政問題和民主、民治與獨裁、專制的討論，南北大學的教授在兩大周刊上表現出明顯的意見分歧。胡適派自由主義文人群體的獨立性和批判性，與薩孟武、楊公達等要挽救、改造、復興國民黨所主張的法西斯主義理論有理念上的衝突和對立。蔣廷黻、翁文灝後來也都參政，作爲卻有限。當然，那時的自由主義知識分子通常不認爲辦大學當校長是做官，所以《獨立評論》的作者中後來產生了任叔永、胡適、傅斯年、錢端升四位大學校長。我在《自由守望：胡適派文人引論》〔註57〕一書中，就《獨立評論》有專章的討論，這裡從略。

人事關係

先看教授流動。

胡適與北京大學的關係，有各種版本的演繹，但史家顧頡剛的版本最好，最爲言簡意賅。1946 年 12 月 18 日，顧頡剛在給張靜秋的家書中，寫到了 17 日在南京中山北路國際聯歡社北京大學四十八週年校慶聚會上胡適的講話：

> 首請胡校長致詞。他首講一件巧事，原來他的陰曆生日（十一月十七日）是和蔡孑民先生同一天，而他的陽曆生日（十二月十七日）又和北大校慶同一天。天下有這等巧事，怪不得該做北大校長了。他又說，他在美國讀書時，做了一篇《詩三百篇言字解》，寄給章行嚴，行嚴把它介紹給陳獨秀，獨秀又把它介紹給蔡先生，蔡先生一看就請他任教授，兼文科學長。他辭了學長，做了教授。從此以後，他專心治學。如果沒有蔡先生的愛才，說不定回來做報館記者，也說不定做了小政客，所以這是北大的恩惠，應當報答的。他

〔註57〕沈衛威：《自由守望：胡適派文人引論》，上海文藝出版社，1997 年。

又説，他剛到北大，蔡先生請他任中國哲學史的課，一個留學生講中國東西，是不能得人信用的，但他年輕膽大，竟答應了。上課之後，才知班上有許多比他讀書多得多的人，像顧頡剛、傅斯年、俞平伯、羅志希等等，逼得他不能不用功，於是晚上常到兩點三點才睡，這也是北大對他的恩惠。至於一班同事，像錢玄同、馬幼漁、朱逷先、沈兼士等等，也是鼓勵他，送材料給他，使他做成許多事，這也是北大對他的恩惠。他對北大負了許多債，所以這次命他做校長，他不敢不應，爲的是還債。一番話說得十分誠懇，得大鼓掌。
〔註58〕

五四高潮過後，北京大學國文系的吳梅、黃侃（季剛），歷史系陳伯弢（漢章）、朱希祖都先後離開了北京大學，來到東南大學－中央大學（吳是 1922 年秋，黃、陳是 1928 年春，朱是 1934 年春）。原因主要是思想、學術觀念上的對立。這裡出示羅家倫的一段追憶：

> 黃季剛則天天詩酒謾罵，在課堂裏面不教書，只是罵人，尤其是對於錢玄同，開口便是說玄同是什麼東西，他那種講義不是抄著我的呢？他對於胡適之文學革命的主張，見人便提出來罵。他有時在課堂中大聲地説：「胡適之説做白話文痛快，世界上那裡有痛快的事，金聖歎說過世界上最痛的事，莫過於砍頭，世界上最快的事，莫過於飲酒。胡適之如果要痛快，可以去喝了酒，再仰起頸子來給人砍掉。」這種村夫罵座的話，其中尖酸刻薄的地方很多，而一部分學生從而和之，以後遂成爲國故派。

> 還有一個人，讀書很多，自命不凡並太息痛恨於新文學運動的，便是陳漢章（陳漢章乃是前清一位舉人，京師大學堂時代，本要請他來做教習，他因爲自己沒有得到翰林，聽說京師大學堂畢業以後可得翰林，故不願爲教師而自願爲學生。他有一個兄弟，乃是一個進士。當年他兄弟中進士的時候，要在他家祠堂中央掛一個表，他堅決的反對，他說你的表不能掛在祠堂中央，中央地方要留給我中了翰林時候才可以掛的。那知道他在當年十二月可以得翰林的，八月間便是辛亥革命，所以到了現在，他到祠堂裏面尚不敢抬頭仰視）。他所讀的書確是很多，《十三經注疏》中「三禮」的白文和注

〔註58〕顧頡剛：《致張靜秋》，《顧頡剛全集 顧頡剛書信集》卷五第 22～23 頁。

疏，他都能個個字背出。他一上講堂，便寫黑板，寫完以後，一大蓬黑鬍子變成白鬍子了。他博聞強記而不能消化，有一次我問他中國的彈詞起於何時？他說：「我等一會兒再告訴你。」我問他是上午九時，到十一時，接到他一封信，上面寫了二十七條都是關於彈詞起源的東西，但是沒有一個結論，只是一篇材料的登記而已。他自負不凡，以為自己了了不得，只有黃季剛、劉申叔還可以和他談談，這位先生也是當時北大一個特色。還有朱希祖、馬敘倫等人，則遊移於新舊之間，講不到什麼立場的。

從《新青年》出來以後，學生方面，也有不少受到影響的，像傅斯年、顧頡剛等一流人，本來中國詩做得很好的，黃季剛等當年也很器重他們，但是後來都變了，所以黃季剛等因為他們倒舊派的戈，恨之刺骨（最近朱家驊要請傅斯年做中央大學文學院長，黃季剛馬上要辭職）。〔註59〕

1931 年重回北京大學的胡適，和 1917 年秋剛到時的處境完全不同。1917 年的情景，在羅家倫的筆下是這樣的：

胡適之初到北京大學，我曾去看他，他的膽子還是很小，對一般舊教員的態度還是十分謙恭，後來因為他主張改良文學，而陳獨秀、錢玄同等更變本加厲，大吹大擂，於是胡之氣焰因而大盛，這裡彷彿有點群眾心理的作用在內。〔註60〕

自胡適 1931 年出任文學院院長到 1934 年 4 月兼任國文系主任，章門弟子把持文史兩系系主任位置的局面宣告結束。其中馬裕藻（幼漁）任國文系系主任長達十四年。而馬的下臺，傅斯年的意見起了重要作用。他在給校長蔣夢麟的信中說「數年來國文系之不進步，罪魁馬幼漁也」〔註61〕。

至於哲學系的師資和系主任的聘任，也多受胡適的影響。湯用彤是 1930年經胡適推薦入北京大學的。1935 年以後長期出任系主任。他的《漢魏兩晉南北朝佛教史》也是胡適推薦給商務印書館出版的。

〔註59〕 羅家倫口述、馬偉（星野）筆記：《蔡元培時代的北京大學與五四運動》，羅久芳、羅久蓉編輯校注：《羅家倫先生文存補遺》第 55 頁。

〔註60〕 羅家倫口述、馬偉（星野）筆記：《蔡元培時代的北京大學與五四運動》，羅久芳、羅久蓉編輯校注：《羅家倫先生文存補遺》第 53 頁。

〔註61〕 《傅斯年致蔣夢麟》，中國社會科學院近代史研究所中華民國史組編：《胡適來往書信選》（下）第 531 頁，中華書局，1980 年。

　　而 1936 年 8 月接替陳受頤出任史學系主任的姚從吾，在 1937 年 3 月 19 日給傅斯年的信中有如此親切和實在的表達：「弟在母校教書以外，只想在適之先生與兄的指導之下，從事私人的研究工作，在最近的將來，先寫成一部站得住的《元代通史》或《金代通史》。對於史學系，我只希望先求無過，不願自我有所更張。這一點似有負適之先生的期待，有時很感不安……我們的史學系，比較已走上軌道，兄既不在北平，適之先生事多，……我的希望是在適之先生與兄的領導之下，循序發展……」〔註62〕

　　同樣的現象也出現在清華大學。1928 年清華學校改制爲清華大學後，胡適的學生羅家倫出任校長。他不僅把多位原北大同學帶進清華，還於 1929 年春聘請了南開大學研究中國近代外交史的專家蔣廷黻出任歷史系主任，使得「歷史系的教師、課程和教研取向都有很大的改革。與當時的北大、燕京、輔仁等校的歷史系不同」〔註63〕，即要求歷史研究必須兼通社會科學。所以，1934～1937 年間就讀於清華大學歷史系的何炳棣強調「在三十年代的中國，只有清華的歷史系，才是歷史與社會科學並重；歷史之中西方史與中國史並重；中國史內考據與綜合併重」〔註64〕。

　　這些事實充分說明，胡適派學人所形成的學術共同體的實際影響力，以及他們掌握了學術話語權後的種種表現。

　　另一個例子也饒有趣味。在南京高師－東南大學任教的心理學教授，信奉希臘人的理想，要美的靈魂藏在美的軀殼裏的詩人陸志韋，因胡適的推薦，1923 年 7 月在白話新詩的出版陣營亞東圖書館出版詩集《渡河》，出版後又得到胡適在日記中的二度稱讚〔註65〕。但其新文學活動卻得不到東南大學師生的響應，不得不 1927 年離開了南京到燕京大學任教。這位燕京大學的校長，因寫新詩而對語音學發生興趣，並一度從事專門的古音學研究。他之離開東南大學，在他詩集《渡河》的《自序》、《我的詩的軀殼》中早有預示。他從不爲反對新文學的《學衡》寫文章，他在《我的詩的軀殼》中說自己所在的東南大學「朋輩中排斥白話詩的居大多數」〔註66〕，他自己的意見則和那些

〔註62〕王德毅編著：《姚從吾先生年譜》第 27 頁，（臺北）新文豐出版股份有限公司，2000 年。

〔註63〕何炳棣：《讀史閱世六十年》第 67 頁，廣西師範大學出版社，2005 年。

〔註64〕何炳棣：《讀史閱世六十年》第 68 頁。

〔註65〕胡適：《日記 1923 年》，《胡適全集》第 30 卷第 42 頁。

〔註66〕陸志韋：《渡河》第 8 頁，亞東圖書館，1923 年。

朋輩們正好相反。他還特別表示：「無論如何，我已走上了白話詩的路，兩三年來不見有反弦更張的理由」〔註67〕恰如《自序》中所言：「我的做詩，不是職業，乃是極自由的工作。非但古人不能壓制我，時人也不能威嚇我。」〔註68〕這種果斷與決絕，與他十年前求學時因信奉基督教而被嘉業堂堂主劉承幹中斷經濟資助的情形一樣，外在的壓力難改其志。對於一個從傳統向現代過渡的詩人，一個追求從此岸到彼岸的基督徒來說，「渡河」自然是一個頗有寓意的過程。他說自己是耶穌的信徒，但在詩歌中並不擁護什麼宗教制度，因此「我依舊是自由人」〔註69〕。

吳梅、黃侃、陳伯弢、朱希祖到南京立足的關鍵，是他們有共同的文化保守立場，這就使得他們的身份、學術和情誼能夠真正融入這所大學。而顧頡剛抗戰時期任教於重慶的中央大學歷史系，只是暫時的過客，無法真正將自己的身份、學術理念融入其中，建立同仁情誼更不容易。

再說聘任時的矛盾鬥爭。

先是 1925～1926 年間清華大學對吳宓推薦的東南大學教授柳詒徵的拒絕，後來是 1940 年代中央大學對清華學校畢業生的拒絕。尤其是中央大學校長顧毓琇推薦梁實秋到校任教時，遭到以樓光來為首的文史教授的強烈抵制。梁實秋在清華學校讀書時，屬於新文學派。1926 年 9 月～1927 年 4 月梁實秋在東南大學任教不足一年。他在《槐園夢憶》中說：「我拿著梅光迪先生的介紹信到南京去見胡先驌先生，取得國立東南大學的聘書。」〔註70〕但他並不適應此時東南大學的人文環境，也從不為《學衡》寫文章，只是編了一本《白璧德與人文主義》的文集。他到上海後，成了胡適領導的《新月》的總編輯。他在《影響我的幾本書》中列了八本書，排在前三位的是《水滸傳》、《胡適文存》、白璧德的《盧梭與浪漫主義》。他說胡適影響他的地方有：明白清楚的白話文、獨立思考的思想方法和認真嚴肅的態度。

1930 年至 1937 年 7 月，蔣夢麟第二次出任北京大學校長期間，對文科師資的聘任，多是聽胡適、傅斯年師徒兩人的意見。蔣夢麟在《憶孟真》一文

〔註67〕 陸志韋：《渡河》第 10 頁。
〔註68〕 陸志韋：《渡河》第 5 頁。
〔註69〕 陸志韋：《渡河》第 7 頁。
〔註70〕 《梁實秋文集》編輯委員會編：《梁實秋文集》第 3 卷第 542 頁，鷺江出版社，2002 年。

中寫道：「當我在民國十九年回北京大學時，孟眞因爲歷史研究所搬到北平，也在北平辦公了。九·一八事變後，北平正在多事之秋，我的『參謀』就是適之和孟眞兩位。事無大小，都就商於兩位。他們兩位代北大請到了好多位國內著名教授，北大在北伐成功以後之復興，他們兩位的功勞，實在是太大了。」〔註71〕

抗戰勝利中央大學在南京復校時，學統和派系之間的矛盾曾集中暴發出來。1947 年夏，胡小石任國文系主任時，在聘用教授上就明顯地傾向出身原東南大學－中央大學的教師和弟子。他一次解聘了朱東潤等 12 人。原北大畢業生楊晦、清華畢業生吳組緗都落聘。實際上中央大學國文系的矛盾糾結與抗戰期間學校遷徙重慶有關。重慶時期中央大學的師範學院有國文系，師資多是北京大學、清華大學的畢業生，北京大學畢業生、朱家驊的連襟伍叔儻任系主任；文學院也有國文系，系主任是汪辟疆，師資多爲兩江師範、南京高師、東南大學的畢業生。汪辟疆本人也是北京大學的畢業生，國文系的老底子是胡小石、汪辟疆等從南京帶過來的。1943 年師範學院國文系與文學院國文系合併，伍叔儻任系主任。伍叔儻帶來的原國文系的師資人多，在合併後的國文系占上風。但背後卻遭受原國文系胡小石勢力的抵抗。在《朱東潤自傳》中有這樣一段的記載，是關於出身北京大學的甲骨文專家丁山教授在合併後的國文系的遭遇：「國文系的丁山教授來了，要開龜甲文的課，這個消息給胡教授知道了，他立刻用文學研究室的名義把圖書館全部有關龜甲文的書借個精光；丁山只有對著圖書館的空書架白瞪眼。」〔註72〕這就是胡小石出任系主任時幾乎把原師範學院國文系的師資全部清除的緣故。曾任教於清華、中大的郭廷以所說的「中大同事中出身本校的和清華的原有界限」〔註73〕的話，的確屬實。

我在《「學衡派」譜系——歷史與敘事》中有關張其昀的章節中曾引用局外人徐復觀的說辭，明確指出，北京大學「新青年派」與南京高師－東南大學「學衡派」的矛盾、衝突，一直延續到 1949 年以後臺灣的文化教育界。張其昀 1954～1958 年出任國民黨政府教育部長時，在臺的昔日北京大學學子十

〔註71〕蔣夢麟：《西潮·新潮》第 332 頁，嶽麓書社，2000 年。
〔註72〕朱東潤：《朱東潤傳記作品全集》第四卷第 276 頁，東方出版中心，1999 年。
〔註73〕郭廷以口述、張朋園等整理：《郭廷以口述自傳》第 155 頁，中國大百科全書出版社，2009 年。

分緊張，他們極力主張胡適自美國回臺出任「中央研究院」院長，以求教育、學術界的力量平衡。〔註74〕

倫理觀

「非孝」作為反傳統的興奮點

新青年同人陳獨秀、吳虞、胡適、魯迅等一開始就以高調的姿態，批判禮教吃人，主張幼者本位，反對做孝子賢孫、反對四代同堂、反對納妾等等。這對傳統的倫理道德觀具有極大的衝擊力和瓦解力。魯迅批判禮教「吃人」時，借「狂人」之口，說「我也吃過人」，呼籲「救救孩子」。隨之魯迅在《我們現在怎樣做父親》一文中強調，做父親的要「用無我的愛，自己犧牲於後起新人」，盡理解、指導、解放的責任。「覺醒的父母，完全應該是義務的，利他的，犧牲的」。解放子女的形象說法就是：「自己背著因襲的重擔，肩住了黑暗的閘門，放他們到寬闊光明的地方去；此後幸福的度日，合理的做人。」〔註75〕

胡適不贊同把「兒子孝順父母」列為一種信條，他對自己的兒子的教訓是：「我要你做一個堂堂的人，不要你做我的孝順兒子」。他尤其強調做父母的，對於子女決不可居功，決不可「市恩」，千萬不可把自己看作一種「放高利債」的債主，而要徹底解放孩子。

在浙江第一師範讀書的學生，日後成為中國社會主義青年團首任書記的施存統（復亮），1919年響應《新青年》的號召，在《浙江新潮》上發表《非孝》一文，主張要以父母、子女間平等的愛代替不平等的「孝」。

五倫本位作為「學衡派」成員對傳統的守護

五倫本位是柳詒徵的倫理觀和歷史觀，他認為中國文化的核心是五倫，他的歷史研究和文化史著述都以此貫穿（如《國風》第1卷第3號的《明倫》）。他的這一思想直接影響了他的學生，和他所在學校的學風，並由此形成了一定的學統。1924年2月9日、12日、14日的《時事新報‧學燈》上連載柳詒徵的講演《什麼是中國的文化》，指出中國文化中作為價值體系的三綱五常是

〔註74〕沈衛威：《「學衡派」譜系——歷史與敘事》第482～483頁，江西教育出版社，2007年。

〔註75〕魯迅：《我們現在怎樣做父親》，《魯迅全集》第1卷第140頁，人民文學出版社，1981年。

起決定性的作用。他說：「倫理上講孝，是要養成人們最純厚的性質，人之孝敬父母，並沒有別種關係，只是報償養育之恩。」所以說，「現在小學校裏所用的教科書，不是貓說話，就是狗說話，或者老鼠變成神仙，這一類的神話，對於中國的五倫，反是一點不講，實在是大錯特錯。……他們由國民學校畢業之後，固然不配做世界上的人，更不配做中國的國民，豈不是要變成貓化狗化畜牲化的國民麼？」這顯然與胡適、魯迅、周作人等所強調的「幼者本位」相對立的。因為五倫的父子綱常是以父親為本位的。而此時教育部所統一管制的小學教科書也正是胡適派文人所參與編寫的。

在《國風》第 8 卷 2 號（1936 年 2 月）上刊出的《論非常時期之教育》一文中，柳詒徵批評新文化運。他把外患日重的責任推給了胡適等新文化運動的領導者，說他們「標榜新奇，自欺欺人積為風尚」，「利用學生為武器，蟠踞學堂為地盤」，「黃茅白葦，牛鬼蛇神，提倡自由，推翻禮教，以戀愛為神聖，以拖屍為文明，國學既匪所知，科學亦無深造，彼其棲留異域，遊覽列邦，舉朽質而鍍金，騰穢聲而辱國，久已甘為奴隸」。這些人「於古今中外作民造邦，宏綱要旨，固未嘗一涉腦海」，「亦復無長慮遠圖，嚴復所謂短命主義，無後主義，惟教育界中人為最甚」。這種對新文化運動的清算，與南京當時主張讀經、恢復文言的言論相呼應，形成一種民族主義的強勢高調。

文學觀

白話詩文、話劇的試驗

在胡適「一代有一代之文學」的進化文學觀念的指導下，新文學是先在北京大學的校園由師生共同試驗，再推向社會。新文學第一個十年的文學中心在北京，也主要是由北京大學、清華學校－清華大學、北京女子高等師範學校－北京女子師範大學、燕京大學這幾所大學的師生們發散到報刊上。其中出版發行 12 期的《新潮》是北京大學校園新文學最積極的追隨者和實踐者的陣地。隨後胡適的弟子門生朱自清在清華大學、楊振聲在清華大學和燕京大學，沈從文（先被胡適聘為上海中國公學講師）和蘇雪林在武漢大學開設新文學研究。1931 年北京大學國文系開設「新文藝試作」。據周作人致俞平伯的書信可知，在國文系新添新文藝試作一項是文學院院長胡適的提議〔註76〕。從當時的課程表看，參與開設這門課的七位教授胡適、周作人、俞平伯

〔註 76〕孫玉蓉編纂：《俞平伯年譜》第 140 頁，天津人民出版社，2001 年。

（散文）、徐志摩、孫大雨（詩歌）、馮文炳（小說）、余上沅（戲曲）全是新文學作家，他們在傳統知識基礎上，追求創新，特別是新文學的創造。同樣，女子大學裏的文學青年，北京女子高等師範學校－北京女子師範大學（廬隱、馮沅君、蘇雪林、石評梅、陸晶清等）與燕京大學（冰心、凌叔華）的不同之處在於，前者讀書期間多負載著包辦婚姻（少小訂婚）的桎梏，後者則是自由的女生。

　　第一個十年，北京以外對新文學的響應主要是上海的多所高校、浙江一師、武昌高師。上海、杭州的師生是新文學新生力量，雖沒有像北京大學那樣與新文化合力，形成文學的主流話語，但為 1927 年以後新文學的中心南移奠定了基礎。1924～1925 年間，新文學作家楊振聲、張資平、郁達夫先後在武昌高師任教，在他們的影響下，形成了學生新文學社團「藝林社」，並培養了胡雲翼、劉大杰、賀揚靈等青年作家。這曾引起後來任教於武漢大學文學院的沈從文的注意。他在《湘人對於新文學運動的貢獻》一文中，特別提到由於新文學作家的授課，「學生文學團體因之而活動」〔註77〕。武昌高師的新文學力量更是形成了一個獨特刊中刊的現象，即他們的新文學社團「藝林社」在北京的《晨報副刊》上創辦了《藝林旬刊》〔註78〕。其中劉大杰得郁達夫的幫助最大，在郁達夫的鼓勵下，他 1927 年留學日本早稻田大學，研究文學，回國後一度曾為四川大學教授、系主任，將白話新文學創作，尤其是話劇活動帶進相對封閉的成都校園。

古典詩詞曲的堅守

　　「學衡派」把持南京高師－東南大學到中央大學的校園，不允許新文學進課堂。前面引用中央大學畢業生錢谷融在《我的老師伍叔儻先生》〔註79〕一文中的說法即是證據。首先站出來反對新文學的是胡先驌，他在《南京高等師範日刊》上發表有《中國文學改良論》（上）〔註80〕。當白話新詩歌風行五年以後，與新文學極端對立的南京高師－東南大學的學生在 1921 年 10 月 26 日《國立東南大學南京高師日刊》刊出的「詩學研究號」，仍主張寫舊體詩。

〔註77〕沈從文：《湘人對於新文學運動的貢獻》，《沈從文文集》第 12 卷第 198 頁，花城出版社、生活・讀書・新知三聯書店香港分店，1984 年。
〔註78〕我的學生史建國以此撰寫有碩士論文（2004）；陳璐以《國立武漢大學與新文學》為碩士論文題目（2010）。
〔註79〕錢谷融：《閒齋憶舊》第 144 頁，上海人民出版社，2008 年。
〔註80〕後被《東方雜誌》第 16 卷第 3 號（1919 年 3 月）轉載。原刊時間未查得。

《學衡》1922 年 1 月創刊後，胡先驌連載批評胡適《嘗試集》的長文。同年，當胡適作序推薦出版汪靜之的新詩集《蕙的風》後，首先引起東南大學西洋文學系梅光迪、吳宓的學生胡夢華的批評，隨後北京大學師生魯迅（兼職）、周作人、章衣萍等人加以反擊，由此引發了文學的「道德批評」法則的討論。

　　1919 年秋與李劼人一同赴法國留學的「少年中國學會」成員李思純（哲生），在留學期間關注國內文字改革和詩歌創作，1920 年 9 月 19 日他在巴黎所寫的《詩體改新之形式及我的意見》一文中，首先申明「詩的本體不外是兩方面。一面是屬於思想的，所謂文學的內容。一面是屬於藝術的，所謂文學的外象。內容的方面，是詩的精神，外象的方面，是詩的形式」。在推崇中國古典詩歌的前提下，他說了這樣一段話：「我以為在舊詩那樣固定的形式之下，還能自由運用，以極精巧的藝術，做到了無不能達之意境。那樣藝術的美妙可驚，我們只有佩服。反言之，在我們現在這樣自由的詩體，無格律的束縛，盡可以縱筆所之，而反做不出更好的詩來，真可以羞慚而死了。」〔註81〕李思純最後明確提出了「今後之要務」：一、多譯歐詩輸入範本。二、融化舊詩及詞曲之藝術。這和吳宓「舊瓶裝新酒」的詩學主張是一致的。他隨後寫於 1920 年 10 月 15 日的《抒情小詩的性德及作用》，首先是拿胡適說事，認為胡適的「也想不相思，可免相思苦，幾次細思量，情願相思苦」便是「失之過愚」的一個證據。他認為「天籟自鳴」的民謠都是最好的抒情詩，因為有文學上所謂的「修辭立誠」的「立誠」因素。詩的作用完全以抒情為主，抒情之極，至於失之過愚〔註82〕。1923 年夏回國後，他到東南大學西洋文學系任教，成為「學衡派」的成員，開始在《學衡》上連載他的舊體詩和譯稿《仙河集》（即《法蘭西詩歌集》），便是實踐他所提出的「要務」。從他在《學衡》雜誌上的行為來看，他並沒在新詩的形式創造上有進一步的努力，而是回到舊體詩寫作的老路上了。他自己立身的專業是歷史學，但對舊體詩詞情有獨鍾。他在東南大學只教了一年書便離去，也沒有激烈的反對新文化的言論，只是在推崇古典詩詞方面與胡先驌、吳宓接近。在胡先驌出國，邵祖平與吳宓發生矛盾後，負責《學衡》雜誌「詩錄」〔註83〕欄目的編選。胡先驌、吳宓、李思純都是終生堅持寫舊體詩詞。李思純的兒子李祖楨說他父親留下有近千首詩，近百闕詞。

〔註81〕《少年中國》第 2 卷第 6 期（1920 年 12 月 15 日）。
〔註82〕《少年中國》第 2 卷第 12 期（1921 年 6 月 15 日）。
〔註83〕吳宓：《吳宓詩集・空軒詩話》第 153 頁，中華書局，1935 年。

　　第一個十年，東南大學只有師生五人是新文學陣營的積極分子：心理學教授陸志韋、1925 年自德國留學回來的哲學教授宗白華，學生盧前、侯曜（1924年的「文學研究會會員錄」登錄號爲 86）、顧仲彝。宗白華出國前是上海《時事新報‧學燈》的編輯，因和郭沫若、田漢合作出版通信集《三葉集》而引起文壇的關注，並在 1923 年繼陸志韋之後在亞東圖書館出版新詩集《流雲》。他 1925 年到東南大學後就不再寫新詩了，只是 1928 年《流雲》出了新版。事實上當時在東南大學寫新詩的教授只有陸志韋一人。

　　1928 年東南大學改名爲中央大學後，聞一多、徐志摩各在外文系任教一年，寫新詩的學生有陳夢家、方瑋德、汪銘竹、沈祖棻、常任俠等，寫劇本的有陳楚淮，但新文學沒有形成勢力，反倒是文學的古典主義復活，並表現出強大的陣勢。陳夢家、方瑋德的新詩，陳楚淮的劇本，又通常被「新月派」所統攝。具體表現在：以黃侃爲首組織的詩社（「上巳社」、「禊社」）；以吳梅爲首組織的詞社（「梅社」、「如社」）、曲社（「潛社」）。在這種古典主義的氛圍中，盧前 1926 年在南京印行新詩集《春雨》，1929 年編輯完第二本新詩集《綠簾》（1930 年開明書店版）後，全力轉向詞曲創作，成爲吳梅所感歎的，弟子中「唐生圭璋之詞，盧生季野之曲，王生駕吾之文，皆可以傳世行後，得此亦足自豪矣」〔註84〕。原來寫作白話新詩的沈祖棻也走上了寫《涉江詞》〔註85〕的路，並從事古典詩詞研究、教學。

　　在新文學的第二個十年間，文學的京海之爭中，南京的文學古典主義的復活和民族主義的倡導成爲特殊的一個文學高地。新文學的第三個十年，中央大學延續排斥新文學的學統，浙江大學、中正大學因「學衡派」成員集聚，更是堅守文學的古典主義，大多數文科教授熱衷古典詩詞寫作。甚至《國立中正大學校刊》、《文史季刊》上都有校長、植物學家胡先驌帶頭寫作的古典詩詞。胡先驌、王易把東南大學－中央大學教授們文學生活化（堅守文學的古典主義立場）的傳統帶到了中正大學。

〔註84〕盧前：《盧前詩詞曲選》第 2 頁，中華書局，2006 年。
〔註85〕沈衛威：《文學的古典主義的復活》，《文藝爭鳴》，2008 年第 5 期。

第五章　學分南北

大歷史與小細節

　　十九世紀末，受西方文化的衝擊，興學之風日盛。在西方傳教士所屬教
會辦學的影響下，清政府自己所創辦的大學僅有天津的北洋大學堂（1895）、
上海的南洋公學（1896）、北京的京師大學堂（1898）、濟南的山東大學堂
（1901）、太原的山西大學堂（1902）等。

　　1912 年中華民國新建，爲現代大學的確立帶來了前所未有的機會。大學
的命運與一個新興的民族國家的重建捆綁在一起。學術研究代表著一所大學
的尊嚴與地位，而「文化是每個時代固有的生命體系」，又是「時代賴以生存
的生命體系」〔註1〕。是「現代大學」這個新興的場域，將國家、民族、知識、
知識分子、教育、公共社會聯繫在一起。1898 年創建的京師大學堂，在 1912
年 5 月改名爲國立北京大學。

　　1917 年 1 月 9 日，蔡元培在《就任北京大學校長之演說》中特別強調：「大
學者，研究高深學問者也。」〔註2〕1918 年 9 月 20 日，他在《北京大學一九
一八年開學式演說詞》中，進一步闡發了自己的大學理想：「大學爲純粹研究
學問之機關，不可視爲養成資格之所，亦不可視爲販賣知識之所。學者當有
研究學問之興趣，尤當養成學問家之人格。」〔註3〕

〔註 1〕　奧爾特加・加塞特：《大學的使命》（徐小洲等譯）第 82 頁，浙江教育出版社，
　　　　　2001 年。
〔註 2〕　刊《東方雜誌》第 14 卷第 4 號（1917 年 4 月）。中國蔡元培研究會：《蔡元培
　　　　　全集》第 3 卷第 8 頁，浙江教育出版社，1997 年。
〔註 3〕　刊《北京大學日刊》1918 年 9 月 21 日。中國蔡元培研究會：《蔡元培全集》
　　　　　第 3 卷第 382 頁。

1928 年 9 月 18 日，羅家倫就任清華大學校長，他在就職典禮上演說《學術獨立與新清華》，明確提出「研究是大學的靈魂」〔註 4〕。

1945 年 11 月 5 日，梅貽琦在潘光旦家與聞一多、吳晗、傅斯年、楊振聲等幾位教授談論時局至深夜，回家後他在日記中寫道：「余對政治無深研究，……對於校局則以為應追隨蔡孑民先生兼容並包之態度，以克盡學術自由之使命。昔日之所謂新舊，今日之所謂左右，其在學校均應予以自由探討之機會。此昔日北大之為北大，而將來清華之為清華，正應於此注意也。」〔註 5〕

本章伊始，本人先引述三位著名大學校長的言論，是要確立本章基本的學術視野。兼容並包、學術自由、研究學問是大學精神的核心價值觀。在討論民國時期南北大學間的學術思想和方法的差異時，我時常提醒自己，學問不論新舊，無論左右，只要不失學者自由之思想，獨立之精神，學術的過程和成果都是值得注意的，特別是過程中的細節。

學術研究的聚焦點有時需要從最細小的地方開始，因為改變時代文化走向和變革歷史格局的關鍵，有時就是那麼一時一刻，或這麼一點一滴。正如同蟻穴潰堤；或借助東風，火燒連營。數千年的家族式的皇權統治，潰於辛亥武昌起義；三綱五常鑄就的中國文化堡壘被一冊《新青年》引發的新文化運動摧毀。

　　1909 年秋的某日，梅光迪在上海吳淞江上經胡紹庭介紹與胡適相識。

　　1916 年 12 月 26 日上午 9 時，蔡元培到前門外的一家旅館找到了陳獨秀。

新文化、新教育和新文學從此與這四個人的關係密不可分。民國時期的大學學術研究也因此形成新的格局。

據績溪人汪原放在《亞東圖書館與陳獨秀》一書中引用他的大叔的《孟鄒日記》披露，1916 年 12 月 26 日，也就是蔡元培被任命為北京大學校長的當天早上 9 時，他就到前門外的一家旅館找到了陳獨秀，聘其為北京大學文

〔註 4〕羅家倫：《學術獨立與新清華》，羅家倫先生文存編輯委員會編輯：《羅家倫先生文存》第 5 冊第 21 頁。國史館、中國國民黨中央委員會黨史委員會出版，1988 年。

〔註 5〕黃延復、王小寧整理：《梅貽琦日記（1941～1946）》第 184 頁，清華大學出版社，2001 年。

科學長〔註6〕。同時陳獨秀向蔡元培推薦胡適，說胡適實屬可勝任文科學長一職的最上人選。隨之，陳獨秀立即致信在美國的胡適，說「蔡子民先生已接任北京總長之任，力約弟為文科學長，弟薦足下以代，此時無人，弟暫充乏。子民先生盼足下早日回國，即不願任學長，校中哲學、文學教授俱乏上選，足下來此亦可擔任。」〔註7〕。

皖人進入北京大學，背後實際有「皖系」強大政治勢力的湧動，和「皖系」間可利用的關係或可鑽乘的政治空隙。陳、胡借助《新青年》攪動了中國的大政治、大文化。隨後以胡適派文人逐漸取代浙江章太炎弟子控制北京大學文科的局面。原本屬於反清革命或與革命有關聯的浙籍學者控制北京大學文科的局面，在 1930 年代因文化保守而被胡適派文人所取代。大歷史背後有小細節，而所有的細節都是人為的。新文化、新北大、新文學關聯著陳獨秀、蔡元培、胡適三個關鍵人物。民國學術的新舊、左右之分，西學中學、激進與保守之別，也與之相關聯。

與此同時，另一股文化勢力也正蓄勢待發。

宣城梅氏為清代名門望族，因文藝家與數學家輩出，被梅光迪譽為「在中國族姓中實為最光榮之一也」〔註8〕。為了家族的榮耀，梅光迪和胡先驌一樣，都是 12 歲即參加科舉考試。在 1905 年科舉廢止後，他們成了真正的文化遺民。儘管後來有留學的機會，但他們要保守住自己的這份文化身份和曾經的榮光。1910 年和胡適已經成為朋友的梅光迪，在同胡適一起赴北京參加的留美庚款考試中落榜，次年重考赴美。1915～1917 年間，他與胡適就白話文、白話新詩問題展開了激烈的論戰，把胡適「逼上梁山」。胡適受陳獨秀之邀，乘新文化運動的大勢歸來，登高而招，順風而呼，大獲成功。最初，這本是兩個朋友之間的事，卻因此改變了民國文學的歷史，也決定了兩個人的命運。

接下來，「學衡派」陣地東南大學的人文學者與北京大學「新青年派」的對立，一個最關鍵的人物就是梅光迪。他是 1918 年 8 月與吳宓在美國相遇，

〔註6〕 汪原放：《陳獨秀與亞東圖書館》第 36 頁，學林出版社 2006 年新一版（本書原名《回憶亞東圖書館》，初版為 1983 年）。

〔註7〕 《陳獨秀致胡適》，中國社會科學院近代史研究所中華民國史組編：《胡適來往書信選》（上）第 6 頁，中華書局，1979 年。

〔註8〕 梅鐵山主編、梅傑執行主編：《梅光迪文存》第 561 頁，華中師範大學出版社，2011 年。

因談話投機而相約回國後與胡適再戰。據《吳宓自編年譜》所示：

> 今胡適在國內，與陳獨秀聯合，提倡並推進所謂「新文化運動」，
> 聲勢顯赫，不可一世。故梅君正在「招兵買馬」，到處搜求人才，聯
> 合同志，擬回國對胡適作一全盤大戰。……

> 梅君慷慨流涕，極言我中國文化之可寶貴，歷代聖賢、儒者思
> 想之高深，中國舊禮俗、舊制度之優點，今彼胡適等所言所行之可
> 痛恨。昔伍員自詡「我能覆楚」，申包胥曰：「我必復之。」我輩今
> 者但當勉爲中國文化之申包胥而已，云云。宓十分感動，即表示：
> 宓當勉力追隨，願效驅馳，如諸葛武侯之對劉先主「鞠躬盡瘁，死
> 而後已」，云云。〔註9〕

1921 年，他放棄南開大學的教職到東南大學，聯合吳宓創辦《學衡》，就是要
糾集力量，再戰胡適。1921 年 5 月 24 日，尚未回國的吳宓在致他的老師白璧
德的信中寫道：

> 梅君的策略是我們能在中國的高等教育機構站穩腳跟，而不是
> 在北京大學。他強烈地反對我們中的任何人去北京大學，或受北大
> 影響控制的北京其他大學。梅君爲了實施他的策略，催促我們迅速
> 回國。他寫到，不應錯失任何機會，不應繼續允許文化革命者佔有
> 有利的文化陣地。〔註10〕

1922 年 1 月《學衡》創刊，東南大學反對北京大學的新文化－新文學的勢力
形成。南北兩所國立大學的大學精神和學術理念開始出現明顯的差異，並呈
現出學分南北的局面。「學衡派」主要成員梅光迪、胡先驌、吳宓等人所展示
出的身份，是信念堅定，立場頑固的文化保守主義者，是胡適派文化激進主
義最有力的批判者。他們拒絕寫白話文，堅持自己保守的文化主見，以固有
的信念和道德力量，強化自己心中的文化情結和文化使命，決不隨逐新文化
之波流。這可以從《學衡》的辦刊宗旨上看出：「論究學術，闡明眞理，昌明
國粹，融化新知。以中正之眼光，行批評之職事。無偏無黨，不激不隨。」

　　我在新近對《梅光迪文存》的評介時，有這樣一段文字：

> 由《學衡》的創辦而形成所謂的「學衡派」，是中國現代思想
> 史、文學史和學術史上的一次震盪性起伏。《學衡》雜誌的實際存

〔註 9〕 吳宓：《吳宓自編年譜》第 177 頁，生活・讀書・新知三聯書店，1995 年。
〔註10〕 吳學昭整理、注釋、翻譯：《吳宓書信集》第 13 頁。

在是 1922 年 1 月～1933 年 7 月。「學衡派」成員的活動卻不限於這個具體的時間。「學衡派」是反對新文化－新文學的，是以保守來反對、牽制和制衡激進的新文化－新文學運動。在反抗新文化－新文學的話語霸權時，是以求中西思想融通、尊孔、國學研究和古典詩詞創作來作爲對抗手段的。我認爲，有一個歷史的坐標是十分明確的，那就是在 20 世紀文化激進主義和政治激進主義得勢的這種特定的歷史背景下，在主流話語的霸權作用下，《學衡》派的文化保守主義思潮是逆當時的時代大潮，處於文化時尚和社會時尚的劣勢，其影響也是十分微弱的。當然是否合乎時尚，是否與主流一致，並不是我這裡所預設的價值判斷標準。我也不是以成敗論英雄。我所要強調的是，《學衡》派的歷史作用和價值恰恰在於其和時尚及主流的不符。其制衡文化激進主義導致文化的失範的功效雖然微弱，但其本身學理上的理性精神，和超越現實的文化意識，卻是強大的。以及由此所呈現的道德力量和文化信念的忠誠感，也是難能可貴的。〔註11〕

也就是說，南北對立，首先是「學衡派」與「新青年派」的對立，並由此牽扯出大學人文學術研究中思想觀念與治學方法上的差異。

1924 年秋，群聚東南大學三年的「學衡派」的勢力在南京分裂，隨後梅光迪、胡先驌遠走美國，吳宓先到瀋陽，半年後轉回清華，《學衡》雜誌編輯部也落腳北京。到 1925 年柳詒徵也帶著弟子繆鳳林北上，執教東北大學，《學衡》的四大主力都離開了東南大學。

這時中國的現實生活給梅光迪、吳宓開了個很殘酷的玩笑，使他們陷入自己挖坑自己陷進去的尷尬境地。梅光迪從此幾乎失語，隱退文壇，實際上也淡出學術界。他在九年後的反思中自覺地承認「學衡派」的失敗是「中國領導人的失敗」〔註12〕。此話是話中有話，因爲有一個細節可昭示現實改變了西洋文學系主任梅光迪：一個「慷慨流涕，極言我中國文化之可寶貴，歷代聖賢、儒者思想之高深，中國舊禮俗、舊制度之優點，今彼胡適等所言所行之可痛恨」的人，到東南大學三年後，愛上了自己授課的班上的女生李今英，於是將「中國舊禮俗、舊制度之優點」給予他的包辦婚姻「革命」了（有

〔註11〕沈衛威：《文化保守主義的歷史命運》，《中國圖書評論》2011 年第 6 期。
〔註12〕梅鐵山主編、梅傑執行主編：《梅光迪文存》第 243 頁。

家室的梅光迪在東南大學因師生戀陷入困境。趙元任回國，推薦曾在哈佛留學的陳寅恪接替自己在哈佛大學的教職，陳說除了波士頓的龍蝦，那裡沒有什麼可留戀的。於是他又改推薦梅光迪，以幫助他擺脫困境。1927 年梅光迪回國安排前妻和兒子的生活後，與李今英正式結婚，在南京短期任職，又去美國執教）。拋棄妻子和兒子，與李今英結婚的梅光迪，在這一條道上，比「所言所行之可痛恨」的新文化的倡導者，主張自由戀愛，自由結婚而自己卻就範包辦婚姻的魯迅、胡適走得更快、更遠，和完成「家庭革命」的郭沫若、徐志摩、郁達夫成為了同路人。面對新文化運動，那就只有閉上批評別人的嘴巴，遠走他鄉，講授漢語，傳播中國文化好了。吳宓緊隨梅光迪之後，更浪漫了。以反對盧梭以下浪漫主義著稱的白璧德的兩個門徒，西洋文學教授，卻走上了中國現實的浪漫文人的路，在言行分裂，情感與理智矛盾的極度痛苦中失語（梅光迪）或靠寫情詩、寫日記（吳宓）來排遣。

在這個讓梅光迪、吳宓自己都感到意外的特殊時刻，「學衡派」成員郭斌龢就致信吳宓，說他因婚外情導致的離婚有損於他們所倡導的人文主義的進行，指出他的思想行為是陷入浪漫主義〔註 13〕。陳寅恪說他「昔日在美國初識宓時，即知宓本性浪漫，惟為舊禮教、舊道德之學說所拘繫，感情不得發抒，積久而瀕於破裂」〔註 14〕。吳宓因此承認自己生性是個浪漫主義者〔註 15〕。隨後他在與女友盧葆華的交往中也認識到自己的行為裏有人文主義道德與浪漫詩情的矛盾〔註 16〕。尤其是在毛彥文嫁給熊希齡後，極大地刺激了吳宓，使他一度陷入迷亂。以編輯《學衡》自豪，且以此為人所知的吳宓，此時最恨人稱宓為《學衡》編者。他在 1936 年 5 月 29 日給陳逵的信中寫道：

> 宓以種種感觸，對於道德、名譽、愛國、民族主義、改良社會、共產、革命 ect.ect，一體厭惡，痛恨。對於家庭、朋友、種種關係人，一體忘懷漠視。宓今所愛讀者，為 shakespeare's Timon of Athens，等一類文章。宓最恨人稱宓為「韓愈」「曾文正」或《學衡》編者，《懺情詩》作者，ect。今社會中人，絕不察各人個性，及以往歷史，而只責我與心一離婚之不合道德，不責 M 女士之甘為 gold-digger，

〔註 13〕吳宓：《吳宓日記》第 V 冊第 56 頁，生活・讀書・新知三聯書店，1998 年。
〔註 14〕吳宓：《吳宓日記》第 V 冊第 72 頁。
〔註 15〕吳宓：《吳宓日記》第 V 冊第 60 頁。
〔註 16〕吳宓：《吳宓日記》第 V 冊第 441 頁。

而反說宓爲「始亂之而終棄之」，……總之，宗之，今社會中人，無
情又無識，不智，不仁；可恨，不可憐，我們若爲反抗（as a protest）
社會而自殺，已不值得，悔不於十五六歲起，即作大惡之人，則今
日必快樂又享受美譽也。〔註17〕

梅光迪、吳宓的個人行爲實際上是把前引《吳宓自編年譜》中的昔伍員自詡
「我能覆楚」，申包胥曰：「我必復之」的這句話改寫了——胡適、魯迅說：「我
能倡導。」梅光迪、吳宓曰：「我必實踐。」

　　胡先驌說梅光迪與胡適旗鼓相當時，輸在懶上。眼高手低的梅光迪直到
病故，沒有寫出任何學術著作。還有一個重要的細節，即貧病交加乃至死亡
的威脅，讓梅光迪這樣的人文主義者逐漸失去理性。竺可楨在 1946 年 1 月 29
日的日記中記有這樣一件事：「迪生性甚孤介，一文不苟取，家境也不裕，自
然困頓終生，頗欲得一休假年，以執筆作文。當李天助去築陪同看病，留築
二旬，將回時詢迪生有何囑託。迪生謂有數點要告校長，即本學期不能授課，
希望支薪，且此項薪水，在告假期內支者，不扣除其應得一年休假之薪，同
時希望繼續由洽周代理。此自然是迪生病前一貫態度，以爲其不致即去世，
亦不自知其病在垂危也。此次星期六在團契，星期日在龍王廟，李醫生均報
告此數語，而梅太太又告允敏，欲得迪生應可休假一年之薪俸，不知迪生死
後與迪生生前之言情形完全不同，安能死人而可告假而可代理耶！」〔註 18〕
作爲同學、同事和多年的朋友，竺可楨在 1 月 30 日專門給杭立武寫信，「爲
迪生請一年休假金，此實無法可給，但請渠另設法耳」〔註 19〕。竺可楨日記
中提及的「築」爲貴陽的簡稱，洽周爲郭斌龢，允敏爲竺可楨太太。

　　相對於胡適派文人的話語霸權和胡適要「爲中國造歷史，爲文化開新紀
元」的理想和目標，以批評的姿態來反對新文化的「學衡派」是處於弱勢的。
我在不同的學術場合曾提及胡適的話語霸權性，這是他 1917 年回國後借助新
文化運動的大勢，迅速掌握話語權並隨新文學的社會化推動力進一步強化的
必然結果。他 1921 年 10 月 11 日《在北大開學典禮會上的講話》中有這樣的
一段措辭強硬的話：

〔註17〕吳學昭整理、注釋、翻譯：《吳宓書信集》第 204～205 頁。
〔註18〕竺可楨：《竺可楨全集　日記》第 10 卷第 29～30 頁，上海科學技術出版社，
　　　　2006 年。
〔註19〕竺可楨：《竺可楨全集　日記》第 10 卷第 30 頁。

我剛才說起北大的門限很高；外界人又說我們是學閥。我想要做學閥，必須造成像軍閥、財閥一樣的可怕的有用的勢力，能在人民的思想上發生重大的影響；如其僅僅是做門限是無用的。所以一方面要做蔡校長所說有為知識而求知識的精神，一方面又要成為有實力的為中國造歷史，為文化開新紀元的學閥；這才是我們理想的目的。〔註20〕

1922 年 12 月 17 日在《北京大學第二十五週年紀念日的演說》中，他更是明確強調：「現在我們的努力應該注重在使北大做到『又開風氣又為師』的地位。」〔註21〕

清華國學研究院導師制的確立得力於胡適，清華改制為大學後文科的基本師資和核心人物（校長羅家倫、秘書長馮友蘭、教務長楊振聲和國文系教授朱自清、俞平伯都是胡適作顧問的「新潮社」成員）也均來源於北大。王國維學術最後輝煌展示的機會亦是胡適給予的。

這就是細節的力量。

文化理念

反孔批儒作為文化革命的興奮點

《新青年》因孔教會成立、袁世凱稱帝、張勳復辟而奮起反孔等原因，鼓吹思想革命。陳獨秀從民族國家重建的角度來謀劃中國的新生，並針對「孔教」這一傳統中國的精神支柱，寫了《憲法與孔教》一文，呼籲：「欲建設西洋式之新國家，組織西洋式之新社會，以求適今世之生存，則根本問題，不可不首先輸入西洋式社會國家之基礎，所謂平等人權之新信仰，對於與此新社會新國家新信仰不可相容之孔教，不可不有徹底之覺悟，猛勇之決心；否則不塞不流，不止不行！」〔註22〕因為：「儒者三綱之說，為一切道德政治之大原：君為臣綱，則民於君為附屬品，而無獨立自主之人格矣；父為子綱，則子於父為附屬品，而無獨立自主之人格矣；夫為妻綱，則妻於夫為附

〔註20〕 胡適：《在北大開學典禮會上的講話》，《胡適全集》第 20 卷第 72~73 頁，安徽教育出版社，2003 年。

〔註21〕 胡適：《北京大學第二十五週年紀念日的演說》，《胡適全集》第 20 卷第 107 頁。

〔註22〕 陳獨秀：《憲法與孔教》，《獨秀文存》第 79 頁，安徽人民出版社，1987 年。

屬品，而無獨立自主之人格矣。率天下之男女，爲臣，爲子，爲妻，而不見
有一獨立自主之人者，三綱之說爲之也。緣此而生金科玉律之道德名詞──
曰忠，曰孝，曰節──皆非推己及人之主人道德，而爲以己屬人之奴隸道德
也。」〔註23〕

　　這種「孔子之道」作用下的傳統中國文化，與西洋文明形成了明顯的差
異。要在中國實施民主的共和憲政，就必須廢除孔教儒經，代之西洋現代學
理和政治規範，所以陳獨秀在《孔子之道與現代生活》中反覆強調在倫理上
進行革命的重要性和必要性，他認爲要從學理上弄清「孔子之道」是何物，
然後才能使「現代生活」開始起步。同時，陳獨秀明確地指出，「倫理的覺悟，
爲吾人最後覺悟之最後覺悟」，「吾人果欲於政治上採用共和立憲制，復欲於
倫理上保守綱常階級制，以收新舊調和之效，自家衝撞，此絕對不可能之事」
〔註24〕。

　　陳獨秀認爲此時左袒孔教者，都是心懷復辟企圖之輩，因此要毀掉孔廟，
廢棄儒教。他甚至不無偏激地指出，「全部十三經，不容於民主國家者蓋十之
九」〔註25〕，須焚禁此物，方可使社會進步。隨著陳獨秀的革命性呼喊，吳
虞、錢玄同、胡適、易白沙、魯迅、周作人、李大釗等都作出了積極的響應，
向儒教的「倫理文化」開戰，且在言論和思想上，又都較陳獨秀更進了一步。
吳虞是激烈地去打「孔家店」，要對儒教進行徹底的革命：「儒教不革命，儒
學不轉輪，吾國遂無新思想、新學說，何以造新國民。」〔註26〕時值「五四」
高潮到來，在強烈的文化批判的衝擊波下，這一封建文化的主體，儒教「經
學也就氣息奄奄，危如朝露」〔註27〕了。以至於在新的學制中，傳統的經學
被分解在文、史、哲三大新學科中。

　　在北京大學，從《新青年》時期的文科學長陳獨秀，及教授吳虞、胡適、
魯迅（兼課）、周作人，到文革後期的「四皓」（馮友蘭、魏建功、林庚、周
一良），有一個十分明顯的反孔批儒的師承線索。當然，兩個時期的歷史背景
不同，有主動與被動之別。北京大學是新文化運動的大本營，思想革命的中
心任務之一是反孔、批孔。打孔家店是北大一部分教授的重要活動。反孔、

〔註23〕陳獨秀：《一九一六年》，《獨秀文存》第34～35頁。
〔註24〕陳獨秀：《吾人最後之覺悟》，《獨秀文存》第41頁。
〔註25〕陳獨秀：《復錢玄同》，《新青年》第3卷第4號。
〔註26〕吳虞：《儒家主張階級制度之害》，《新青年》第3卷第4號。
〔註27〕湯志鈞：《近代經學與政治》第346頁，中華書局，1989年。

批孔是文化激進主義的行為之一。1970 年代中國大地的「評法批儒」、批孔浪潮，同樣是初瀾於北大。特別是胡適，直到晚年，仍然拒絕擔任臺灣「全體大專院校校長集會」組織的「孔孟學會」的發起人。他在致新竹清華大學校長梅貽琦（月涵）的信中說：「我在四十多年前，就提倡思想自由，思想平等，就希望打破任何一個學派獨尊的傳統。我現在老了，不能改變四十多年的思想習慣，所以不能擔任『孔孟學會』發起人之一。」〔註 28〕因為他覺得「過於頌揚中國傳統文化了，可能替反動思想助威」。

尊孔作為文化保守的立足點

1906～1911 年任兩江優級師範學堂監督的李瑞清在《諸生課卷批》中主張「奉孔子為中國宗教家，吾願吾全國奉孔子為教主」〔註 29〕。兩江優級師範學堂改制為南京高師時，校長江謙為南京高師寫的校歌歌詞中有「千聖會歸兮集成於孔」之語，尊孔是這所學校的傳統。

1922 年 1 月在東南大學創刊的《學衡》雜誌，第一期上刊登的圖片是孔子和蘇格拉底。《學衡》是公開表示尊孔的，和《新青年》是公然的對立。「學衡派」成員中的大多數是哈佛大學白璧德的門徒，因為「白璧德倡導新人文主義，對於孔子備極推崇，以孔子為人文主義極大權威」〔註 30〕。為《學衡》寫文章的沈曾植、朱祖謀、陳三立、張爾田、孫德謙同時也是 1912 年 10 月 7 日在上海發起成立的「孔教會」的重要成員。其中沈曾植、朱祖謀、陳三立在 13 位發起人之列。沈曾植本人也是 1915 年袁世凱稱帝、1917 年張勳復辟的積極支持者。而張爾田、孫德謙為 1913 年 2 月創刊的《孔教會雜誌》的編輯。張、孫兩人為《學衡》寫文章，是吳宓 1923 年 9 月 3 日親自到上海約稿的。「孔教會」與中華民國新建有直接的關聯。此前的中國，有所謂的儒學、儒教之說，此時新興的多民族國家的重建，特別是 1912 年 1 月 1 日中華民國建國，基於對國家意識形態和宗教禮儀的考量，一批文化遺老借鑒基督教、佛教、回教的儀禮，倡議並發起成立「孔教會」，並向政府申報確立「孔教」為國教，試圖在 1913 年 10 月 10 日選舉產生中華民國首任總統時（此前的孫中山、袁世凱均為臨時大總統），操作總統就職大典。

〔註 28〕 胡適：《致梅貽琦》，《胡適全集》第 26 卷第 415 頁，安徽教育出版社，2003年。

〔註 29〕 李瑞清：《清道人遺集》卷二第 41 頁，中華書局，1939 年。

〔註 30〕 張其昀：《〈梅光迪先生家書集〉序》，《張其昀先生文集》第 21 冊第 11439 頁，（臺北）中國文化大學出版部，1989 年。

在五四新文化運動的反孔、打孔家店高潮時，柳詒徵開始在南京高師講中國文化史，他說：「孔子者，中國文化之中心也。無孔子則無中國文化。自孔子以前數千年之文化，賴孔子而傳；自孔子以後數千年之文化，賴孔子而開。即使自今以後，吾國國民同化於世界各國之新文化，然過去時代之與孔子之關係，要爲歷史上不可磨滅之事實。」〔註31〕1932 年 9 月 28 日是孔子的誕辰，中央大學的教授在《國風》第 3 號出了「聖誕特刊」，以紀念孔子。卷前有孔子像、曲阜孔林照片各一幅。這期紀念孔子的「聖誕特刊」，也是「學衡派」對五四運動的批孔反孔的總反攻、總清算。當然也含有林語堂所說的提倡尊孔者「藉此以報復青年者」的另一層因素。該期特刊中有柳詒徵的《孔學管見》、《明倫》，梅光迪的《孔子之風度》，繆鳳林的《談談禮教》、《如何瞭解孔子》，郭斌龢的《孔子與亞里士多德》，范存忠的《孔子與西洋文化》，唐君毅的《孔子與歌德》。這一期文章，從整體上爲孔子重塑形象，也是從古代出發重新確立其現代價值。這是五四新文化運動以後，南京中央大學教授第一次有意識的集體文化行爲。

從南京高師－東南大學的柳詒徵到中央大學的張其昀、郭斌龢，發展到中國文化大學時期的張其昀的尊孔，「文革」時期的原「學衡派」成員吳宓（西南師範學院教授）反對批孔，1980 年代（南京大學校長）匡亞明的《孔子評傳》，形成了這一學統與北京大學的尖銳對立。

另外，1949 年以後被經常提及的「新儒家」中，熊十力、方東美、唐君毅都有過在中央大學執教或讀書的經歷。17 歲考入北京大學的唐君毅，因熊十力南下，也轉學到中央大學哲學系。唐君毅的父親曾到南京支那內學院隨歐陽竟無學習佛學；而唐君毅所景仰的熊十力，1920 年始也曾到南京隨歐陽竟無學習佛學。1927 年，熊十力受湯用彤之邀南下，對剛進北京大學的唐君毅有重要的影響。

歷史觀念

疑古、釋古史觀的集中體現

「古史辨」討論是在北京大學的師生胡適、錢玄同、顧頡剛、魏建功等與東南大學的師生柳詒徵、劉掞藜、繆鳳林之間展開的。北京大學一方的懷

〔註31〕柳詒徵：《中國文化史》第 263 頁，上海古籍出版社，2001 年。

疑與東南大學一方的信奉，形成尖銳的對立，並由此引發「整理國故」運動
的深化。1921 年 7 月 31 日，胡適應劉伯明主持的東南大學暑期學校的邀請，
演講《研究國故的方法》。他的「研究國故的方法」分為四個層次：

   （1）歷史的觀念：「一切古書皆史也。」

   （2）疑古：「寧可疑而過，不可信而過。」

   （3）系統的研究：「要從亂七八糟裏尋出個系統條理來。」

   （4）整理：「要使從前只有專門學者能讀的，現在初學亦能瞭解。」

〔註 32〕

這其中含有懷疑、批判的精神和科學的方法。在「古史辨」論爭中所產生的
南北「對立」，顧頡剛明確地認識到其中的關鍵「是精神上的不一致」〔註 33〕。
錢玄同、魏建功都感受到了「我們的精神與他們不同的地方」〔註 34〕。

   特別是胡適「一切古書皆史也」的觀點，是對元代郝經首倡，清人袁枚、
章學誠系統張揚的「六經皆史」的繼承。他的這一學術思想的基礎是進化論。
其實胡適早在 1917 年 1 月《科學》上刊發的《先秦諸子進化論》一文中就明
確提出：「荒誕神怪的萬物原始論都不可算作進化論。進化論的主要性質在於
用天然的、物理的理論來說明萬物原始變遷一問題，一切無稽之談，不根之
說，須全行拋卻。」〔註 35〕胡適尤其不認同當時「中國學會」章程中第一條
「中國學術與民族主義有密切關係」的說辭。他在 1928 年 11 月 4 日回覆涇縣
友人胡樸安要他加入學會的信中強調：「若以民族主義或任何主義來研究學
術，則必有誇大或忌諱的弊端。我們整理國故，只是研究歷史而已，只是為
學術而作功夫，所謂『實事求是』是也，絕無『發揚民族之精神』的感情作
用。」〔註 36〕

   1930 年 7 月，清華大學的陳寅恪提出歷史研究中要有「瞭解之同情」，對
「古史辨」及「整理國故」運動的偏頗和局限提出了相應的修正。陳寅恪在
《馮友蘭著〈中國哲學史〉審查報告》中提出：「凡著中國古代哲學史者，其

〔註 32〕胡適：《日記 1921 年》，《胡適全集》第 29 卷第 392～393 頁。

〔註 33〕顧頡剛：《答柳翼謀先生》，《北京大學研究所國學門周刊》第 15、16 期合冊
（1926 年 1 月 27 日）。收入《古史辨》第 1 冊，北京樸社，1926 年。

〔註 34〕魏建功：《新史料與舊心理》，《北京大學研究所國學門周刊》第 15、16 期合
冊。收入《古史辨》第 1 冊。

〔註 35〕胡適：《先秦諸子進化論》，《胡適全集》第 7 卷第 9 頁。

〔註 36〕胡適：《致胡樸安》，《胡適全集》第 23 卷第 606 頁。

對於古人之學說，應具瞭解之同情，方可下筆。」〔註37〕而「瞭解之同情」
一語的源流來自德國啓蒙時代的重要思想家赫爾德〔註38〕。此術語在中國學
界最早出現於東南大學西洋文學系學生胡夢華發表在 1922 年 4 月 29 日《時
事新報·學燈》上的《評〈學衡〉》一文，他在文中強調：「批評者第一要素是
瞭解的同情。」〔註39〕

從「疑古」到「釋古」，學術的路向在變，「瞭解之同情」的態度介入，
使得學術的信念也發生了變化。

信古史觀的集中體現

南京高師－東南大學師生「從不對於國學輕下批評」的「信古」史觀，
多是在傳統史學中打轉，這在柳詒徵、劉掞藜幾乎相同的歷史研究方法上有
特別的昭示。這一學統的歷史觀念直接來自柳詒徵，並影響到他後來的一代
學生。先有柳詒徵發表在 1921 年 11 月 1 日《史地學報》創刊號上的《論近人
講諸子之學者之失》對胡適歷史研究的批評，之後是「古史辨」討論中的南
北對立。1930 年代繆鳳林對傅斯年民族史觀的批評（繆對傅《東北史綱》的
批評文章，曾請示過黃侃〔註40〕。他除了在《大公報·文學副刊》上連載這
篇長文外，還在中央大學文學院的《文藝叢刊》〔註41〕上刊登《評傅斯年君
〈東北史綱〉卷首》）。吳宓的「道德救國」〔註42〕與胡適的「民族反省」〔註
43〕的不同理路，都反映出兩大學統史學觀念的差異。

事實上，在早期的東南大學，1923 年 12 月《國學叢刊》第 1 卷第 4 期，
刊出顧實執筆的半文半白的《東南大學國學院整理國學計劃書》。1924 年 3 月
15 日、18 日，《北京大學日刊》第 1420、1422 號作爲「專件」分兩期連載。

〔註37〕 先刊《大公報·文學副刊》第 132 期，1930 年 7 月 21 日；後登《學衡》第
74 期，1931 年 4 月，將題目改爲《馮著〈中國哲學史〉審查報告》。

〔註38〕 陳懷宇：《陳寅恪與赫爾德——以瞭解之同情爲中心》，《清華大學學報（哲學
社會科學版）》，2006 年第 4 期。

〔註39〕 此文收入胡夢華、吳淑貞合著：《表現的鑒賞》，現代書局 1928 年版。此處的
引文是用 1984 年的自費再版本（臺灣）第 145 頁。

〔註40〕 黃侃：《黃侃日記》第 885 頁有「繆贊虞以駁傅某《東北史綱》一文見示」。
江蘇教育出版社，2001 年。

〔註41〕 《文藝叢刊》第 1 卷第 1 期（1933 年 11 月）。

〔註42〕 吳宓：《道德救國論》，《大公報·文學副刊》第 214 期。

〔註43〕 在 1932 年 9 月 18 日，爲紀念「九·一八」國恥一週年，他爲《獨立評論》
作了《慘痛的回憶與反省》。

南北聲氣頓時相通。顧實認為，治學功效在於聯心積智。舊分心理為智情意三部，不如分主觀客觀兩面為簡要。「其民族心理而主觀客觀俱強也，其學術必昌」，「故本學院整理國學，根據心理，假定為兩觀三支如左〔沈按：原文為豎排，「如左」即「如下」〕。客觀：以科學理董國故——科學部；以國故理董國故——典籍部。主觀（客觀化之主觀）——詩文部。」

同樣打出整理國學的旗幟，思想方法卻截然不同。

日軍侵華的炮聲，將在安陽小屯領導殷商考古挖掘的傅斯年驚起，讓他開始關注自己並不熟悉的東北歷史。1932 年，為配合李頓調查團對東北問題的調查，傅斯年聯合方壯猷、余遜、徐中舒、蕭一山、蔣廷黻匆匆合著一冊《東北史綱》，即計劃編著《東北通史》的第一卷。《大公報・文學副刊》1933年 5 月 1 日第 278 期先行刊出邵循正的《評傅斯年〈東北史綱〉第一卷〈古代之東北〉》，隨後，是繆鳳林三萬多字的長文八期連載。這是吳宓有意為之，因為此時《大公報》的主持人受胡適的影響，決心全面使用白話，正在動議撤銷堅持使用文言、拒絕使用白話標點符號、只用句讀的《大公報・文學副刊》。他們先讓胡適的門生楊振聲、沈從文創辦《大公報・文藝副刊》，在 9月 23 日出版發行。也就是說讓一字之差的兩個副刊（前者文言，後者白話）同時並存，隨後迫使吳宓在 1934 年 1 月 1 日出版第 313 期後，主動停辦了《大公報・文學副刊》。

傅斯年此時為中央研究院歷史語言研究所所長（北平時期），繆鳳林為南京中央大學歷史系教授。這次批判與新舊史學無關，但卻是傅斯年及北方重視新材料和新問題的史學家遭遇到的最為嚴厲的一次衝撞。繆鳳林主要指出傅斯年為反日政治的急需，倉促出版的著作中舊有史書的史料嚴重不足（沒有看到），對新出土的文物文獻更是不瞭解，以及書中大量的史料錯誤：

> 綜觀傅君之書，大抵僅據正史中與東北有關之東夷傳（其地理志部分，則付諸余遜君），故他紀傳中有關東北史事之重要材料，大都缺如，而又好生曲解，好發議論，遂至無往而不表現其缺謬。吾上所評者，雖篇幅略與傅君自著作者相當，而全書之缺謬，猶未儘其什一也。〔註44〕

> 傅君書之謬誤疏漏如是，乃事更有出人意外者，書中所引史文，

〔註44〕繆鳳林：《評傅斯年君〈東北史綱〉卷首》（七），《大公報・文學副刊》1933年 9 月 4 日第 296 期。

頗多不明文理，不通句讀之處。……文意不明，句讀不通，便肆解

釋，下斷語，其欲免於紕繆缺漏，難矣。〔註45〕

因爲傅斯年本人是注重史料的學者，使用的是「上窮碧落下黃泉，動手動腳找
材料」的史學策略，以他的身份和地位，拿出的著作代表的應是中國國家學術
水平，是要和日本學者對決高下的。繆鳳林指出的這些問題都是學術的硬傷，
是學者之大忌，讓傅斯年無言以對，可以說，無還手之力，只好沉默。這和十
年前的「古史辨」論爭時的情況完全不同。那場論爭，南北力量懸殊，新舊陣
營清晰，特別是文化精神上的差異明顯。柳詒徵師徒明顯寡不敵眾，南不敵北。
而這一次，配合繆鳳林出場的還有他的南京高師同學鄭鶴聲。鄭鶴聲在文章中
就明確表示，他的一些觀點和論據是和繆鳳林討論溝通過的。呈現出原南京高
師－東南大學史學派系的報復性反擊。尤其是繆鳳林文章一開始所說的「傅君
所著。雖僅寥寥數十頁。其缺漏紙紕繆。殆突破任何出版史籍之記錄也」〔註
46〕這樣的評語，顯然受到宿怨發酵作用的影響。因爲繆鳳林對二十四史十分
熟悉，他的史學基礎不在傅斯年之下，雖然不曾出國留學，對北方學者所謂三
大新學問也不熟悉，但他是專門研究日本歷史的學者。受柳詒徵寫通史通論的
影響，他的願望是繼黃遵憲之後，續寫《日本國志》，遺憾的是沒有機會留學
日本，或到日訪問研究。他前期研究日本的文章已結集出版爲《日本論叢》，
1933 年由張其昀主持的鍾山書局〔註 47〕出版。吳宓在清華大學主編《學衡》
第 79 期後，曾計劃將主編權自第 80 期開始交給在中央大學歷史系任教的繆鳳
林，並登出了主編易人的廣告，但繆鳳林沒有接手《學衡》，而是和張其昀聯
手，拋棄了《學衡》的老招牌，另起爐灶，新成立了「國風社」，推柳詒徵爲
社長，張其昀、繆鳳林、倪尚達爲編輯委員，出版《國風》半月刊，出版發行
歸鍾山書局。我在《「學衡派」譜系──歷史與敘述》中曾有一節專門介紹《國
風》是如何「關注日本及中國的東北、華北」問題的：

〔註45〕 繆鳳林：《評傅斯年君〈東北史綱〉卷首》（八），《大公報·文學副刊》1933
　　　　 年 9 月 25 日第 299 期。

〔註46〕 繆鳳林：《評傅斯年君〈東北史綱〉卷首》（一），《大公報·文學副刊》1933
　　　　 年 6 月 12 日第 284 期。

〔註47〕 南京鍾山書局的董事多是中央大學的教授，因主編張其昀的專業關係，該書
　　　　 局的地理圖書是其主要特色。書籍的作者基本上都是中央大學的教授。書局
　　　　 的常務董事有：編輯張其昀、出版繆鳳林、會計倪尚達、營業沈思璵、西書
　　　　 羅廷光。繆鳳林在鍾山書局出版的著作有《中國通史綱要》、《高中本國歷史》、
　　　　《日本論叢》、《日本史鳥瞰》等。

柳詒徵在 1933 年 4 月 15 日《國風》第 2 卷第 8 號上發表了《明代江蘇省倭寇事略》，揭露日本人的侵略本性和中國外患導致的內在問題。而繆鳳林的系列文章《日本開化論》、《中日戰爭與日本軍備》、《日本史鳥瞰》（上、中、下）、和《告山本實彥先生》等則向國人介紹了日本的具體情況和日本軍國主義者發動侵華戰爭的目的，以及注定要失敗的必然性。張其春系統地翻譯了日本學者寫的關於日本各個方面的文章刊登在《國風》或《方志月刊》上，對讀者進一步瞭解日本有較大的作用。諸如廣瀨淨慧著《日本之文教》、小野鐵二著《日本之人口》、下田禮佐著《日本之海外貿易》、岡田武松著《日本之氣候》、寺田貞次著《日本之工業》、中野竹四郎著《日本之畜牧業》、西田直二郎、池田源太合著《日本國土之沿革》、岡本重彥著《日本之通信》、田中秀作著《日本之國內商業》、瀧本眞一著《日本之航空》、宇野哲人著《儒教與日本精神》、峰岸米造著《德川光國創修之〈大日本史〉》，並寫有《〈日本八大論叢〉序》。張其春同時還譯有《戰爭地理學總論》在鍾山書局出版。另外夏禹勳還翻譯有小牧實繁著的《日本之民族》。這些文章同時也成爲「知己知彼」的顯示要求下的國防教育的一個重要組成部分。

對東北失地和正在喪失的華北地區的關注也是《國風》上的一個興奮點。關注東北的文章如張其昀的《毋忘東北失地》、《興安嶺屯墾工作》、劉廣惠的《瀋陽回憶錄》、王克章的《我之第二故鄉·遼寧桓仁》、曾憲文的《遼寧省西安縣》、劉咸的《人種學觀點下之東北》、汪湘陽的《一角的東北農民生活》。關注華北的文章如張其昀的《二十五年來之河北》、《熱河省形勢論》（上、中、下）、李守廉《介紹最近一個民族戰場──熱河淩源》。書寫這類文章，既是民族意識的張揚，更是一種自覺的愛國精神的體現。書生的無用和有用，有時也就在於這筆端的如何書寫。〔註48〕

繆鳳林在北方最大的報紙副刊，「學衡派」主將吳宓主編的天津《大公報·文學副刊》上連載八期《評傅斯年君〈東北史綱〉卷首》的書評，分別是 1933 年 6 月 12 日第 284 期、6 月 19 日的第 285 期、6 月 26 日的第 286 期、7 月 3 日

〔註48〕 沈衛威：《「學衡派」譜系──歷史與敘述》第 198～199 頁，江西教育出版社，2007 年。

的第 287 期、7 月 31 日的第 291 期、8 月 28 日的第 295 期、9 月 4 日的第 296
期、9 月 25 日的第 299 期），爲民國東南史學界，更是國內學者挑戰傅斯年的
第一人。這是在天津從後背刺向北平傅斯年的一槍。具體的批評文字，特別
是史實分析從略，這裡只摘引繆鳳林的結語：

> 傅君此書之作。在「九・一八」事變之後。篇首所述編此書之
> 動機。吾人實具無限之同情。然日人之研究東北史。則遠在二十餘
> 年之前。時當日俄戰役結果（光緒三十一年）。白鳥庫吉氏已提倡
> 對於東北朝鮮。作學術上根本的研究。以爲侵略東北及統治朝鮮之
> 助。嗣得南滿洲鐵道公司總裁後藤新平氏之讚助。光緒三十四年一
> 月。於公司中設立「歷史調查室」。專以研究東北朝鮮史爲務。聘
> 白鳥氏主其事。箭内互稻葉岩吉津田左右吉及松井等氏輔之。從研
> 究歷史地理入手。越四載餘。至民國二年九月。有《滿洲歷史地理》
> 二厚冊及附圖《朝鮮歷史地理》二厚冊附圖以南滿洲鐵道公司名義
> 出版。前者爲白鳥箭内稻葉及松井等氏合著。後者則津田氏一人獨
> 著。而皆由白鳥氏監修者也。「歷史調查室」旋亦結束。由東京帝
> 國大學文科大學繼續研究。箭内松井津田及池内宏氏主其事。共研
> 究論文之刊行者。名曰《滿鮮地理歷史研究報告》。於民國四年十
> 二月出版第一冊。五年一月出版第二冊。嗣後或年出一冊。或間數
> 年出一冊。今已出至十三冊（余所見者僅十二冊）。內容之關於東
> 北者。以隋唐後各東北民族之專論爲多。又稻葉君山氏於民國三年
> 出版《清朝全史》後。續著《滿洲發達史》。亦於四年出版。內容
> 於明以後之東北敘述較詳（武進楊成能君曾譯登東北叢刊）。皆日
> 人東北史之名著也。傅君此書之體裁。略與《滿洲歷史地理》同。
> 然白鳥之書。出版在二十年前。雖亦間有缺誤。而其可供吾人指斥
> 者。實遠不如《東北史綱》之多。此則吾人所認爲史學界之不幸者
> 也。吾民族今已與日人立於永久鬥爭之地位。欲鬥爭之成功。必求
> 全民族活動之任何方面皆能與日人之相當方面相抗衡。往者已矣。
> 來者可追。竊願後之治東北史者。慎重立言。民族前途。學術榮譽。
> 兩利賴之矣。〔註 49〕

〔註 49〕繆鳳林：《評傅斯年君〈東北史綱〉卷首》（八），《大公報・文學副刊》1933
　　　　年 9 月 25 日第 299 期。

被當下學者胡文輝稱爲「天機星智多星吳用」的傅斯年，在學術的江湖上遇上了眞正的對手。一向專橫獨斷，快人快語的傅斯年被繆鳳林一劍封喉，並沒有公開回應，只是坊間傳出傅斯年要中央大學校長羅家倫平息此事的消息，但繆鳳林還是感受到了來自北方學界，特別是傅斯年給他的壓力。借著陳垣邀請他北上就職輔仁大學之機會，他在 6 月 30 日給陳垣的信中說道：

> 奉讀賜書，感愧交並。評《東北史綱》一文，本爲此間文學院院刊而作。嗣因傅君南下，爲所探悉，肆布讕言，兼圖恐嚇。林以學術爲天下之公器，是非非個人所能掩，因先付單本，並布之《大公報》。兩月以來，傅某因羞成怒，至謂誓必排林去中大而後已。其氣度之褊狹，手段之卑陋，幾非稍有理性者所能存想（例如介紹方欣安、謝剛主二君來中大以圖代林，其致方君信則謂林以辭去中大教職〔此係方君語平友某君，某君因以告林者〕。一面又在京散佈流言，謂中大史學系下年度決實行改革，腐舊之繆某勢在必去云云）。林方自懼學之不修，且除學術外亦無暇與之計較也。暑後林決仍應中大聘約（傅君對此事必有出於意外之感。實則林在此間，自有其立場，初非傅君所能貴賤。惟方、謝二君，此間以傅君關係，聞已延聘）。私意擬在此間多住數年，期於國史略植根柢，再行來平，以廣見聞。異時學業稍進，倘長者以爲可教而辱教之，則幸矣……
> 〔註50〕

方欣安（壯猷）、謝剛主（國楨）均爲清華國學院畢業生。方本人又參與《東北史綱》的編寫。這都使繆鳳林感到了來自北方的壓力。

相對於繆鳳林行文的「激烈」，鄭鶴聲的文章則顯得「溫和」〔註51〕許多，他首先肯定了傅斯年的良苦學術用心和新的寫地域史的方法，同時也表示自己並非在繆鳳林激烈的批評之後要爲傅斯年辯護什麼。但是，從他文章末尾所說的「傅君等之著《東北史綱》，實所以應付東北事變，不免有臨渴掘井之嫌」〔註52〕，還是可以嗅出鄭鶴聲「溫和」之中所藏的譏諷：

> 惟傅君爲吾國學術界上有地位之人物，而本書又含有國際宣傳

〔註50〕陳智超編注：《陳垣來往書信集》第 232 頁，上海古籍出版社，1990 年。

〔註51〕鄭鶴聲：《傅斯年等編著〈東北史綱〉初稿》，《圖書評論》1933 年 7 月 1 日第 1 卷第 11 期。

〔註52〕鄭鶴聲：《傅斯年等編著〈東北史綱〉初稿》，《圖書評論》1933 年 7 月 1 日第 1 卷第 11 期。

之重要性，苟有紕繆，遺笑中外，總以力求美備爲是。〔註53〕

傅斯年、繆鳳林兩位史學家在 1931 年以後特殊的中日戰爭年代，都因民族情緒高漲和政治需要，關注東北，研究日本；也都因爲與政治糾纏得太緊而死於高血壓。傅斯年 1950 年 12 月 20 日在臺灣大學校長的任上因腦溢血去世，繆鳳林不過是在屈辱中多苟活了幾年。

繆鳳林抗戰期間關注西北民族語歷史，因胡宗南在西北主政，他多次到那裡講學研究。胡宗南是在 1920 年 7 月到南京高師參加暑期學校時，結識浙江同鄉繆鳳林、張其昀的。1949 年以後，張其昀任臺灣國民黨中央宣傳部部長、教育部部長。繆鳳林也是 1949 年之前公開批評唯物史觀的學者之一，他發表在《中國青年》第 5 卷第 9 期上的《唯物史觀與民生觀》影響很大，曾引起浙江大學校長竺可楨的關注。竺可楨在 1945 年 1 月 23 日的日記中專門記錄了閱讀此文的感受：「批評馬克司唯物論，以辯證法論證解釋，抨擊不遺餘力……中山先生三民主義以民生爲中心，而不以物質爲中心，實遠勝之云云。」〔註54〕

繆鳳林赴臺的眞實原因，目前尚無法查得其主體檔案，只能看到零星的幾頁如白壽彝等人的調查證明材料。學界傳說的原因有兩種：一是南京大學流傳的，說他受邀去主持臺灣省文獻委員會，回來搬家時，卻因南京政權的瓦解而沒能走了。當然這是一種含有政治意味的說辭。另一說辭來自他的學生唐德剛。唐德剛在臺灣《傳記文學》第四十四卷第五期上發表的《〈通鑒〉與我》一文中，轉述近代史專家郭廷以在紐約對他所說的話，說「繆老師曾一度避難來臺。但是在臺灣卻找不到適當工作，結果又返回大陸」〔註55〕。此文收錄在 1991 年 12 月 31 日出版的《史學與紅學》一書中。當學生時常到繆鳳林老師家借書、看書的南京大學蔣贊初回憶說：繆鳳林先生的愛書如命，藏書最多。日本投降後，南京舊書市場那些日本出版的重要學術書刊，大都被他收藏了。他與國民黨政府有些關係，去臺灣之前曾說自己擔心共產黨佔領南京後，這些書郭沫若是要佔用的，所以先把一部分重要的圖書運到了臺

〔註53〕鄭鶴聲：《傅斯年等編著〈東北史綱〉初稿》，《圖書評論》1933 年 7 月 1 日第 1 卷第 11 期。

〔註54〕竺可楨：《竺可楨全集　日記》第 9 卷第 16 頁，上海科學技術出版社，2006 年。

〔註55〕唐德剛：《〈通鑒〉與我》，《史學與紅學》第 238 頁，（臺北）傳記文學出版社，1991 年。

灣。等他再回南京搬家時卻走不掉了。他拒絕到北京華北人民革命大學學習改造，因此就不讓他上課，心情不好，就病倒了。

　　繆鳳林 1949 年短暫到臺灣後返回南京，卻因這段說不清的「大是大非」和 1949 年之前所謂的「反共」言論，被「五人小組」（形式同專案組）監控、調查。在嚴重的政治壓力下中風（腦溢血）。雖然沒有立刻送命，卻因此成了廢人，在病床上躺了幾年，於 1959 年去世（關於去世時間說法不一，兩位南京大學教授回憶時分別說是 1957 年、1958 年；吳宓日記中記錄據繆鉞告知是 1958 年；多家小傳則爲 1959 年。這說明繆鳳林當時已經不受學界重視了）。一個著名的史學教授在最爲成熟的學術年華，學術成果卻爲零。「大書箱」繆鳳林留在大陸的個人藏書捐給了歷史系資料室。我詢問過幾位 1950 年代歷史系的青年教師和學生，他們只知道有他這個病殘的、沒有上過課的前「中央大學歷史系主任、教授」而已，可見他當時的處境是多麼寂寥。

　　繆鳳林在學生時代即得柳詒徵、劉伯明的賞識。劉伯明在中華書局出版的《西洋古代中世哲學史大綱》、《近代西洋哲學史大綱》署名爲劉伯明講，繆鳳林述。繆鳳林是劉伯明課堂授課講義的記錄、整理者。劉伯明英年早逝，繆鳳林隨柳詒徵治史學，他除了短期到東北大學任教外，一生都與南京高師－東南大學－中央大學共榮辱。

　　畢業於中央大學歷史學系的唐德剛十分健談，我們曾於 1992、1993、1995 年三次相聚，我都是整天在聽他講故事，從胡適、李宗仁、顧維鈞、張學良到蔣介石。他自稱是「天子門生」（他說自己是在臺北受蔣介石接見時，當著蔣介石的面說的。因爲自己當年在重慶讀書時蔣介石一度兼任中央大學校長），親切地稱呼我爲「校友小學弟」。1992 年 7 月 3 日在北京，我說很喜歡他在《胡適口述自傳》的注釋中寫到自己隨中央大學流亡重慶沙坪壩時，茶館灶前喝茶神聊，籬笆後院撒尿這段故事。他簽名送我一冊《史學與紅學》，說他還寫到過和繆鳳林教授一起聊天、背《通鑒》、吃燒餅：

　　　　我們沙坪壩那座大廟裏，當時還有幾位老和尚，他們的功夫，
　　可就不是「鬼拉鑽」了。

　　　　在一次野餐會中，我和那位綽號「大書箱」的繆鳳林老師在一
　　起吃燒餅。繆老師當時在沙磁區師生之間，並不太 popular。他食量
　　大如牛，教師食堂內的老師們，拒絕和他「同桌」，所以他只好一人
　　一桌「單吃」。

「進步」的同學們，也因爲他「圈點二十四史」，嫌他「封建反動」。我對他也不大「佩服」，因爲我比他「左傾」。

可是這次吃燒餅，我倒和他聊了半天。我談的當然是我的看家本領「通鑑」。誰知我提一句（當然是我最熟的），他就接著背一段；我背三句，他就接著背一頁——並把這一頁中，每字每句的精華，講個清清楚楚。

乖乖！這一下我簡直覺得我是閻王殿內的小鬼；那個大牛頭馬面，會一下把我抓起來，丟到油鍋裏去。

繆老師那套功夫，乖乖，了得！〔註56〕

傅斯年和繆鳳林在抗戰時期學術活動區域分別屬於昆明西南聯大和重慶中央大學。當然這只是個相對的說辭，考慮到各自學術出身，因爲傅斯年還在宜賓的李莊兼任史語所所長。繆鳳林也常到西北講學考察。唐德剛在《胡適口述自傳》的注釋中特別提到，西南聯大出身的王浩與他出身中央大學的兩人在美國相見時各吹母校。王浩總是說：「你們進去比我們好，出來比我們差。」唐德剛究其原因說是他們同學一半時間在茶館裏喝掉了：

筆者抗戰中期所就讀的大學，是「人間」一壩的沙坪「中大」（那時後方還有「天上」和「地獄」兩「壩」）。可能是因爲地區的關係，全國統一招生，報考「第一志願」的學生太多，沙坪「中大」那時是個有名的「鐵門檻」。要爬過這個門檻，眞要憑「一命二運三風水，四積陰功五讀書」。可是慚愧的是，我們那時的文法科，是個著名的「放生池』」。一旦「陰功」積到，跨入大學門欄，然後便吃飯睡覺，不用擔心，保證四年畢業！

那時的「聯大」據說比我們便好得多了。目前在美國頗有名氣的數理邏輯專家王浩教授，便是與筆者「同年」參加「統考」，進入「聯大」的。當我二人各吹其母校時，王君總是說：「你們進去比我們好，出來比我們差！」筆者細想，按數理邏輯來推理一番，王君之言，倒不失爲持平之論。我想「我們」出來比「他們」「差」的道理，是「我們」四年大學，有一半是在茶館裏喝「玻璃」喝掉了。

當年，「我們」在沙坪壩上課，教授與我們似乎沒有太大關係。

〔註56〕唐德剛：《〈通鑑〉與我》，《史學與紅學》第237～238頁。

他們上他們的課堂，我們坐我們的茶館，眞是河水不犯井水。考試
到了，大家擠入課堂，應付一下。如果有「保送入學」的「邊疆學
生」，或起義歸來的「韓國義士」，用功讀書，認眞地考了個八十分，
大家還要群起訕笑之，認爲他們「天資太差，程度不夠！」

因此要看「天資不差，程度很夠」的高人名士，只有到茶館裏
去找；因爲他們都是隱於茶館者也。其實所謂「沙磁區」一帶的茶
館裏的竹製「躺椅」（美國人叫「沙灘椅」）據說總數有數千張之多。
每當夕陽銜山，便家家客滿。那些茶館都是十分別致的。大的茶館
通常臺前爐上總放有大銅水壺十來隻；門後籬邊，則置有溺桶一排
七八個。在水壺與溺桶之間川流不息的便是這些蓬頭垢面、昂然自
得、二十歲上下的「大學士」、「眞名士」。那種滿肚皮不合時宜的樣
子，一個個眞都是柏拉圖和蘇格拉底再生。稍嫌不夠羅曼蒂克的，
便是生不出蘇、柏二公那一大把鬍子。

諸公茶餘溺後，伸縮乎竹椅之上，打橋牌則「金剛鑽」、「克虜
伯」，紙聲颼颼。下象棋則過河卒子，拼命向前……無牌無棋，則張
家山前，李家山後；飲食男女，政治時事……糞土當朝萬戶侯！乖
乖，眞是身在茶館，心存邦國，眼觀世界，牛皮無邊！

有時橋牌打夠了，飲食男女談膩了，行有餘力，則以學文。換
換題目，大家也要談談「學問」。就以筆者往還最多的，我自己歷史
學系裏的那批茶博士來說罷，談起「學問」來，也眞是古今中外，
人自爲戰，各有一套；從《通鑒紀事》到「羅馬衰亡」。從「至高無
上」到《反杜林論》……大家各論其論。論得臭味相投，則交換心
得，你吹我捧，相見恨晚！論得面紅耳赤，則互罵封建反動，法斯
過激，不歡而散。好在彼此都是臥龍崗上，散淡的人；來日方長，
三朝重遇，茶餘溺後，再見高下……〔註57〕

戰時大後方的教育文化中心有「三壩」之說：重慶沙坪壩、成都華西壩和漢
中古路壩。華西壩因處於天府之國首邑成都，故被譽爲「天堂」；中央大學所
在的沙坪壩，被稱爲「人間」；陝西漢中古路壩因條件較差而被稱爲「地獄」。

看過許多回憶老中央大學的文章，唐德剛的文字亦莊亦諧，可謂美妙絕

〔註57〕唐德剛譯注：《胡適口述自傳》，胡適：《胡適全集》第 18 卷第 289～290 頁。

倫，是眞正的高人大手筆。唐德剛的文風頗似《世說新語》，他與王浩各吹母校時，恰似昔日晉王武子與孫子荊各言其土地人物之美。王曰：「其地坦而平，其水淡而清，其人廉且貞。」孫云：「其山崔巍以嵯峨，其水浹漠而揚波，其人磊砢而英多。」（《世說新語 上卷上德行第一》）。

跋山涉水，我曾到沙坪壩中央大學舊址尋訪，在重慶森林沐浴，聽嘉陵江的水聲，吃火鍋麻辣燙；也曾去西南聯大踏訪，到雲南看水看山看雲，點一碗過橋米線，炒一盤牛肝菌。在我研究胡適的途中遇到了「校友大師兄」唐德剛（擬仿先生的親切稱呼，反倒是覺得更爲敬重），如他當年遇上了胡適，如沐春風，如飲甘露。

學分南北

關於學分南北的史實和細節，我在《「學衡派」譜系──歷史與敘事》一書中已有初步的梳理。學者桑兵、羅志田、陳平原、王汎森、彭明輝等也都從不同的角度，寫過專門的文章。這裡主要是依據新的材料，作進一步的史實整合與學理提升。

1924 年 1 月 7 日，胡適在日記中抄錄了毛奇齡《西河合集》「序」類卷廿四《送潛丘閻徵君歸淮安序》中一段話：「世每言，北人之學如顯處見月，雖大而未晰也；南人之學比之牖中之窺日，見其細而無不燭也。潛丘乃兼之。」接著，胡適寫到：「此說南北之學之分，頗妙。北學多似大刀闊斧，而南學多似繡花針。顏李之學，眞北方之學也。惠戴之學，眞南方之學也。」〔註58〕

錢基博（1887～1957）1926 年 12 月 1 日在爲《國學文選類纂》寫的《總敘》中，對民國初期大學學分南北的局面有如下概括：

> 清廷既覆，革命成功，言今文者既以保皇變法，無所容其喙；
> 勢稍稍衰息矣！而章氏之學，乃以大白於天下！一時北京大學之國
> 學教授，最著者劉師培、黃侃、錢玄同輩，亡慮皆章氏之徒也！於
> 是古學乃大盛！其時胡適新游學美國歸，方以譽髦後起講學負盛
> 名，……於是言古學，益得皮傅科學，託外援以自張壁壘，號曰「新
> 漢學」，異軍突起！……而新漢學，則以疑古者考古……在欲考見「古
> 之所以爲古之典章文物」……萬流所仰，亦名曰「北大派」，橫絕一

─────────────

〔註58〕胡適：《日記 1924 年》，《胡適全集》第 30 卷第 149～150 頁。

世，莫與京也！獨丹徒柳詒徵，不徇眾好，以爲古人古書，不可輕
疑；又得美國留學生胡先驌、梅光迪、吳宓輩以自輔，刊《學衡》
雜誌，盛言人文教育，以排難胡適過重知識論之弊。一時之反北大
派者歸望焉，號曰「學衡派」。世以其人皆東南大學教授，或亦稱之
曰「東大派」。然而議論失據，往往有之！又因東大內畔，其人散而
之四方，卒亦無以大相勝！〔註59〕

錢基博的看法合乎歷史事實，但他進一步將南北差異定位於「人文主義」與
「古典主義」的「義」、「數」之別，則同「學衡派」的吳宓對這兩種主義的
解說相差極大。

錢基博日後對胡適的批評增多，同時也更加犀利。在 1933 年初版，1936
年增訂版的《現代中國文學史》中，他特別強調，早年受梁啓超影響的胡適，
在新文化－新文學運動中得勢後反過來影響了梁啓超。他說：「梁啓超清流夙
望，亦心畏此咄咄逼人之後生，降心以相從。適亦引而進之以示推重；若曰：
『此老少年也！』啓超則彌沾沾自喜，標榜後生以爲名高。一時大師，駢稱
梁、胡。二公揄衣揚袖，囊括南北。……啓超之病，生於嫵媚；而適之病，
乃爲武譎。」〔註 60〕對於錢基博的批評胡適「武譎」之詞，金毓黻表示「誠
爲得當」，但同時認爲胡適在對舊文化的破壞之後另能提出建設的新條件和新
方案，這是錢基博不及胡適之處。因此，金毓黻說錢基博之論「不過快其口
說而已，初非深根寧極之論也」〔註61〕。

抗戰期間，中央大學遷移至重慶，自 1936 年 9 月始，長期任教中央大學
歷史系的金毓黻（1887～1962，爲北京大學文學門 1916 年畢業生）在 1940
年 12 月 31 日至 1941 年 1 月 1 日爲本系 1941 年元月編輯出版的《史學述林》
寫的「題辭」中，對曾經存在的南北史學的差異有明確的回顧性解釋，同時
寄希望於當下的南北融合、溝通：

本校之歷史學系，具有二十餘年之歷史。蓋自南京高師之史地
科，東南大學之史地系，逐漸演變而成，且繼長增高，以至於今日，
甚矣其難也。嘗謂吾國古今之學術，因長江大河之橫貫，顯然有南

〔註59〕 錢基博著、傅宏星編校：《國學文選類纂》第 11～12 頁，華東師範大學出版
社，2010 年。

〔註60〕 錢基博：《現代中國文學史》第 425 頁，華中師範大學出版社，2011 年。

〔註61〕 金毓黻著、《金毓黻文集》編輯整理組校點：《靜晤室日記》第 6 冊 4629 頁，
遼瀋書社，1993 年。

北兩派之差別。先秦諸子，孔、孟居北，而老、莊居南，儒、道二家，於以分途。魏、晉、南北朝之世，經學傳授亦有南、北兩派，頗呈瑰瑋璀璨之光。至唐初《五經正義》成書，而其焰以息。清代學者初有漢、宋二派，繼則經學家有古文、今文之分，宋學及古文學多屬北派，而漢學及今文學多屬南派，皆有顯然之途軌可尋。史學亦然，廿載以往，北都學者主以俗語易雅言，且以為治學之郵，風靡雲湧，全國景從。而南都群彥則主除屏俗語，不捐雅言，著論闡明，比於諍友，於是有《學衡》雜誌之刊行。考是時與其役者多為本校史學科系之諸師，吾無以名之，謂為史學之南派，以與北派之史學桴鼓相聞，亦可謂極一時之盛矣。今校長羅君治西史有聲，曾為北派學者之健將，嗣則來長吾校，將滿十年。向日以為分道揚鑣不可合為一軌者，今則共聚一堂，以收風雨商量之雅。蓋學術以互競而猛晉，譬之江河分流，以俱注於海，其趨不同，而其歸一也。

〔註62〕

雙方想要溝通的努力方向是正確的，但複雜的人際關係和學術觀念的差異所造成的學派分野，卻是一直存在的。

新材料、新問題作為北方學人「預流」的基本要求

　　這裡首先涉及到民國時期的學術評價標準和由誰來設定標準的實際問題。事實上，民國時期的學界，在相當自由的學術環境下，通常是誰掌握了學術的話語權，就由誰來定學術的標準。這在1948年的院士選舉時得到了最為集中的體現。研究新學問，如殷商考古、文字的就有董作賓、李濟、郭沫若三位當選院士。胡適、陳寅恪、陳垣三位的學術工作都涉及敦煌學。其中胡適1926年專門到英、法的圖書館、博物館查閱被斯坦因、伯希和盜買走的敦煌文獻。可以說，民國大學的文史哲研究的學術標準是經由王國維、陳寅恪、胡適、傅斯年共同制定的。此問題我在以往有關胡適的研究論著中已有結論。

　　民國元年，取法西方大學學科與學制的一紙《大學令》（1912年10月24日），將傳統經、史、子、集的學術格局和研究範式整合進「七科」（文科、理科、法科、商科、醫科、農科、工科）之一的文科，同時也將其分解在文

〔註62〕金毓黻著、《金毓黻文集》編輯整理組校點：《靜晤室日記》第7冊第5243～5244頁，遼瀋書社，1993年。

科的文學、史學、哲學、地理學四個學科門類之中。第二年，教育部頒佈的
《教育部令第一號》（1913 年 1 月 12 日）的《大學規程》第二章《學科與科
目》，又將文學門分為國文學（中國文學）、外國文學、言語學。章太炎所謂
的國學（內容包括語言文字、歷史人物、典章制度。他還將其具體分類為經
學、史學、小學、諸子、文學）也被新的學科和科目分解。統一的多民族國
家政治文化建設的需要，使得大學的學術研究和知識傳播成為社會關注的焦
點。正如蔡元培所說的大學要成為「囊括大典，網絡眾家之學府」〔註 63〕。
這也正是北京大學成為新文化－新文學等現代思想策源地的緣由。隨後，清
華國學研究的四大導師，將清華的人文學術研究推向一個新的階段。王國維
從早年的詩詞創作、文學批評轉向國學研究。早在 1911 年《國學叢刊·序》中
他就明確表示「學無新舊也，無中西也，無有用無用也」〔註 64〕。這實際上
是要張揚一種學術獨立和價值中立的學者的立場。

　　1925 年 7 月 27 日上午 9 至 11 時，王國維在清華學校工字廳為學生消夏
團演講，題目是《最近二三十年中國新發現之學問》〔註 65〕。演講的文稿被
包括《學衡》（第 45 期）、《清華周刊》（第 350 期）在內的多家刊物登出，影
響甚大。王國維明確指出：「古來新學問起，大都由於新發見。」自漢以來，
中國學問上的最大發現有三：一為孔子壁中書；二為汲冢書；三則今日殷墟
甲骨文字，敦煌塞上及西域各處之漢晉木簡，敦煌千佛洞之六朝及唐人寫本
書卷，內閣大庫之元明以來書籍檔案，中國境外之古外族遺文。他強調今日
之時代為「發見時代」。

　　隨後，王國維發表《古史新證》的長文，對上古之事中的傳說與史實混
而不分的問題，提出了解決辦法。他說：

　　　　吾輩生於今日，幸於紙上之材料外，更得地下之新材料。由此
　　種材料，我輩固得據以補正紙上之材料，亦得證明古書之某部分全
　　為實錄，即百家不雅馴之言亦不無表示一面之事實。此二重證據法，
　　惟在今日始得為之。〔註 66〕

〔註 63〕蔡元培：《〈北京大學月刊〉發刊詞》，中國蔡元培研究會：《蔡元培全集》第 3
　　　　卷第 451 頁。
〔註 64〕《國學叢刊》第 1 冊，又見《觀堂別集》卷四第 7 頁，王國維：《王國維遺書》
　　　　第 3 冊。上海書店出版社，1996 年第二次影印本。
〔註 65〕吳宓：《吳宓日記》第 III 冊第 49 頁。
〔註 66〕姚淦銘、王燕編：《王國維文集》第四卷第 2 頁，中國文史出版社，1997 年。

王國維的學術敏感力和學術見識是極強的。1899 年王懿榮發現的甲骨文,1900
年王圓籙發現敦煌藏經洞所藏文物,1925 年清室善後委員會公示的大內檔
案,都第一時間成爲他的學術關注重點,並將「新學問」向世人昭示。

　　魯迅、錢玄同作爲章太炎的門生,是從傳統學術領域走出來投身到新文
化陣營的。他們對新舊交替時代的學術有眞切的瞭解。錢玄同在 1937 年爲《劉
申叔先生遺書》寫序時明確指出:「最近五十餘年以來,爲中國學術思想之革
新時代。其中對於國故研究之新運動,進步最速,貢獻最多,影響於社會政
治思想文化者亦最巨。」〔註 67〕從胡適派文人「整理國故」中的「疑古」精
神和科學方法,到清華國學研究院時期王國維、陳寅恪提出「預流」標準和
「二重證據法」(釋證、補證、參證、互證),在北京大學－清華大學形成了
新的學術風尙和研究範式。

　　陳寅恪在《陳垣〈敦煌劫餘錄〉序》中說:「一時代之學術,必有其新材
料與新問題。取用此材料,以研求問題,則爲此時代學術之新潮流。」〔註 68〕
他所說的新材料主要是指殷商考古(甲骨文等)、敦煌文獻和明清內閣檔案。

　　在北京大學,胡適是新的學術思想的倡導者,他以批判的科學的理性精
神爲導向,成爲「二十世紀中國學術思想史上的一位中心人物」〔註 69〕。他
說:「我們的使命,是打倒一切成見,爲中國學術謀解放。」〔註 70〕在整理國
故的過程中他提出「歷史的方法」、「實驗的態度」和「大膽的假設,小心的
求證」,這些都是其治學方法的最簡潔的概括。特別是他所強調的歷史的方法
對「古史辨派」的影響最大,這在顧頡剛的長文《〈古史辨〉自序》中有最爲
明晰的表達。

　　王國維先後擔任過北京大學研究所國學門的通訊導師和清華學校國學研
究院的住校導師,同時也是新的學術典範的開創者和實踐者〔註 71〕。清華研

〔註 67〕錢玄同:《錢玄同文集》第 4 卷第 319 頁,中國人民大學出版社,1999 年。

〔註 68〕陳寅恪:《陳垣〈敦煌劫餘錄〉序》,《學衡》第 74 期,1931 年 4 月。陳寅恪:
　　　　《金明館叢稿二編》第 266 頁,生活·讀書·新知三聯書店,2001 年。

〔註 69〕語出余英時:《中國近代思想史上的胡適——〈胡適之先生年譜長編初稿〉
　　　　序》,胡頌平編著:《胡適之先生年譜長編初稿》第 5 頁,(臺北)聯經出版事
　　　　業公司,1984 年。

〔註 70〕胡適:《日記 1922 年》,《胡適全集》第 29 卷第 725 頁。

〔註 71〕1917 年,胡適考察了上海的出版界後得出的結論是:「文學書內,只有王國維
　　　　的《宋元戲曲史》是很好的。」1922 年 8 月 28 日胡適在日記中寫到中國現今
　　　　的學術界「只有王國維最有希望」。

究院的四大導師中，梁啓超、王國維、趙元任三人是胡適向校長曹雲祥推薦的，陳寅恪與胡適的門生傅斯年是德國留學時的同學（後來又是姻親關係）。王國維進清華是胡適、顧頡剛師生兩人共同推動的。據顧頡剛回憶，推薦王國維入清華的主意是他向胡適提出的〔註72〕。他在 1924 年 12 月 4 日的日記中這樣寫：「寫適之先生信，薦靜安先生入清華。」〔註73〕查胡適的檔案，果然有顧的來信〔註74〕。胡適與傅斯年、羅家倫、顧頡剛、毛子水是最爲親密的師生關係。當年羅家倫畢業出國時，把《新潮》的編輯工作交給顧頡剛，並極力請求胡適幫助顧頡剛畢業後留在北京大學圖書館工作。顧頡剛知道胡適個人的影響力和善於助人的特點，特別是清華校長曹雲祥與胡適有良好的個人私交。他請求胡適出面幫助王國維正符合多方的需求。

這裡有必要簡單敘述一下顧頡剛與王國維的關係。

顧頡剛的日記中記有他 1923 年 3 月 6 日的夢後追記：「夢王靜安先生與我相好甚，攜手而行，同至蔣企鞏家。……我如何自致力於學問，使王靜安先生果能與我攜手耶？」〔註75〕1924 年 3 月 31 日的日記中寫道：「予近年之夢，以祖母死及靜安先生遊爲最多。祖母死爲我生平最悲痛的事情，靜安先生則爲我學問上最佩服之人也，今夜又夢與靜安先生同座吃飯。」〔註76〕

正是出於這樣的心態，顧頡剛於 1924 年 4 月 22 日致信王國維，表示：「擬俟生活稍循秩序，得爲一業專攻，從此追隨杖履，爲始終受學之一人，未識先生許之否也？」〔註77〕可見他想讓胡適舉薦王國維入清華國學研究院也是出於眞心實意。

同時，他對王國維關於《古史辨》的態度也十分重視。1926 年 7 月 30 日張鳳舉告訴他，王國維認爲《古史辨》中「固有過分處，亦有中肯處」〔註78〕。在《古史辨》第一冊出版後顧頡剛所列出的「應贈送至人」〔註79〕中，就有王國維。

〔註72〕 顧頡剛：《我是怎樣編寫〈古史辨〉的》，見顧頡剛：《古史辨》第 1 冊第 16 頁，上海古籍出版社 1982 年版（影印本）。
〔註73〕 顧頡剛：《顧頡剛日記》第一卷第 557 頁，（臺北）聯經出版事業公司，2007 年。
〔註74〕 耿雲志主編：《胡適遺稿及秘藏書信》第 42 冊第 291 頁，黃山書社，1994 年。
〔註75〕 顧頡剛：《顧頡剛日記》第一卷第 333 頁。
〔註76〕 顧頡剛：《顧頡剛日記》第一卷第 471 頁。
〔註77〕 顧頡剛：《顧頡剛日記》第一卷第 479 頁。
〔註78〕 顧頡剛：《顧頡剛日記》第一卷第 773 頁。
〔註79〕 顧頡剛：《顧頡剛日記》第一卷第 799 頁。

王國維的研究方法，陳寅恪在《王靜安先生遺書序》中總結爲：「取地下之實物與紙上之遺文互相釋證。取異族之故書與吾國之舊籍互相補正。取外來之觀念，與固有之材料互相參證」〔註80〕。這是對王國維所提出的「二重證據法」的更爲明晰的演示和總結。同時陳寅恪又在學術研究中提出了以詩證史或史詩互證。因此，我將王國維、陳寅恪的研究方法歸結爲「四個二重證據法」。

受胡、王、陳影響的學生很多，其中顧頡剛、傅斯年通過《北京大學研究所國學門周刊》的《一九二六年始刊詞》（1926 年 1 月 1 日）、《國立第一中山大學語言歷史學研究所周刊》的《發刊詞》（1927 年 11 月 1 日）和《歷史語言研究所工作之旨趣》（1928 年 10 月）等，將自己的學術思想和方法的路嚮明確規定爲：「歷史文獻考證」加「田野調查」。特別是北京大學研究所國學門將國學細化爲文字學、文學、哲學、史學、考古學。後期的清華國學研究院也是循著這個路子。

顧頡剛明確地說明他們的工作就是：到古文化遺址發掘、到民眾中調查搜集方言、到人間社會中采風問俗。這樣就可以打破偶像，擯棄成見，建設「新學問」〔註81〕。這也是傅斯年期待的眞正的「科學的東方學之正統」，從而形成了這樣一種嶄新的學術規範：古代歷史、古文字學研究中地下之物與地上之文互相釋證；音韻學研究中歷史文獻考證與活的方言調查整理相結合；社會史、文明史研究中文獻記錄的雅文化與民間現實存在的俗文化的互相參證，即書寫歷史與口傳歷史的互相參證（如水滸傳故事、妙峰山傳說、孟姜女故事、白蛇傳等）；文史研究中的以詩證史或史詩互證。

1927 年 6 月王國維去世後，陳寅恪在《王觀堂先生挽詞》中特別稱道績溪胡適對王國維的知遇之禮：「魯連黃鷂績溪胡，獨爲神州惜大儒。」1929 年6 月，爲紀念王國維自沉兩週年，清華研究院爲其立碑。陳寅恪在爲王氏寫的碑銘中強調了「獨立之精神」、「自由之思想」對於學術和學者的價值和意義。

應當說，王國維、胡適、陳寅恪、趙元任、錢玄同、黎錦熙、陳垣、李濟、傅斯年、顧頡剛在北方實際上形成了一個重視新材料、新問題的學術共同體。他們分別在北京大學、清華大學、北京師範大學、輔仁大學、中央研究院史語所、燕京大學處於文史研究的中心位置。

〔註80〕陳寅恪：《金明館叢稿二編》第 247 頁。
〔註81〕顧頡剛：《發刊詞》，《國立第一中山大學語言歷史學研究所周刊》創刊號（1927年 11 月 1 日）。

　　在王國維去世後，胡適與陳寅恪的關係呈現出彼此信任和敬重的局面。1940 年 3 月 5 日，中央研究院院長蔡元培病逝香港，院長之空闕急待填補。時任駐美大使的胡適被推舉爲院長候選人之一，國內學術界不少人都認爲院長之位非胡適莫屬。對此，「素不管事之人」的陳寅恪，「卻也熱心」：在 1941 年 3 月，他專程從昆明到重慶參加中央研究院的選舉會議，目的只是爲了投胡適一票。此事傅斯年在信中告訴胡適（「如寅恪，矢言重慶之行，只爲投你一票」），並說：「寅恪發言，大發揮其 academic freedom〔學術自由〕說，及院長必須在外國學界有聲望，如學院之外國會員等，其意在公。」〔註82〕胡、陳彼此的信任，使得他們在 1948 年 12 月 15 日能夠同機離開北平（實際是胡適讓秘書鄧廣銘找到陳寅恪，把陳寅恪帶出北平）。

　　「五四」高潮過後，國文系的吳梅、黃侃，歷史系的陳伯弢（漢章）、朱希祖都相繼離開了北京大學，最後融入東南大學－中央大學。

　　就朱希祖而言，因浙人蔡元培執掌教育部，何燏時出任北京大學校長（1912、12～1913、11），他 1913 年 4 月隨大批章太炎弟子入北京大學爲師，在 1931 年 1 月辭職之前，任北京大學史學系主任長達十年。蔡元培、章太炎都是同盟會成員，是反清的革命黨人。民國初年，浙江籍學人從浙江的多所中學、師範學校進入北京大學，取代桐城派後期學人在北京大學文科掌握的學術話語權。1916 年底，蔡元培執掌北京大學，聘請陳獨秀爲文科學長，隨之陳又聘用胡適，進而 1917 年陳獨秀、胡適主導的新文學運動由此發軔。章太炎弟子中的北京大學教授，除個別人如黃侃外，多數都是新文學運動的積極參與者。作爲史學教授的朱希祖，本來就長期講授中國文學史，研究古典文學。新文學運動高潮時，他積極爲《新青年》寫文章。1919 年 4 月 15 日發行的《新青年》第 6 卷第 4 號上，他發表有《白話文的價值》、《非「折中派」的文學》，與胡適的《實驗主義》，魯迅的《孔乙己》同在一期。在長達十年的史學系主任的位置上，朱希祖對新文化運動和歷史學學科有過建設性的貢獻。但 1930 年 12 月他被史學系的學生以種種理由「驅逐」。複雜的人事關係是一方面的原因，他的保守也是被「驅逐」（被迫辭職）的重要因素。1931 年 10 月，陳受頤任系主任，學術權力逐漸爲胡適派勢力（傅斯年、姚從吾等）所把握。

　　前面曾提到兩個重要的人事變動：胡適與傅斯年聯手上書校長蔣夢麟

〔註82〕　《傅斯年致胡適》，中國社會科學院近代史研究所中華民國史組編：《胡適來往書信選》（中）第 475 頁，中華書局，1979 年。

〔註83〕將馬裕藻（幼漁）逼下臺；姚從吾接替陳受頤出任史學系主任〔註84〕。這些事實充分說明胡適及其學生故舊所形成的學術共同體的實際影響力，以及他們掌握了學術話語權後的現實狀態。

概言之，北方大學人文學術的基本品格明顯昭示爲：獨立之精神，自由之思想的學人品行；學無古今、無新舊、無中西、無有用無用、無左右之分的學術視野和學人胸襟；新材料、新問題作爲「預流」（初果）的學術標杆；大膽的假設，小心的求證的治學態度；注重四個二重證據的治學方法。這些也給民國大學的學術定下了基本的標準。

舊學的繼承與堅守作為「東南學風」的立足點

柳詒徵、王伯沆及東南大學師生所彰顯的反對北京大學主導新文學、新文化運動的學術精神，用梁啓超的話來說就是「從不對於國學輕下批評」的「東南學風」。

梁啓超 1923 年 1 月 9 日在東南大學「國學研究會」做《治國學的兩條大路》的演講時說：「這邊的諸位同學，從不對於國學輕下批評。這是很好的現象。自然，我也聞聽有許多人諷刺南京學生守舊，但是只要舊的是好，守舊又何足病詬？所以我很願此次的講演，更能夠多多增進諸君以研究國學的興味。」〔註85〕柳詒徵在《送吳雨僧之奉天序》中說：「梅子吳子同創雜誌曰《學衡》以詔世，其文初出，頗爲聾俗所詬病。久之，其理益章，其說益信而堅，浮薄怪謬者屏息不敢置喙。則曰，此東南學風然也。」〔註86〕

柳詒徵所說的「東南學風」的形成，原因自然是多方面的。1926 年胡先驌在《東南大學與政黨》一文中特別強調說：「東南大學與政黨素不發生關係。言論思想至爲自由。教職員中亦無黨派地域之別。」東南大學「爲不受政治影響專事研究學術之機關」〔註87〕。這話的另一層含義是批評北京大學與北洋政府及國共兩黨的關係過於密切。

當時的東南大學學生郭廷以（1923～1926 就讀於東南大學），後來成爲近

〔註83〕《傅斯年致蔣夢麟》，中國社會科學院近代史研究所中華民國史組編：《胡適來往書信選》（下）第 531 頁，中華書局，1980 年。

〔註84〕王德毅編著：《姚從吾先生年譜》第 27 頁，（臺北）新文豐出版股份有限公司，2000 年。

〔註85〕梁啓超：《飲冰室合集》第 5 冊第 119 頁，中華書局，1989 年（影印本）。

〔註86〕柳詒徵：《送吳雨僧之奉天序》，《學衡》第 33 期（1924 年 9 月）。

〔註87〕胡先驌：《東南大學與政黨》，《東南論衡》第 1 卷第 1 期（1926 年 3 月 27 日）。

代史學家，曾在口述自傳中這樣說，江謙（易園）是理學家，學問修養都好，很注重培養學生的樸實風氣。「當時學監陳容（主素）和稍晚一點的王伯沆、柳詒徵等都是講理學的先生，循規蹈矩的，無形中養成了南高樸實的學風」〔註88〕。同時，他將東南大學與北京大學比較後得出的結論是：「在精神方面，東大先承江易園先生等之理學薰陶，後繼以劉伯明先生主講哲學之啓發，學生均循規蹈矩，一切都不走極端，既接受西洋文化，亦不排斥我國固有文化，因此學生雖鮮出類拔萃人物，但太差的也沒有，這與北大恰好相反。」〔註89〕

傳統學術所謂經、史、子、集的「四部」之學，轉變爲文、理、法、商、醫、農、工的「七科」之學後，人文學科的大人文優勢，雖然不像理、法、商、醫、農、工那樣是西化的學科設置，仍保留有中國傳統的人文學者文史哲兼通的自身特性，但學科本身屬性上卻發生了重要的質變。現代人文學術和傳統人文學術的重要區別在於科學、民主觀念的彰顯。代表傳統學術向現代新學術轉變並爲之確立學術範式的王國維、陳寅恪本是吳宓拉進《學衡》雜誌的「學衡派」的成員，但他們的學術工作卻和北方現代新學術的重要人物胡適有思想、方法上的共性。王國維的學術工作在章太炎、黃侃看來就是新學。儘管王國維不主張將學術分出個新舊、中西、有用無用來，但他在章黃學派看來仍然是胡適的同類。章太炎不相信甲骨文，黃侃也曾嘲笑王國維求新〔註90〕。

王伯沆以講授「四書」著名，人稱「王四書」。同時他又以繼承明清以來的評點學見長，不做長文或專門著作。他如一生閱讀 20 遍《紅樓夢》，留下的只是在原書上的評點、批註。柳詒徵以史學見長，他的學術精神基本上是傳統的繼承，在方法上僅吸收了由歐洲傳入日本的宏觀寫史之法。他的《歷代史略》就是「根據日本那珂通世的《支那通史》增刪而成」〔註91〕。胡適在肯定他的《中國文化史》是「開山之作」、承認他所開的「文化史」體例的同時，也指出

〔註88〕 郭廷以口述、張朋園等整理：《郭廷以口述自傳》第 83 頁，中國大百科全書出版社，2009 年。
〔註89〕 郭廷以口述、張朋園等整理：《郭廷以口述自傳》第 91 頁。
〔註90〕 黃侃：《黃侃日記》第 302 頁，江蘇教育出版社，2001 年。
〔註91〕 區志堅：《歷史教科書與民族國家形象的營造：柳詒徵〈歷代史略〉去取那珂通世〈支那通史〉的內容》，收入冬青書屋同學會編：《慶祝卞孝萱先生八十華誕——文史論集》，江蘇古籍出版社，2003。劉龍心在《學術與制度：學科體制與中國史的建立》第 93 頁中也指出：「柳詒徵的《歷代史略》改寫自那珂通世的《支那通史》，除了元、明兩卷爲柳詒徵所增輯外，大體上只有章節標題有所更動而已。」（臺北）遠流出版事業有限公司，2002 年。

其中的新材料不夠。胡適以自己「疑古」的立場批評柳詒徵由「信古」的立場
所導致的對甲骨文、金文等可信史料的抵制。他說：「近年新舊石器時代的文化
都有多量的發現，殷墟史料的研究也有長足的進步，金文的研究也同時有不少
的新成績，這都是《學衡》雜誌時代所能預料的。」〔註92〕柳詒徵的史學觀和
學術方法的影響主要在南京高師－東南大學時期，他的學生繆鳳林、劉掞藜繼
承了他的學統。柳詒徵與劉掞藜師徒的歷史觀和治史方法都十分相似。繆鳳林
喜好寫通史通論。劉掞藜的《史法通論》則與柳詒徵史學原理多有相同之處。
他在《史地學報》上發表的《史法通論——我國史法整理》一文，對「史法」
的論述分爲：弁言、史學、史識、史體、通史、史限、詳略、史才、史文、史
德、自注、史論、史稱、闕訪、史表、史圖、紀元、敘源、句讀〔註93〕。柳詒
徵1940年代在重慶中央大學講學的講義出版時名爲《國史要義》，其中十部分
的章節是：史原、史權、史統、史聯、史德、史識、史義、史例、史術、史化
〔註94〕。師生兩人頗多相同之處由此可見一斑。

　　前面討論南北對立時引用的顧頡剛日記，是說他對東南大學－中央大學
柳詒徵的弟子張其昀、陳叔諒表示過不滿。〔註95〕

　　掌握新材料，提出新問題，是學術增長的重要條件。相對於北京大學、
清華大學的學術研究，中央大學研究精神上的「略有欠缺」和研究「風氣不
盛」，還另有原因。這就是1927年首都南遷後，中央大學的教授「近官」。1930
年代關於「京派」與「海派」之爭時所謂的「京派」近官，「海派」近商之說，
是有特指的時段。南京成爲國民黨政府首都之後，北京大學與中央大學的地
位和優勢正好顛倒過來，眞正「近官」的則是中央大學、中央政治學校的教
授。東南大學畢業生，後爲中央大學教授的郭廷以在口述自傳中承認：「戰前
四五年間，全國的教育、學術進步很快，這應歸功於教育部長朱家驊。待遇
提高，中大教員都是規規矩矩的教書，但論研究精神則略有欠缺，這是因爲
課多而且接近政府的緣故，許多教員混資格『做官』去了，所以趕不上清華。
清華安定、條件好。周炳琳就說過『中大是不錯，但好像是缺少甚麼，研究
風氣不盛。』」〔註96〕

〔註92〕胡適：《評柳詒徵編著〈中國文化史〉》，《胡適全集》第13卷第151頁。
〔註93〕《史地學報》第2卷第5、6期。
〔註94〕柳詒徵：《國史要義》，華東師範大學出版社，2000年。
〔註95〕顧頡剛：《顧頡剛日記》第四卷第53頁。
〔註96〕郭廷以口述、張朋園等整理：《郭廷以口述自傳》第145頁。

抗戰勝利後中央大學文史學科的情況，夏鼐在 1947 年 9 月 28 日的日記中有記錄。他轉述了中央大學歷史系主任賀昌群對中大歷史系的看法：「上午至賀昌群君處閒談。關於擔任考古學課程事，已加辭謝。賀君談及中大教授，對於東南派頗表示不滿，謂文史方面柳詒徵門下三傑，龍（張其昀）、虎（胡煥庸）、狗（繆鳳林），皆氣派不大，根柢不深；現下之『學原』，乃『學衡』之復活，然無梅光迪、吳雨僧之新人文主義爲之主持，較前更差。」〔註 97〕「學原」即南京新創刊的《學原》雜誌。因爲賀昌群本人曾就讀於滬江大學，在商務印書館與一批新文學作家爲友，之後又到北京大學從事當時顯學的敦煌研究。他雖長期在中央大學歷史系任教，但他的學術思想一直沒有融入中大。夏鼐畢業於清華大學歷史系，又留學英國，歸國後在中央研究院歷史語言研究所任職，他的學術傳承是屬於北派的。柳詒徵門下三傑：張其昀 1949年去臺灣，利用從政的有利條件，創辦中國文化大學；胡煥庸 1953 年調到華東師範大學，曾因提出中國人口的地域分佈以璦琿—騰沖一線爲界而劃分爲東南與西北兩大基本差異區而聞名，且高壽；只有繆鳳林的個人命運最慘。

在新舊文學之爭中，南北的差異性表現得更爲明顯。「學衡派」和章門弟子把持南京高師－東南大學到中央大學的校園，不允許新文學進課堂。文史專業的大多數教授課餘迷戀詩酒。這裡所說的詩，實際上是傳統意義上詩詞曲。原南京高師－東南大學唯一寫白話新詩的教授陸志韋 1927 年離開南京到燕京大學去了，寫白話新詩的宗白華也擱筆了。在外文系執教的兩位新月派詩人徐志摩、聞一多也只是匆匆過客。他們在文史專業保守國學的強勢話語壓力下，從不敢在中央大學聲張白話新文學。清華大學、武漢大學、北京大學、北平師範大學、青島大學、山東大學、四川大學的國文系都開始有專門講授新文學的課程，而中央大學直到 1949 年，都始終沒有讓「新文學研究」這門課進入課堂。而且，在戰時重慶中央大學親近新文學的教授楊晦、吳組緗、朱東潤在 1946年秋中央大學南京復校時，還都被解聘了。前面引用中央大學畢業生錢谷融在《我的老師伍叔儻先生》〔註98〕一文中的說辭已頗能說明問題。

學風的差異，與師資有很大的關係。做過短暫的浙江教育廳廳長、國民黨中央政府教育部長之後，蔣夢麟於 1930 年至 1937 年 7 月，第二次出任北京大學校長。他對文科師資的聘任，多是聽胡適、傅斯年師徒兩人的意見。

〔註97〕夏鼐：《夏鼐日記》（王世民、夏素琴等整理）卷四第 144～145 頁，華東師範大學出版社，2011 年。

〔註98〕錢谷融：《閒齋憶舊》第 144 頁，上海人民出版社，2008 年。

餘姚人蔣夢麟曾在紹興求學，與蔡元培有鄉誼之情，他接替蔡元培出任北京大學校長的時間最長。他與胡適又是哥倫比亞大學的同學。1934 年，胡適在準備聘任兼通中西文學的朱光潛、梁實秋之前，先行解聘了多年無學術成果的中國文學教授林損、許之衡。蔣夢麟在《憶孟真》一文中寫道：「當我在民國十九年回北京大學時，孟真因為歷史研究所搬到北平，也在北平辦公了。九·一八事變後，北平正在多事之秋，我的『參謀』就是適之和孟真兩位。事無大小，都就商於兩位。他們兩位代北大請到了好多位國內著名教授。北大在北伐成功以後之復興，他們兩位的功勞，實在是太大了。」〔註 99〕

　　傳統國學中的「經學」和語言文字，即所謂的「小學」（形、聲、義——文字、音韻、訓詁）研究，一直是「章黃學派」的強項，並在中央大學文科形成了勢力。當然，中央大學的保守勢力也非鐵板一塊，而是同中有異，或同而不和。除了胡小石重視甲骨文外，中央大學文史專業的其他教授都不染指。這是「小學」與甲骨文這門「新學」之間的學術屏障。胡小石有過 1920～1922 年出任北京女子高等師範學校國文系教授兼系主任的特殊經歷。這段北京生活，他對新發現的被王國維稱之為「新學問」的甲骨文的接觸和重視，改變了他治學的方向。1925 年 9 月回到南京任金陵大學國文系教授兼系主任後他開始講授甲骨文，後寫成《甲骨文例》一書。1927 年 8 月改任新成立的第四中山大學教授後（次年改為中央大學），他一直堅持這一研究，並延伸到金文，作《金文釋例》。在日後黃侃與吳梅的矛盾衝突中，他站在吳梅一邊。這樣在中央大學的文史教授中實際上形成章黃弟子與吳、胡的兩派勢力衝突。雙方矛盾、衝突的焦點是治「經學」、「小學」的黃侃對吳梅詞曲之學的鄙視（「黃季剛先生曾譏諷曲學為小道，甚至恥與擅詞曲的人同在中文系當教授，從謾罵發展到動武」）〔註 100〕和對胡小石研究甲骨文（「新學」）的排斥。

　　「五四」高潮時的 1919 年 7 月底，黃侃離開北大到武昌高師任教；1928年黃侃到中央大學執教。被胡適、傅斯年的勢力擠出北京大學歷史系的朱希

〔註 99〕蔣夢麟：《西潮·新潮》第 332 頁，嶽麓書社，2000 年。
〔註 100〕袁鴻壽：《吳瞿安先生二三事》，《學林漫錄》第三集第 8 頁，中華書局，1981。
　　　　袁鴻壽所說「黃侃與系主任汪東都是章門弟子，自然瞿安先生處於下風」。在《瞿安日記》中得到證實。吳梅說：「蓋旭初與季剛，同為太炎門人，吾雖同鄉，不及同門之誼，萬事皆袒護季剛。」1934 年 11 月 4 日，金陵大學研究班學生宴請老師，席中吳梅遭黃侃「破口大罵」，和「天下安有吳梅」羞辱。使得胡小石攘拳而起，欲打抱不平。事後胡小石仍表示與黃侃「須有一決鬥也」。見吳梅：《吳梅全集·瞿安日記》第 490 頁，河北教育出版社，2002 年。

祖 1934 年春也到了中央大學。黃侃以「小學」的音韻、訓詁和「經學」見長。他和同門朱希祖、汪東在南京中央大學時期是章黃學派的重要力量。他們與蘇州章太炎的「章氏國學講習會」互動，形成了 1930 年代前期東南文化保守的氣象，並呈現出學分南北的局面。

蔡元培、章太炎同爲反清革命的同盟會成員，也是浙江同鄉。革命之初的文化觀念趨同，但民國新建，特別是新文化運動開始之後，二人的文化觀念便呈現出巨大的差異。前者爲新北大的保姆，積極支持新文學運動，並以兼容並包、學術自由的理念扶植學術。相反，早年還寫作白話文的章太炎，晚年則趨向保守，不近新學，尤其排斥甲骨文。據《黃侃日記》所示，黃侃晚年對甲骨文的看法有所轉變，購買了多種有關甲骨文的書，但多沒有來得及讀。楊樹達在《積微翁回憶錄》1936 年 12 月 27 日的日記中記有：「林景伊來，告余云：黃季剛於沒前大買龜甲書讀之。嘗語渠云：『汝等少年人盡可研究甲骨，惟我則不能變，變則人將詆譏我也。』……余謂，季剛始則不究情實，痛詆龜甲，不免於妄；繼知其決非僞物，則又護持前錯，不肯自改，又不免於懦矣。」〔註 101〕楊樹達敬重黃侃在傳統的「經學」、「小學」研究中的見識，曾特別讓其侄子楊伯峻到黃侃那裡拜師求學。但他對黃侃嘲弄王國維學問求新這一點，則表示了極大的不滿。他在 1944 年 1 月 19 日的日記中寫道：「讀王靜安《爾雅草木蟲（魚鳥）獸釋例》，穿穴全卷，左右逢源，千百黃侃不能到也。」〔註 102〕

東南大學－中央大學文化保守的勢力，主要是章太炎弟子、原南京高師文史地專業柳詒徵師徒和「學衡派」成員梅光迪、吳宓三股力量的聚合，其中梅、吳所在的時間較短。而柳詒徵師徒本有自己的刊物《史地學報》作爲學術陣地，在《學衡》創刊後也加盟「學衡派」。「學衡派」勢力 1924 年在東南大學分裂後，柳詒徵師徒則延續「學衡派」的實際影響力，在中央大學和浙江大學分別以《國風》、《思想與時代》、《史地雜誌》，（幾個刊物的作者實際上是一批師生，是南京高師－東南大學時期《史地學報》、《學衡》的作者）群聚人氣，將「學衡派」的文化精神發揚光大。

〔註 101〕楊樹達：《積微翁回憶錄·積微居詩文鈔》第 126 頁，上海古籍出版社，1986 年。
〔註 102〕楊樹達：《積微翁回憶錄·積微居詩文鈔》第 208 頁。

第六章　古典現代

從國語統一到文學教育

時值晚清，與西方強大軍事入侵相伴隨的是文化的衝擊，從技術、器物漸進入道統，傳統中國的文化教育也面臨效法、學習外國的重大選擇。選擇一開始也許是不得已的，但大勢所趨，強國先強體，強體先立人的基本理念，士大夫還是在陣痛中很快接受了。立人的最爲有效的辦法是興辦教育。於是，沿海口岸和一些經濟文化發達的省份，興學之風日盛。在西方傳教士六大教會辦學的影響下，政府自己所創辦的大學僅有天津的北洋大學堂、上海的南洋公學、北京的京師大學堂、濟南的山東大學堂、太原的山西大學堂。特別是 1905 年科舉的廢止，傳統私塾、書院式的教育方法，被新式的公民學校逐步取代。

1898 年創建的京師大學堂，在 1912 年 5 月（中華民國元年 5 月）改名爲國立北京大學。此時正值中華民國新建，統一的多民族國家的嶄新體制，爲現代大學的確立帶來了前所未有的機會。大學的命運與一個新興的民族國家的重建息息相關。北京大學成爲現代學術和現代思想傳播的重鎮，同時也引發了新文學運動，隨後又推動了大學的新文學教育。

1920 年 12 月 7 日，由民國政府國務會議通過，設立國立東南大學。1922 年 1 月《學衡》創刊，東南大學反對北京大學的新文化－新文學的勢力公開登臺亮相，大旗高樹。南北兩所國立大學間的文學創作和文學教育出現了明顯的差異，其大學精神和學術理念也開始顯示出激進與保守的文化態勢，並呈現出學分南北的局面，同時影響到 1949 年以前近三十年的大學文學教育。

　　民國初建，一個在漢民族之外還有數以十計的少數民族共同組成的多民族國家的文化統一，當務之急是語言的統一。武力的統一和政治經濟的統一都可以一蹴而就，唯獨語言的統一需要一個相當長的漸進的教育過程，往往需要幾代人的努力。所以從民國初年的「讀音統一會」到 1917 年底「國語統一會」的籌備，都是在爲語言統一尋找積極的路徑。「語言是造成民族的一種自然力量」〔註1〕，這句話是 1930 年 2 月國民黨中央執行委員會令教育部通飭全國中小學校在最短期間，屬行國語教育時所列舉的重要理由〔註2〕。這說明，此時的「國語統一」主要依靠教育法令和教科書來保障，這是統一的多民族國家的社會化的全民教育行爲。

　　1915 年，在美國的中國留學生中，胡適爲美東中國學生會「文學科學研究部」年度論題《中國文字問題》提交的報告是《如何可使吾國文言易於教授》，由此引發有關「文學革命」的討論。文學革命從文言－白話的形式變革，到思想新質的內容呈現。特別是「國語統一」原本是統一的多民族國家重建過程中，與「統一度量衡」並重的「車同軌，書同文」的組成部分，它實爲文化統一的國策大計，又是百年樹人的直接工具，因此被整合進民國文化教育的主流意識形態之內。而「文學革命」是繼「國語統一」這種工具變革之後，思想變革的急速跟進，同時又在相輔相成中將「國語」的實力突顯，使得語言的形式與文學的內容有機融合。「國語統一」與「文學革命」的合流，促使文學迎來了白話文時代，教育的普及也因此展開。當新文學運動開展十年之後，新文學教育也順勢被提到大學、中學、小學的議事日程，即新文學進入課堂。

　　當然，民國大學的文學教育，並非新文學的天地。大學教授中新文學作家只是少數。文學教育實際上包括文學創作、批評鑒賞、文學史研究、文學翻譯四個方面。就文學創作而言，在大學的文學空間裏，是白話詩文與舊體詩詞曲共存的國文系、外文系和哲學系。新文學作家（詩人、小說家、劇作家）也主要在這三個系裏。北京大學、清華大學、燕京大學、北京師範大學

〔註 1〕　《教部通令中小學校勵行國語教育——禁止採用文言教科書，實行部頒國語標準》，1930 年 2 月 3 日《民國日報》。引自《胡適全集》第 31 卷第 604 頁黏貼的剪報。安徽教育出版社，2003 年。

〔註 2〕　《教部通令中小學校勵行國語教育——禁止採用文言教科書，實行部頒國語標準》，1930 年 2 月 3 日《民國日報》。引自《胡適全集》第 31 卷第 604～605 頁黏貼的剪報。

等北方大學所謂的「新」，主要表現在師生對新文學創作、新文學批評的熱情支持和參與，同時也培育了一代又一代新文學作家。而代表南方學術實力的東南大學－中央大學的所謂「守舊」，主要是該校教授對新文學的排斥、批評。在不允許新文學進課堂的同時，是師生們集體性地對舊體詩詞曲的堅守。在這樣的大環境下，新文學創作只是極少數學生的個人行為，或校外的文學結社活動（如「土星詩社」）。

東南大學－中央大學師生堅守文學的古典傳統

在晚清的排滿革命運動中，以章太炎為首的革命派，強調並提升了漢語言文字的特殊地位，使之成為民族革命的一種文化力量和鬥爭策略。進入民國，特別是五四運動之後，以白話為主體的「國語統一」和「文學革命」，極大地消解了「章黃學派」的地位和學術範式。1928 年黃侃到中央大學後對傳統「經學」、「小學」的堅守和章太炎始終排斥甲骨文，都是文化守成的明顯實例。從「文學革命」到「革命文學」，文學的性質發生了本質的變化。文學之用，被當成了湧動的新的意識形態主導下革命鬥爭的工具。周作人在《中國新文學的源流》一書中把這種變化概括為「從反載道始到載道終」，是文學運動過程中「言志」與「載道」的輪迴。

1921 至 1922 年間、1934 年間中國文學界和教育界兩次公開主張復活文言文、反對白話文的肇始者都是在南京活動的，是以東南大學－中央大學的教授、學生為主力，並且多為「學衡派」的成員。也就是說，北洋政府教育部 1920 年 1 月 24 日關於全國各國民小學先將一、二年級的國文改為語體文的通令，和 1930 年 2 月南京國民黨中央政府教育部奉國民黨中央執行委員會的指令，通令全國屬行國語教育的電文（通令的公文也是第一次改用白話文），對於東南大學－中央大學的保守勢力沒有實際的作用。當然，這也從另一個方面，說明民國的大學教授享有相對的言論自由和學術自由，因為他們一直在為追求教育獨立而不懈努力。

邵洵美留學英國時，因假期到法國遊玩，與謝壽康、徐悲鴻、張道藩相識，四人義結金蘭。回國後他的三位弟兄都進入大學或民國的政府體制內就職（徐為中央大學美術系教授。張為青島大學教務長，後從政。謝為中央大學文學院院長，後為外交官，駐外使節），而他自己則特立獨行於上海文壇。1935 年《人言週刊》第 2 卷第 46 期的「藝文閒話」專欄登有邵洵美的《青年

與老人》一文，他提供了一位美國記者在中國旅行後的觀察結果——對各大城市的印象：

> 南京：青年＝老人
> 北平：老人多，青年少
> 上海：青年多，老人少
> 杭州：青年在湖裏，老人在家裏
> 蘇州：青年在家裏，老人在茶館裏
> 天津：青年在報館裏，老人在衙門裏〔註3〕

這一方面是所謂的「朝氣」和「暮氣」的顯示，同時也是地域政治文化和文學思想空間的展示，是民國的文學地理，形象的文學地圖。作爲中華民國首都的南京城給人的感覺是：青年等於老人。從 1930 年代南京文壇的實際狀況來看，的確有歷史和地域文化的特殊原因。

事實上，就南京與文學的關係，文學史家已多有論及。長期在南京執教的胡小石（兩江師範學校校長李瑞清的門生）有專門的《南京與文學》一文。他指出：「南京在文學史上可謂詩國。尤其在六朝以後建都之數百年中，國勢雖屬偏安，而其人士之文學思想，多傾向自由方面，能打破傳統桎梏，而又富於創造能力，足稱黃金時代，其影響後世至巨。」胡小石特別列出南京對文學的眞正創造性貢獻有四個方面：

> 山水文學。
> 文學教育，即文學之得列入大學分科。
> 文學批評之獨立。
> 聲律及宮體文學。〔註4〕

這裡我著重引述他對所謂的「文學教育，即文學之得列入大學分科」之說。胡小石引用《宋書·雷次宗傳》的記載，說宋文帝元嘉十五年（438）在北郊雞籠山（今之北極閣）開四館教學，以雷次宗主儒學，何尚之主玄學，何承天主史學，謝元（謝靈運從祖弟）主文學，此爲宋之國學。此前，文學在國家大學中無地位。這次開四館，可爲世界分科大學之最早者。以文學（詩賦）與儒學（經學）平列，又爲文學地位增高之新紀錄，因此胡小石認爲「此與唐代自開元起以詩取進士，有同等重要」〔註5〕。

〔註3〕 邵洵美：《不能說謊的職業》第 155 頁，上海書店出版社，2008 年。
〔註4〕 胡小石：《胡小石論文集》第 139 頁，上海古籍出版社，1982 年。
〔註5〕 胡小石：《胡小石論文集》第 141 頁。

　　但 1917 年以後的情形卻有悖南京在文學上開風氣之先的歷史傳統，陷入了文化保守的尷尬境地。尤其是在大學教育中，許多年間，東南大學－中央大學的文學教授不允許新文學進大學課堂，唯一寫作白話新詩的心理學教授陸志韋，在不被理解和非議中，於 1927 年北上執教燕京大學。原本在上海寫作白話新詩的宗白華，留學德國歸來執教中央大學後也不再寫新詩了。學生中後來成為新文學作家的，其新文學的寫作時齡也較短，能夠堅持下來的更少。他們的名字依次是顧仲彝（1923 屆，英文科）、侯曜（1924 屆，教育專修科。在校組織東大戲劇研究會東南劇社）〔註6〕、濮舜卿（？政治經濟系）、盧前（1927 屆，國文系）、陳楚淮（1929 屆，外文系）、汪銘竹（1931 屆，哲學系）、關露（1931 屆，國文系）、常任俠（1931 屆，國文系）、陳夢家（1931 屆，法律系）、方瑋德（1932 屆，外文系）、沈祖棻（1934 屆，國文系）、蘇青（1935 年外文系肄業）。所列時間是畢業或肄業時間。這些當年的學子，最初是新文學中人，後來盧前、常任俠、沈祖棻都轉向寫作舊體詩詞，研究古典文學、藝術學，陳夢家研究甲骨文。幾乎沒有一個將新文學創作堅持下來。

　　前面徵引過中央大學畢業生錢谷融在《我的老師伍叔儻先生》〔註7〕一文中的說辭，即中央大學中文系一向是比較守舊的，只講古典文學，不講新文學。大學校園裏排斥新文學的一批教授和學生，堅守中國文人詩賦詞曲生活化的傳統，熱衷於遊山玩水、宴請雅集時作詩作詞（「禊社」、「上巳社」、「梅社」、「潛社」、「如社」）。詩（「禊社」、「上巳社」）、詞（「梅社」、「如社」）、曲（「潛社」）各有側重，和而不同。東南大學－中央大學教授王瀣、吳宓、胡先驌、黃侃、汪東、吳梅、汪辟疆、胡小石、胡翔東、王易等都留下了大量的舊體詩詞曲。同時還留下有師生結社的刊物：《潛社詩刊》、《潛社詞刊》、《潛社詞續刊》、《潛社曲刊》、《潛社匯刊》、《如社詞鈔》。

　　影響力更大的其實是中央大學教授與社會名流的修禊聯句，這在中央大學師生中曾有過長時間的文學迴響。我把這一現象稱之為文學的古典主義的復活〔註8〕。南京山水相依，江河湖城掩映生境，廟宇樓臺絲竹不絕。玄武湖、雞鳴寺、臺城、清涼山、石頭城、古林寺、烏龍潭、夫子廟、秦淮河、燕子磯等地，是中央大學師生修禊聯句的好去處，也留下了大量詩作為後人樂道。

〔註6〕 彭富春：《侯曜考據研究》，《南京社會科學》2006 年第 6 期。
〔註7〕 錢谷融：《閒齋憶舊》第 144 頁，上海人民出版社，2008 年。
〔註8〕 沈衛威：《文學的古典主義的復活》，《文藝爭鳴》2008 年第 5 期。

1928 年 2 月黃侃到南京時，他的同學汪東爲國文系主任，南京也多舊好朋友。他是「襖社」的主要組織者和參與者。4 月 3 日（農曆戊辰閏二月十三日）他與汪旭初等九人泛舟玄武湖看桃花時，詩興大發，並產生了結社的想法，且得到同人的響應。22 日是農曆的上巳節。他與王易、王瀣、汪東、胡小石、汪長祿（友箕）、汪辟疆等人玄武湖（北湖、後湖）襖集，有《戊辰上巳北湖湖神祠樓修襖聯句》問世：

> 佳辰晴朗疾亦蹇（侃），相攜北郭尋春妍（易）。
> 平湖落照沙洲圓（瀣），新荷出水才如錢（東）。
> 蟠紅顧青迎畫船（煒），清遊俊語皆淵玄（不羨仙）（祿）。
> 就中仲御態最便（辟），或談史漢如茂先（侃）。
> 蘭亭嘉會堪溯沿（易），風日懷抱今猶前（瀣）。
> 亦有修竹何便娟（東），羽觴流波安足賢（煒）。
> 登樓極目平蕪鮮（祿），柳花密密吹香綿（辟）。
> 遊絲牽情慾到天（侃），遠山窺人應靦然（易）。
> 山莽僧解折竹煎（瀣），題名掃壁龍蛇顛（東）。
> 擲筆大笑驚鷗眠（煒），人生何必苦拘攣（祿） ？
> 尺牘取半亦可憐（辟），焉用蒿目憂戈鋌（侃）。
> 浩歌歸去徐扣舷（易），煙水葭菼延復緣（瀣）。
> 落霞如綺明微漣（東），夕嵐嫵嫵難籠懸（煒）。
> 今日之樂非言宣（祿），休文率爾聊成篇（辟）。〔註 9〕

從此，以黃侃爲首的結社集會，分韻聯句成爲南京中央大學教授時常進行的文人活動。據《黃侃日記》和《黃侃年譜》、《吳梅日記》所示，僅 1928 年在南京的這種活動有多次。如：

5 月 6 日，青溪集會。

5 月 20 日，玄武湖集會。賦七言古詩。

5 月 25 日，社集。有陳伯弢新加入。以咸、銜、嚴、凡韻聯句。

6 月 3 日，社集，有王瀣、汪東、胡小石、汪辟疆、陳伯弢等，柳翼謀新加入。先後遊梅庵、掃葉樓、石頭城等名勝。約各做五律二首。

〔註 9〕 胡小石：《願夏廬詩鈔》，《胡小石論文集》第 239 頁，上海古籍出版社，1982。司馬朝軍、王文暉：《黃侃年譜》第 244～245 頁所錄此詩文字上有不同，個人所署名或字號也不同，但作者無誤，湖北人民出版社，2005 年第 2 版。

　　6 月 24 日，社集，遊孝陵等地，有陳伯弢、胡小石、汪辟疆等參加，連句紀遊詞及詩。

　　7 月 2 日，遊玄武湖，與汪東連句，和白石《鬧紅一舸》詞。

　　12 月 2 日，遊古林寺。與王易、汪東、汪辟疆聯句。此次《遊古林寺聯句》在《汪辟疆文集》中有存錄十六首〔註10〕，1941 年 5 月 31 日，金毓黻在重慶以「季剛先生遺詩及詞」為名收錄入《靜晤室日記》〔註11〕。《黃侃年譜》匯校收錄：

　　　　城西見說古林幽（一作寺）（黃侃季剛），暇日招邀作俊遊（汪東旭初，一作王易曉湘）。一片疏林萬竿竹（王易曉湘，一作汪東旭初），目（一作日）成先與釋千憂（汪辟疆）。

　　　　野色荒寒卻入城（季剛），陂陀高下總難名（辟疆）。經霜紅葉知多少（曉湘），只傍歸雲一帶明（季剛）。

　　　　弄暝慳晴亦自佳（辟疆），不因人熱證高懷（曉湘）。凡人識得山林趣，布韈青鞋便可偕（旭初）。

　　　　金粉南朝一掃除（旭初），寒林敗蘀日蕭疏（季剛）。相奉莫作新亭泣（曉湘），但道江山畫不如（辟疆）。

　　　　頻年梵宇幾蒿萊（季剛），古寺偏能避劫灰（辟疆）。留得城西荒寂景，盡教詞客一徘徊（季剛）。

　　　　清新不減青玉案，瘦硬還宜金錯刀（旭初）。應為古林添掌故，莫（一作英）辭妙墨兩能豪（辟疆）。

　　　　佛火青熒照誦經（季剛），禪關知隔幾重扃（曉湘）。他生更結魚山願，梵唄從教夢（一作靜）裏聽（旭初）。

　　　　蜿蜒細路入修篁（季剛），清淺寒流滿野塘（季剛，一作旭初）。只覺兒童看客喜（辟疆），豈教（一作知）魚鳥（一作鳬）笑人忙（季剛）。

　　　　漫雲天險限華夷（曉湘），蕃落零星類置棋（季剛）。勝絕林巒孤迴（一作回）處（辟疆），蜂房雁戶也相宜（旭初）。

〔註10〕汪辟疆：《汪辟疆文集》第 863～864 頁，上海古籍出版社，1988 年。
〔註11〕金毓黻著、《金毓黻文集》編輯整理組校點：《靜晤室日記》第 6 冊第 4726～4727 頁，遼瀋書社，1993 年。

清磬一聲山鳥驚（旭初），石頭城角暮寒生（季剛）。經行似入雲林畫（辟疆），清絕猶嫌畫不成（季剛）。

華嚴岡畔晚煙低（旭初），咫尺歸雲路易迷（辟疆）。千遍徘徊應有謂，他年認取古城西（季剛）。

小築偏居世外天（曉湘），不須曆日記流年。誰知竹樹陰森處（季剛），只在風塵瀕洞邊（辟疆）。

此地眞疑盤谷隱（辟疆），他年應伴草堂靈（曉湘）。無多好景供排闥（辟疆），要放鍾山一角青（曉湘）。

寫景誰如柏梘文，黃山遺集付斜曛（季剛）。百年好事來吾輩，相約團瓢訪隱君（辟疆）。

世亂豈妨人作樂（旭初），山深不礙我尋幽（曉湘）。青苔寺裏僧何在？黃葉聲中客獨留（季剛）。

偶從林壑得天眞（旭初），勝侶連袂發興新（曉湘）。向晚衝寒歸路遠（辟疆），驂衢廣廣正無人（季剛）。〔註12〕

特別是「六朝松」，作爲南京文人的精神圖騰，成爲文人聚會時通常要拜謁的一大景觀，並常常出現在詩作中。這裡僅舉黃侃的一首詩，因爲他在這首詩中，將「六朝松」與南京詩人群體連爲一體：

名爲六朝松，誰知眞與假。松既不自知，我豈知松者。六朝松
陳君信耆宿，考訂老常勞。江山挺雄俊，科第困英豪。陳伯弢先生
王君有道者，心寬輕境促。既擅談天口，復有尋山足。王伯沆君
王君敦內行，常有鶴原悲。四海一子由，此外知心誰。王曉湘
我愛小孤山，突兀江流裏。借問去君家，水程可幾里。汪辟疆
小石最勤劬，於學無不研。手拓三代文，心繫千載前。胡小石
簷雨夜浪浪，聞音意慷慨。何期千載下，重得聽霓裳。吳瞿安
總角締深交，衰遲意深厚。精神日往來，何在接尊酒。汪旭初
雖言未嘗言，雖默未嘗默。言與不言同，未嘗不自得。自評
沾衿何所爲，悵然懷古意。秦俗猶爲平，漢道將何冀。又自評〔註13〕

〔註12〕司馬朝軍、王文暉：《黃侃年譜》第274～275頁。

〔註13〕金毓黻著、《金毓黻文集》編輯整理組校點：《靜晤室日記》第6冊第4724頁，遼瀋書社，1993年。

1930 年 6 月 1 日，《國立中央大學半月刊》第 1 卷第 15 期又出現了「上巳社詩鈔」和「禊社詩鈔」，作者分別有王伯沆（瀣）、汪國垣（辟疆）、何魯（奎垣）、黃侃（季剛）、胡光煒（小石）、王易（曉湘、曉香）、汪東（旭初）。「禊社詩鈔」只是兩首詩，一首是何魯的，另一首是五人聯句的《浣溪沙・後湖夜泛聯句》：

> 北渚風光屬此宵（季剛）。
> 人隨明月上蘭橈（旭初）。
> 水宮帷箔卷鮫綃（曉湘用義山句）。
> 兩部蛙聲供鼓吹。
> 一輪蟾影助蕭寥（季剛）。
> 薄寒殘醉不禁銷（小石）。
> 青嶂收嵐水靜波（季剛）。
> 迎船孤月鏡新磨（小石）。
> 微風還讓柳邊多（季剛）。
> 如此清遊能幾度（奎垣）。
> 只應對酒復高歌（旭初）。
> 閒愁英氣兩蹉跎（小石）。

後湖即玄武湖。詩作者中只有四川廣安人，留學法國里昂大學的數學家何魯（1894～1973）為數學系的教授，其他均為中文系的教授。

「上巳社」的活動有過多次。在黃侃去世後，蘇州的《制言》半月刊為紀念黃侃，在 1936 年 2 月 16 日《制言》第 11 期刊登「上巳詩社第一集」和「上巳詩社第二集」。1936 年 6 月 1 日《制言》第 18 期又刊登「上巳社詩鈔」。

抗戰開始後，胡小石隨中央大學遷移到重慶，他的老師王伯沆因年事已高，滯留南京，生活陷入困境，靠弟子門生救助。胡小石在《客有馳書告冬飲翁餓者，蘇宇奔走釀資以賙之。長謠敘悲，並贈蘇宇》一詩中還深情地書寫當年的儒彥英英的情景，同時表達了對先後去世的黃侃、陳漢章、吳梅的悼念：

> 在昔南雍廁儒彥，英英愧市如雲屯。
> 陳侯（伯弢）通博踵伯厚，四明學派推承源。
> 季剛說字千鬼哭，勝義欲固揚許樊。
> 刊度玉琯定宮羽，霜厓聲律真軒軒。

就中胡三最橫絕，哦詩睥睨飆霆犇。

群於翁也服玄覽，逍遙頓破風與幡。

廣敷文史張五館，即談空有窮祗洹。

按劍時或笑毛李，高詠頗亦尋謝袁。〔註14〕

所謂「禊社」的「禊」，本是古代春秋兩季在水邊舉行的一種祭禮，後來發展成爲文人騷客遊山玩水時借酒賦詩聯句的聚會，以至於有「曲水流觴」，「蘭亭高會」的禊集雅聚。春天的聚會通常選上巳日。這是指以干支紀日的曆法中的夏曆三月的第一個巳日，故又稱爲「上巳」。三月初三多逢巳日，因此後人習慣在這一天相聚。

民國開國後有影響力的一次修禊，是 1913 年 4 月 9 日（夏曆 3 月 3 日）梁啓超邀集四十餘人在北京萬牲園「老宿咸集」的「續禊賦詩」。梁啓超在致女兒梁令嫻的信中說：「今年太歲在癸丑，與蘭亭修禊之年同甲子，人生只能一週耳。」〔註15〕「蘭亭以後，此爲第一佳話矣。再閱六十年，世人亦不復知有癸丑二字矣。」〔註16〕1927 年國民政府南京定都後，這種傳統的文人雅聚在南京興盛，並在中央大學蔚然成風。

這裡特別要說的是南社成員、《學衡》作者曹經沅（纕蘅）。是他將中央大學、金陵大學的學院詩人群體與社會的古典詩詞陣營聯通，極大地推動了文學的古典主義詩人群體在南京的復活。曹經沅在 1933～1934 年任國民黨南京政府行政院秘書，兼高等文官考試委員期間，共組織四次大規模的詩人雅集。他先於 1933 年農曆三月主持了「上巳日莫愁湖禊集」，繼之又因參加 7 月 29 日「同光體」詩壇盟主陳三立主持的廬山「萬松林」詩會，編輯有《癸酉廬山雅集詩草》。陳三立這年秋自廬山來寧，曹經沅又組織詩人聚會，並在農曆九月九重陽日登高賦詩，有 87 人到場，留下了《癸酉九日掃葉樓登高詩集》，於第二年春印行。

曹經沅爲 1934 年農曆三月三日的 87 人玄武湖修禊和九月九日的 103 人豁蒙樓登高賦詩，編輯有《甲戌玄武湖修禊豁蒙樓登高詩集》，於第二年（乙亥）鉛印。陳三立爲《甲戌玄武湖修禊豁蒙樓登高詩集》題寫書名，陳衍和柳詒徵分別寫序。

〔註14〕 胡小石：《胡小石論文集》第 264 頁。
〔註15〕 丁文江、趙豐田：《梁啓超年譜長編》第 432 頁，上海人民出版社，2009 年。
〔註16〕 丁文江、趙豐田：《梁啓超年譜長編》第 432 頁，上海人民出版社，2009 年。

南京的這幾次詩會，成為首都的文化盛事。也正是在這樣的文化背景下，才有 1934 年 5 月 4 日、6 月 1 日、6 月 22 日《時代公論》第 110 期、114 期、117 號刊出了「學衡派」成員、南京中央政治學校教授汪懋祖的《禁習文言與強令讀經》、《中小學文言運動》和許夢因的《告白話派青年》，直接對 1920 年 1 月、1930 年 2 月政府教育部的兩次禁習用文言，改用白話文的通令，提出反駁意見，呼籲「今用學術救國，急應恢復文言」。當然，這只是極少數大學教授的個人行為，根本無法改變已經進入國民教育軌道的白話文的歷史大勢。

接下來要說到吳梅。民國以來對戲曲的重視，由王國維初開戲曲史實考證開始，到吳梅注重戲曲文本的欣賞、研究和寫作，同時指導學生創造詞曲，從而使得戲曲這種雅俗並存，上流社會與民間基層共享的文藝形式有了進一步繁榮的學術推動。吳梅執教北京大學、東南大學－中央大學、金陵大學、光華大學期間，在學生中，發現和培養了一批學人，他們中除盧前英年早逝（1951 年）外，大多數成為著名詞曲學者，在大學開設詞曲課程，再傳詞曲學人。如：

俞平伯，1919 年畢業於北京大學國文系，後執教於清華大學、北京大學，1952 年轉入中國社會科學院文學所。

任訥（中敏，二北），1920 年畢業於北京大學國文系，後執教於四川大學、揚州師範學院。

王玉章（玉璋），1924 年畢業於東南大學國文系，後執教於南開大學。

錢南揚（紹箕），1925 年畢業於北京大學國文系，後執教於杭州大學、南京大學。

唐圭璋（季特），1928 年畢業於中央大學國文，後執教於南京師範大學。

王起（季思），1929 年畢業於中央大學國文系，後執教於中山大學。

吳白匋（徵鑄），1931 年畢業於金陵大學歷史系，後執教於南京大學。

萬雲駿（西笑），1937 年畢業於光華大學，後執教於華東師範大學。

汪經昌（薇史），畢業於光華大學政治系，後執教於臺灣師範大學。

在吳梅指導的「潛社」成員中，張世祿（1927 屆）、周法高（1939 屆）後來以語言學研究見長。「潛社」後期，因吳梅改指導學生研習南北曲，填詞由汪辟疆、汪東（旭初）指導。汪東堅持填詞五十多年，留下《夢秋詞》20

卷一千三百八十餘闋。吳梅弟子在詞曲活動中堅持學院與民間的聯通，最爲直接的社會效果是推動了崑曲的進一步繁榮。

大學校園對舊體詞的重視，體現在詞學教授創作與教學並重。詞學教授同時也是詞人。龍沐勳（榆生）主編的《詞學季刊》1933 年 4 月 1 日創刊發行，創刊號上《詞壇消息》專欄刊出的《南北各大學詞學教授近訊》中寫道：

> 南北各大學詞學教授，據記者所知，南京中央大學爲吳瞿安梅、汪旭初東、王簡庵易三先生，廣州中山大學爲陳述叔洵先生，湖北武漢大學爲劉洪度永濟先生，北平北京大學爲趙飛雲萬里先生，杭州浙江大學爲儲皖峰先生，之江大學爲夏瞿禪承燾先生，開封河南大學爲邵次公瑞彭、蔡嵩雲楨、盧冀野前三先生，四川重慶大學爲周癸叔登岸先生，上海暨南大學龍榆生沐勳、易大廠章齋兩先生，除吳、盧兩先生兼治南北曲外，餘並詞學專家，且大多數讚助本社，原爲基本社員云。

在述說中央大學師生的詞學教授和詞創作之前，可先回首看一下十年前的北京校園。

1920 年代初期，石評梅、馮沅君、蘇雪林（梅）與盧隱（黃英）是女高師的同學、朋友，石評梅與高君宇有短暫的愛情絕唱；盧隱幾度婚戀，終於難產而殤；馮沅君與陸侃如結束了各自的包辦婚姻，珠聯璧合，研究古典文學；蘇雪林婚而不幸，乾脆獨自生活，高壽而終。

蘇雪林聽到盧隱難產去世的消息後，立即在 1934 年 8 月 1 日的《文學》第 3 卷第 2 號上刊出《關於盧隱的回憶》，說盧隱讀書期間還結識了三位朋友，她們四人合稱「四公子」，一個是王世瑛，一個是陳定秀，一個是程俊英。盧隱自認孟嘗君。可是由於時局的變遷，四位朋友漸漸失去了聯繫，當時的激情和壯志都不復存在。在她《海濱故人》的小說中塑造的人物露莎係自指，雲青，玲玉、宗瑩，則分別指王世瑛、陳定秀和程俊英三人。蘇雪林曾在詩中這樣嘉賞「四公子」中定秀之美、盧隱之雄、俊英之少、世瑛之俏：

> 我當時曾有「戲贈本級諸同學」長歌一首，將同級 30 餘人，中國文學成績較爲優異的十餘人寫入。說到她們四人時有這樣幾句話：
>
> 子昂翩翩號才子，目光點漆容顏美，圓如明珠走玉盤，清似芙

蓉出秋水（陳定秀）。亞洲俠少氣更雄，巨刃直欲摩蒼穹。夜雨春雷
茁新筍，霜天秋準搏長風（黃英君自號亞洲俠少）。橫渠（張雪聰）
蕭靜伊川少（程俊英），晦庵（朱學靜）從容陽明峭（王世瑛），閩
水湘煙聚一堂，怪底文章盡清妙。〔註17〕

下邊的這段往事，又可以媲美北京女子高師（師大）一群才女的青春禮贊，
但又不同於那淒美的《海濱故人》的結局，因為歷史整整相隔十年。1930 年
代在南京中央大學出了多位喜愛文學的才女且多有依詞牌而取的筆名：

> 雪花腴曾昭燏
>
> 點絳唇沈祖棻（子苾）
>
> 虞美人章伯璠（令暉）
>
> 菩薩蠻徐品玉（天度）
>
> 聲聲慢杭淑娟
>
> 破陣子張丕環
>
> 巫山一段雲胡元度
>
> 齊天樂游介眉（壽）
>
> 釵頭鳳龍芷芬（沅）
>
> 西江月尉素秋〔註18〕

最早是由五位女同學在已故老校長李瑞清故居「梅庵」發起的詞社名為「梅
社」，請吳梅、胡小石、汪旭初、王易等教授指導。據尉素秋《詞林舊侶》所
示，為她們的「梅社」給以指導最多的老師主要是吳梅和汪東。關於文學院
院長兼系主任汪東，她有這樣的追憶：

> 　　我們告訴他不止詞社，還有另一種關係在。即同是大觀園中的
> 腳色。例如元度是元春，我是探春，伯璠是寶釵，祖棻是寶琴，品
> 玉是湘雲，淑娟是岫煙等等。汪師說：「不錯，都有幾分相似。」我
> 們告以有些老師也派了腳色，他搔首說：「糟！我一定是賈政之流。」
> 我們報以熱烈的鼓掌。
>
> 　　隔日，汪師送來一箋，上面寫著：「伯璠素秋告余，曩在女生宿
> 舍時，以紅樓夢中人自況，而比余以賈政，聞之絕倒。……因成二
> 絕句，示素秋輩。」詩是這樣的：

〔註17〕沈暉編：《蘇雪林文集》第二卷第 360 頁，安徽文藝出版社，1996 年。
〔註18〕鞏本棟編：《程千帆沈祖棻學記》第 403 頁，貴州人民出版社，1997 年。

悼紅軒裏鑄新詞，刻骨悲歡我最知。

夢墮樓中忽驚笑，老夫曾有少年時。

若個元春與探春，寶釵橫鬢黛痕新。

化工日試春風手，桃李花開卻笑人。

第一首說他幼時，家中長輩以他比擬寶玉，現在卻變成了賈政；
第二首說他培植的門牆桃李，居然開老師的玩笑。〔註19〕

中央大學另有王嘉懿、胡壽楣（關露）、馮和儀（蘇青）、孫多慈、盛靜霞等女作家。曾昭燏是曾國藩大弟曾國潢的長曾孫女，中央大學畢業後留學英德，曾任南京博物院院長，終身未嫁。1964 年 12 月，到南京靈谷寺，從靈谷塔上跳下自殺。沈祖棻因白話新詩和舊體詩詞雙管齊下而馳名，其中《涉江詞》尤得文苑稱道。隨後她與程千帆琴瑟和鳴，執教於武漢大學。尉素秋嫁給任卓宣（葉青），1949 年以後爲臺灣成功大學教授，著有《秋聲集》。徐品如嫁給著名報人卜少夫。關露和蘇青卻因抗戰期間在上海的特殊身份，1949 年以後，消失於文壇。游壽畢業後專注考古與古文字（書法）研究，曾與曾昭燏同在中央博物院及中研院史語所工作，1949 年以後遠走哈爾濱師範學院工作。盛靜霞（1940 屆）是以舊體詩詞揚名，後與語言學家蔣禮鴻珠聯璧合，執教於杭州大學。游壽當年在中央大學校那首擬《敕勒歌》而寫成的有關王易（曉湘）教授的詩歌，至今還在南京大學的校園爲師生所傳誦：

中山院，層樓高。四壁如籠，鳥雀難逃。心慌慌，意茫茫，抬
頭又見王曉湘。〔註20〕

抗戰開始後，王易回到江西，執教鄉里，中正大學成立後，他應校長胡先驌的邀請，出任文學院院長。蔣經國主政贛南時，請他做自己的經學老師。1947年，王易在南昌王大鑄創辦的《問政》雜誌創刊號上發表了《內戰辦》〔註21〕一文。這兩件大事，導致他 1949 年以後失業，到長沙寄寓兒子那裡，郁郁寡歡中於 1956 年 8 月 30 日病逝。

1928 年中央大學的教授們，因居於首都的自豪，一時興起，還爲中央大學設定了校色：

〔註19〕鞏本棟編：《程千帆沈祖棻學記》第 404 頁。
〔註20〕我的學生尹奇嶺（2010 屆）對此有專門的博士學位論文。見尹奇嶺：《民國南京舊體詩人雅集與結社研究》，中國社會科學出版社，2011 年。
〔註21〕趙宏祥：《王易先生年譜》第 206～209 頁，線裝書局，2012 年。

校　　色

本校校色定爲紫金二色如下

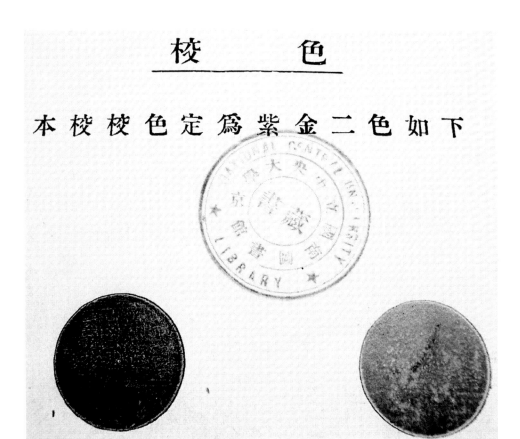

同時又爲中央大學設定了校聲：

校　　聲

中央啦！　中央啦！　中一央一

啦，啦，啦！　蓬，勃，澎！　蓬，勃，澎！

中央大學蓬蓬勃！

這在民國大學中是獨有的，因爲其他大學都是只有校徽、校歌。中央大

學的教授們自以爲居於中央，另搞出個校色、校聲來。1949 年以後，中央大學被冠以「僞」的帽子，教授們再也不敢提及此事，因爲他們作爲中央大學教授也有一「僞」字當頭。昔日的校聲不再有了，新的校聲卻又響起〔註22〕。

〔註22〕1980 年代末，南京大學的校園出現了一種獨特的聲音。每到周末夜深人靜之時、或黎明時分，南苑研究生樓周圍總會聽到幾聲「狗叫聲」。每當這時，門衛、宿管就聞聲尋找，卻總也尋「它」不得。奇怪，老師學生都是靠糧票定量吃飯的，根本沒有多餘的糧食養狗，況且校園裏也禁止飼養這種動物。幾個熬夜或失眠的哥們兒，相約在周圍尋覓，想捕聲捉影，卻發現聲音總是從博士生住的薈萃樓的某個窗口傳出，第二天他們到走廊轉悠，也不見「它」的蹤影。時間久了，哥們兒才弄清楚，這是我的一位學習戲劇的博士生師兄的絕妙傳神的口技。1989 年之後，師兄在北京某刊物發表一篇評介他讀碩士研究生時的導師研究魯迅的書評，儘管用的是筆名，卻被我在圖書館翻書時無意捉獲。他到我住的七舍二樓神聊，被我當面說破，他瞪我一眼，說：人情！然後，他讓我將門窗關上，出乎意料地給我來幾聲他精湛的口技。我在鄉下長大，貓狗之聲常聞，對這位來自陝北的漢子如此逼真的叫聲，真的是驚呆了！

那時一起讀書的師兄弟，很少校外的紛亂雜事，感情也是特別的投機。1993 年冬我南下到海口與師兄開會相聚，三年的期待，又聞師兄口技聲！

又是七年過去了，我在河南大學兼任一份行政工作，有半間自己的辦公室。一天下午，桌上的電話鈴聲響起，沒有來電顯示，問對方哪位？卻傳來一個男聲：是衛威老弟嗎？我再問你是哪位？男聲說：等我看一下外面走廊有沒有人，關上門。突然，電話裏傳來一陣我熟悉的口技聲。驚得我大喊師兄！

爲什麼要看走廊有沒有人，關上門？

師兄已經成了領導某大學的書記了，平時高坐大會主席臺，這種昔日同學兄弟玩的口技如何能讓下屬聽得，豈不又失書記尊嚴！

許多年過去了，讀書時誰寫過什麼文章，兄弟們大都忘記了，不忘的是這校園昔日的叫聲！

民國大學文學課的有趣往事也向我等這樣 1980 年代的學子傳染，這正是大學文脈的綿延和學統的魅力。我在河南大學讀書時，研究生碩士學位課程中有魯迅研究，同門師兄弟中，現在已做了某高校副院長的師弟，自己把一屆師兄妹四人在魯迅一篇民國小說《阿 Q 正傳》中對號入座：師妹是小 D，我是王胡，師兄學習日語，想去日本留學（三年後果真去日本東京大學，現新華社駐東京記者），成了假洋鬼子，他自己很謙虛而又很不好意思說「那我就是阿貴（阿 Q）了」。講魯迅研究課的老師正好姓趙，自然成了「趙老太爺」。只要師兄妹四人到一起，就開始進入角色，演繹無數次《阿 Q 正傳》的故事，以至於現在相互還保留著這樣的稱呼。當時，他對我這個師兄不敬，不稱「王胡」，而是像阿 Q 那樣稱呼我「王癩胡」，同學窮聚，喝點廉價的燒酒，我不喝酒，負責給同學斟酒（從開封斟到南京，技術日益精湛）。酒場上他還要學著阿 Q 發飆的樣子，唱著悔不該酒醉錯斬了鄭賢弟，手持鋼鞭將我打。我要扯他的「辮子」，他就立刻歪著頭說「君子動口不動手」。每當這時，他總會

北京大學、清華大學學脈中文學教育的新文學元素

　　民國文化教育史上，紹興人的特立地位和獨異作用，值得在這裡強調。
連續四位浙人出任北京大學校長，三位是紹興人。1936 至 1949 年執掌浙江大
學的竺可楨也是紹興人。還有兩位知名的兄弟作家，兩位出色的編輯。民國
新建，北大振興。因浙人蔡元培執掌教育部，諸暨人何燏時出任北京大學校
長（1912、12～1913、11），繼任者為吳興人胡仁源。這樣，浙籍學者，特別
是大批章太炎弟子入北京大學為師；1916 底蔡元培出任北京大學校長（繼任
者為餘姚人蔣夢麟），文學教育（帶浙江文人學者進入北大文科）和新文學創
造（招皖籍文人陳獨秀、胡適入北大，引領新文學運動）得以進入北京大學，
並發揚光大。周氏兄弟對新文學的創造之功，這裡略去。只說孫伏園、章錫
琛（1924 年的「文學研究會會員」登錄號為 127）兩位來自紹興，立足京滬
的新文學的傳播者。孫伏園追隨周氏兄弟多年，主持的《晨報副刊》、《京報
副刊》、《語絲》對新文學推動有功，特別是對周氏兄弟文學的傳播，更是不
遺餘力。他 1927 年 3 月主編武漢《中央日報》副刊，獨當一面時，所刊發的
毛澤東的《湖南農民運動考察報告》，郭沫若的《請看今日之蔣介石》，謝冰
瑩的《從軍日記》皆堪稱一時奇文。章錫琛 1926 年在上海創辦開明書店，對
新文學的傳播和新文學教育的推動，貢獻大，影響遠，以至於現在許多人還
在關注和閱讀「開明本」的中小學語文課本。

　　胡適 1931 年出任北京大學文學院院長之後，立即著手解決北京大學乃至
全國大學國文系都面臨的問題。他想方設法要「新文學」進入北京大學的課
堂。這裡包含四個具體動作：延攬師資、增設「新文藝試作」課程、開設「現
代文藝」研究課程、指導學生撰寫新文學研究論文。

　　前面曾引用過《北京大學日刊》1931 年 9 月 24、25、26 連續三日登出
1931 年 9 月 23 日擬定的「國文學系布告」〔註23〕，是關於國文系新添「新文
藝試作」的。1931 年 12 月 30 日，胡適在北京大學國文系演講《中國文學過
去與來路》。他說：

　　　　學著阿 Q 的樣子，又還原起王胡、阿 Q 捉虱子比賽的情景，嘴裏念念有詞：
　　　「他很想尋一兩個大的，然而竟沒有，好不容易才捉到一個中的，恨恨的塞
　　　在厚嘴唇裏，狠命一咬，闢的一聲，又不及王胡響。」於是，同學們的窮聚
　　　在歡笑中結束。他當院長去了，我到東京見到師兄，還一直讚歎：「阿 Q 眞能
　　　做！」
〔註23〕《國文學系布告》，《北京大學日刊》1931 年 9 月 24、25、26 日連續刊登。

　　近四十年來，在事實上，中國的文學，多半偏於考據，對於新
文學殊少研究。以我專從事研究學術與思想的人去講文學，頗覺不
當。……我覺得文學有三方面：一是歷史的，二是創造的，三是鑒
賞的。歷史的研究固甚重要，但創造方面更其要緊，而鑒賞與批評
也是不可偏廢的。〔註24〕

這是胡適對中國文學，特別是新文學現狀的最為清醒的認識。曾經引領新文
學革命的資歷和現在所處的位置，使他不得不考慮中國文學的「來路」。

　　1932 年，經周作人推薦，胡適聘原北大英文系畢業生、作家廢名（馮文
炳）為講師，主講散文寫作、現代文藝。廢名於 1935 至 1937 年開設「現代
文藝」課程的講義，1944 年由北平新民印書館以《談新詩》之名出版〔註25〕。
此前，胡適的弟子、門生朱自清、楊振聲、沈從文、蘇雪林，先後在清華大
學、燕京大學、中國公學、武漢大學、青島大學開「新文學研究」這門課程。
講義的單章或單節，多以作家作品論的形式發表，參與新文學的討論和批評，
成為新文學進程的一環。隨後這些講義成了他們留下來的新文學研究的專書
〔註26〕。朱自清進清華是胡適推薦的，沈從文到中國公學任教是胡適聘請的。

　　1934 年 2 月 14 日，胡適在翻檢資料時，看到中國公學學生丘良任所談該

〔註24〕 胡適：《中國文學過去與來路》，《胡適全集》第 12 卷第 221 頁。
〔註25〕 詳見陳建軍編著：《廢名年譜》第 235～238 頁，華中師範大學出版社，2003。
　　　 廢名：《新詩十二講——廢名的老北大講義》，遼寧教育出版社，2006 年。
〔註26〕 中國現代作家在大學國文系講「新文學研究」，是朱自清首開，他同時在北平
　　　 師範大學、燕京大學兼課開講。楊振聲在清華大學開設「新文學習作」，並在
　　　 燕京大學講授新文學作家作品。沈從文、蘇雪林隨其後。朱自清、沈從文的
　　　 講義可以在他們的全集中看到。朱自清 1929 年春在清華大學國文系首開的「新
　　　 文學研究」的講義後來以《中國新文學研究綱要》為題收入《朱自清全集》
　　　 第 8 卷，江蘇教育出版社 1993 年版。沈從文的《新文學研究》是 1930 年上
　　　 半年在中國公學首次開講，下半年在武漢大學再講，並印成講義發給學生。
　　　 現收入《沈從文全集》第 16 卷，北嶽文藝出版社 2002 年版。而蘇雪林 1934
　　　 年下半年（這裡是依《浮生九四——雪林回憶錄》，三民書局，1991 年版第
　　　 110 頁所說。她在《中國二三十年代作家》第 3 頁的「自序」中說擔任新文學
　　　 這門課程是 1932 起，1937 年抗戰發生時止）。在武漢大學文學院講授「新
　　　 文學研究」的講義，我們不易讀著。她說自己在 1930 年代和 1940 年代發表的
　　　 一些現代作家論就是取自自己的課堂講義。她的「新文學研究」的講義底本
　　　 在臺灣整理出來後，以《二三十年代作家與作品》為名，於 1979 年 12 月由
　　　 廣東出版社出版，三次印刷後，又於 1983 年重新修訂，交林海音主持的純文
　　　 學出版社，易名為《中國二三十年代作家》。周作人 1932 年應沈兼士的邀請
　　　 在輔仁大學講授《中國新文學的源流》，隨後經鄧廣銘整理出書。

校學生近年常作文藝的人有甘祠森、何家槐、何德明、李輝英、何嘉、鍾靈、孫佳訊、劉宇等，於是便在這一天的日記中寫道：「此風氣皆是陸侃如、馮沅君、沈從文、白薇諸人所開。」這是特指他四年前做中國公學校長時，注重新文學教育，鼓勵文學創作，聘了陸、馮、沈、白幾位教師。但後來陸侃如夫婦遠離新文學，走古典文學研究的路，也不重視學生的新文學創作了，所以他說：「北大國文系偏重考古，我在南方見侃如夫婦皆不看重學生試作文藝，始覺此風之偏。從文在中公最受學生愛戴，久而不衰。」為此他強調大學中國文學系應當「兼顧到三方面：歷史的；欣賞與批評的；創作的」〔註27〕。

在上述「新文藝試作」課程中所列出的師資之外，胡適還看好梁實秋和朱光潛。因為要創造新文學就需要有導師的引導。這時更需要除舊迎新，即解聘一些原有的多年沒有學術著作的中國文學教授，物色一些新的適合胡適創造理想的兼通中西文學的教授。

經過胡適與傅斯年的合力，得到校長蔣夢麟的認同〔註28〕，北大文學院1934年解聘了中國文學教授林損、許之衡。同時，胡適在1934年4月26日致信梁實秋，希望他離開山東大學（原青島大學）到北京大學來。胡適是希望梁實秋和朱光潛一班兼通中西文學的人能在北大形成一個健全的文學中心，同時在國文系兼課。胡適說：「北大舊人中，如周豈明先生和我，這幾年都有點放棄文學運動的事業了，若能有你來做一個生力軍的中心，逐漸為中國計劃文學的改進，逐漸吸收一些人才，我想我們這幾個老朽也許還有可以返老還童的希望，也許還可以跟著你們做一點搖旗吶喊的『新生活』。」〔註29〕

聘用梁實秋一事，胡適曾與校長蔣夢麟商量過〔註30〕，但傅斯年提出了質疑，最後胡適還是在1934年秋聘用了梁實秋和朱光潛。傅斯年的意見是朱光潛的「實學」在梁實秋的「學行」〔註31〕之上。朱光潛進北大後在外文系

〔註27〕 胡適：《日記1934》，《胡適全集》第32卷第310頁。對此問題的詳細論述，參見筆者《「學衡派」譜系──歷史與敘事》第384～389頁「中文系培養什麼人」一節。江西教育出版社，2007年。
〔註28〕 《傅斯年致蔣夢麟》，《胡適來往書信選》（下）第531頁，中華書局，1980年。
〔註29〕 胡適：《致梁實秋》，《胡適全集》第24卷第194～195頁。
〔註30〕 胡適：《致梁實秋》，《胡適全集》第24卷第200頁。梁實秋本人對此事有專門的追憶文章。
〔註31〕 《傅斯年致蔣夢麟》，《胡適來往書信選》（下）第531頁。對此事的詳細考證，早有桑兵《近代中國學術的地緣與流派》，收入桑兵：《晚清民國的國學研究》，

執教，同時在 1935 年 9 月至 1936 年 6 月爲國文系開設「詩論」選修課一年。也正是傅斯年、胡適對朱光潛的肯定，使得朱光潛在執教於四川大學、武漢大學之後，於 1946 年底重回北大，並終老於此（1945 年 9 月 6 日國民政府任命胡適爲北京大學校長的同時，決定在胡適未返國之前由傅斯年代理校長）。

在「指導學生撰寫新文學研究論文」這方面，特別值得一提的是胡適 1935 年指導北京大學國文系學生徐芳撰寫《中國新詩史》〔註32〕。也正是這位畢業後留校任助教的徐芳，先是拒絕了清華才子、詩人李長之的追求，接著又拒藝術史家滕固於門外，在愛胡適而不成的數年之後，抱守「寧爲英雄妾，不爲凡人妻」的心理，於 1943 年嫁給了國民黨將領徐培根（寫作《別了，哥哥》的「左聯五烈士」之一的殷夫的哥哥）。天下之大，文壇很小。而我大學時代發表的第一篇文章，竟是採訪殷夫的第一個戀人楊秀英的訪談錄。三年後又結緣胡適，攪進這文學與政治糾結，連兄弟是非都難以清斷的民國文壇之中。

1937 年 7 月 4 日，胡適主編的《獨立評論》第 241 號上刊發了沈從文致胡適的通信《關於看不懂》。沈從文主張將新文學傳播到中學生中去，引導學生對中國新文學有一個正面的認識，這其中的關鍵人物是中學老師。而中學教師又是大學（國立大學或師範大學）出身，因此，他提出：「在大學課程中，應當有人努力來打破習慣，國文系每星期至少有兩小時對於『現代中國文學』的研究，作爲每個預備作中學教員的朋友必修課。」希望胡適請「所有國立大學（尤其是師範大學）文史學系的負責人注意注意」〔註33〕。

胡適的答覆是：「對於從文先生大學校應該注意中國現代文學的提議，我當然同情。從文先生大概還記得我是十年前就請他到一個私立大學去教中國現代文藝的。現代文學不須顧慮大學校不注意，只須顧慮本身有無做大學研究對象的價值。」〔註34〕

上海古籍出版社 2001 年版。近有季劍青：《北平的大學教育與文學生產：1928～1937》第 43～45 頁，北京大學出版社 2011 年版。1943 年朱光潛在國民出版社出版《詩論》時，在序言中對此事有專門的言說。見朱光潛：《朱光潛全集》第 3 卷第 4 頁「抗戰版序」，安徽教育出版社，1987 年。

〔註32〕徐芳：《中國新詩史》，秀威信息科技股份有限公司，2006 年。

〔註33〕沈從文：《關於看不懂》，《沈從文文集》第 12 卷第 338 頁，花城出版社、生活・讀書・新知三聯書店香港分店，1984 年。

〔註34〕胡適：《二四一號編輯後記》，《胡適全集》第 22 卷第 579 頁。對此問題的詳細論述，參見筆者《「學衡派」譜系——歷史與敘事》第 384～389 頁「中文系培養什麼人」一節。

　　北京大學、清華大學、燕京大學、北京女子師範大學的新文學作家輩出，影響中國新文學的歷史進程，這些不平凡的往事，以往新文學史研究多有書寫，此處略去。而大學的新文學研究的傳承更是具有明顯的軌跡可循。胡適、周作人分別爲新文學研究典範的確立提供了《五十年來之中國文學》、《逼上梁山》、《中國新文學的源流》。他們 1920 至 1930 年代的弟子門生朱自清、沈從文、蘇雪林、廢名、任訪秋曾都爲新文學研究留下有專門的論著。其中任訪秋 1944 年 5 月在河南前鋒報社出版的《中國現代文學史》（上）第一次將約定俗成的「中國新文學史」新命名爲「中國現代文學史」〔註 35〕。抗戰期間，胡適到美國從事外交公務和學術研究，周作人在北平變節。他們的弟子門生或受其影響而成長起來的新文學作家楊振聲、朱自清、沈從文、馮至、聞一多、陳夢家、陳銓、孫毓棠、李廣田、卞之琳、徐訏等逃離北平，流亡、遷徙，最後多到達昆明（徐訏去了重慶），在西南聯合大學、雲南大學任教，並指導學生文學社團，培植文學新人。當年西南聯大的文學青年王瑤、劉綏松、王景山、吳宏聰，1949 年後，分別在北京大學、武漢大學、北京師範學院、中山大學執教，成爲新文學研究的新一代史家。

　　接下來，簡略說及燕京大學的新文學「家族」：先後兩任神學院院長劉廷芳（1921 年成立的新文學社團「文學研究會」成員，1924 年的「文學研究會會員」登錄號爲 36）、趙紫宸和校長陸志韋都留學美國（趙紫宸在東吳大學時經濟上幫助過陸志韋）、趙紫宸之女趙蘿蕤和夫婿陳夢家也都有留學或游學美國的經歷。劉、趙、陸、陳四個教會神學家族聯姻（陸志韋是劉廷芳妹夫，趙蘿蕤的義父。趙蘿蕤和陳夢家是夫妻），同時又都新文學的支持者、參與者，即都是寫作白話新詩的詩人，詩中都有「神」的靈光。陸志韋的白話詩集《渡河》（1923）、趙紫宸的白話新詩集《打魚》（1930）、陳夢家的新詩集《夢家詩集》（1931）、劉廷芳參與編寫的白話基督教聖歌集《普天頌贊》（與楊蔭瀏合作，聯合國內六大教會團體編訂，1936 年 3 月由上海廣學會出版。現收入江蘇文藝出版社 2009 年出版的《楊蔭瀏全集》第 12 卷）即是這個神學家族共同的詩性呈現。先後就讀於燕京大學、清華大學的趙蘿蕤，在 1937 年翻譯出版 T.S.艾略特的《荒原》之前，已開始在刊物上發表新詩了（1936）〔註 36〕。

〔註 35〕黃修己的《中國新文學史編纂史》第 100～108 頁對此書有詳細的評價。北京大學出版社，1995 年。

〔註 36〕趙蘿蕤創作的詩文在 1949 年以前沒有結集。趙紫宸、趙蘿蕤父女紀念館所編，

陳夢家、趙蘿蕤的父輩是教會的神職人員，他們夫婦是新文學的第二代作家。他們上承父輩對新文學，特別是白話詩的寫作實踐，同時分別受老師聞一多、徐志摩、周作人、冰心、葉公超的指導。因為在中央大學國文系排斥新文學的情況下，就讀法律系的陳夢家寫作新詩自然成為一個異數。他受短期執教於中央大學外文系的聞一多、徐志摩的影響，寫作白話新詩，成為「新月派」的後起之秀。他的詩作多得徐志摩的推薦，在《新月》發表，隨後在新月書店出版的《夢家詩集》則由徐志摩題名。《新月詩選》也是他編的。其中《夢家詩集》中埋葬著他對孫多慈未完成的愛情。《夢家詩集》中多首情詩是寫給中央大學女詩人孫多慈的。少年情敵江湖老，同時習畫的孫多慈投到老師徐悲鴻的懷抱，畢業即考取律師資格的陳夢家，無心在南京延宕，傷心地離開了南京。在北京，陳夢家遇到了趙蘿蕤。十年後孫多慈老大嫁做紹棣婦。紹棣何人？是與民國文壇是非不斷的許紹棣。是他在出任國民黨浙江省黨部執行委員兼宣傳部長、浙江省教育廳長時，策劃了國民黨浙江省黨部呈請密令通緝「墮落文人」魯迅〔註 37〕；隨後他又驚醒了郁達夫的西湖春夢，拆散了郁達夫、王映霞的「風雨茅廬」。

陳夢家入燕京大學師從容庚研究古文字後，不再寫新詩了。作為甲骨文研究領域的傑出學者，他是「四堂之學」的第五人（羅雪堂、王觀堂、郭鼎堂、董彥堂。此說為余英時先生所強化）。詩人特有的天分，是研究象形文字的始祖甲骨文的優勢。趙蘿蕤讀小學時受到過蘇雪林的作文訓練，讀燕京大學國文繫時，得周作人、冰心等新文學作家的指教，從燕京大學畢業後，入清華大學外國文學研究所，研究英美文學，又得葉公超的指導，在翻譯、研究外國詩歌的同時，自己也寫作新詩〔註 38〕。因而趙蘿蕤和陳夢家這一文學夫妻，是古文與新詩珠聯，中學與西學璧合。

民國年間，包括基督徒在內的教會神職人員對白話和白話新詩的接受、喜愛，以及寫作實踐，遠遠超過從傳統中國走向民國的士大夫。信念改變人生觀，也決定了他們對中國文化和西洋文化接受的態度，同時對中國文化傳

2009 年 11 月南京師範大學出版社出版的署名趙蘿蕤著的《讀書生活散記》中收錄有她自 1936 年始發表的新詩。

〔註37〕魯迅博物館魯迅研究室編：《魯迅年譜》（增訂本）第三卷第 97 頁，人民文學出版社，2000 年。

〔註38〕趙蘿蕤：《我的讀書生涯》，《我的讀書生涯》第 1～2 頁，北京大學出版社，1996 年。

統的叛逆也在詩學理念上有明顯的呈現。這在陸志韋的《渡河》的序言中有
明確的自我表白。趙紫宸一生堅持寫作舊體詩詞，同時也嘗試用白話寫作大
量頌詩（宗教詩，主要寫人與上帝的關係），而白話新詩集《打魚》中多數詩
篇，都是對大海、湖泊、河流、小溪、雨、雪、霜月、海月、夜、石頭等大
自然的讚美，對人與自然特殊關係的詩意呈現，對社會現實的人間關懷〔註
39〕。這主要是白話和白話新詩作爲傳播工具的時代先進性對宗教傳播者的吸
引。唱詩班的歌詞都變成了白話。教會神職人員和他們的第二代與白話新詩
的關係，首先是建立在這一工具理性上的。

　　陳夢家、趙蘿蕤是受新文學第一代作家哺育的，他們詩歌的情感與形式，
思想與審美，都是富有創新性和時代特色，同時也超越了父輩的「嘗試」性、
探索性，超越了宗教神學的精神依賴，彰顯出自由與自我的獨立品格。所以當
胡適看了《夢家詩集》和《詩刊》第一期後，在 1931 年 1 月 24 日的日記中寫
道：「他很年青，有此大成績，令人生大樂觀。……新詩到此時可算是成立了。」
〔註 40〕面對即將全面成熟的中國新詩和一群富有創作精神的新詩人，胡適在
1931 年 2 月 9 日給詩人陳夢家的信中，感歎自己作爲新詩的「嘗試」者，是「提
倡有心，實行無力」，說「現在有了你們這一班新作家加入努力，我想新詩的成
熟時期快到了」〔註 41〕。從現存陳夢家給胡適的十三封信可以看出胡適對他的
重要影響，以至於他從開始因收到胡適的信後表示「更思努力」〔註 42〕到後來
因和胡適熟悉、相知，乾脆在通信時以「小弟」〔註 43〕自稱。

　　1931 年 3 月 5 日，當徐志摩把 T.S.艾略特的詩交給胡適看時，他老老實
實說了句：「絲毫不懂得。」〔註 44〕。徐志摩又給胡適看喬伊斯的東西，胡適
說：「我更不懂。」〔註 45〕這距胡適在美國接受意象派詩學理論的時間才過去

〔註 39〕　《趙紫宸文集》第四卷，商務印書館 2010 年版中收錄了《玻璃聲》、《打魚》，
　　　　　這兩本詩集中，前者包括舊體詩與白話詩，後者全是白話新詩。趙紫宸本人
　　　　　稱這些白話新詩爲語體詩。
〔註 40〕　胡適：《日記 1931》，《胡適全集》第 32 卷第 40 頁。
〔註 41〕　胡適：《致陳夢家》，《胡適全集》第 24 卷第 81 頁。
〔註 42〕　《陳夢家信十三通》，耿雲志主編：《胡適遺稿及秘藏書信》（手稿本）第 35
　　　　　冊第 501 頁，黃山書社，1994 年。
〔註 43〕　《陳夢家信十三通》，耿雲志主編：《胡適遺稿及秘藏書信》（手稿本）第 35
　　　　　冊第 511 頁。
〔註 44〕　胡適：《日記 1931》，《胡適全集》第 32 卷第 79 頁。
〔註 45〕　胡適：《日記 1931》，《胡適全集》第 32 卷第 79 頁。

十六年。胡適看不懂的《荒原》，1937 年 6 月在趙蘿蕤的筆下，被譯成中文白話新詩，並作為「新詩社叢書」，在上海新詩社出版發行。1946 年 9 月 7 日，T.S.艾略特在哈佛俱樂部宴請陳夢家、趙蘿蕤夫婦。其間，T.S.艾略特將《1909～1935 的詩集》和《四個四重奏》兩部作品贈送給趙蘿蕤，並在前者的扉頁題詞：「為趙蘿蕤而簽署，感謝她翻譯了我的《荒原》。1946 年 9 月 7 日。」〔註46〕也正是這次聚會，T.S.艾略特得知趙蘿蕤也寫過許多詩歌，當即表示要她把詩歌譯成英文，由他幫助在英國出版。

歷史給陳夢家、趙蘿蕤夫婦開了個殘酷的玩笑——T.S.艾略特 1948 年獲得諾貝爾文學獎，他們夫婦在 1947 年和 1948 年先後回國。他們回來後再也無法寫詩了，與 T.S.艾略特也中斷了聯繫。民國年間中國詩壇真正兼通中西詩學的詩人夫妻，一代有才華的詩人、學者——被胡適稱道有「有絕高天才」〔註47〕的陳夢家，和他 1948 年冬以研究亨利‧詹姆士小說為博士論文題目通過答辯的妻子趙蘿蕤，在 1949 年以後的歷史大變局中凋零於詩壇。

陳夢家 1957 年成為「右派」，隨後被迫離京到甘肅從事考古研究，1966 年 9 月 3 日在政治迫害中自殺，年僅 55 歲。

趙蘿蕤依據 T.S.艾略特親筆簽名贈送的《1909～1935 的詩集》原版譯出的《艾略特詩選》，在 1999 年才由山東大學出版社出版。而她自己卻在 1998 年 1 月 1 日與陳夢家相會在通往天堂的路上。

這是中國新詩歷史中的諸多細節，作為中國新詩起步與發展的歷史底色，見證著文化轉型中的方方面面。

〔註46〕趙蘿蕤：《我與艾略特》，《我的讀書生涯》第 242 頁。
　　　　趙蘿蕤：《〈艾略特詩選〉序言》，《讀書生活散記》第 243 頁。
〔註47〕胡適：《日記 1931》，《胡適全集》第 32 卷第 40 頁。

第七章　公德私情

　　文學的魅力在其植根於永恆人性之上的語言及文體的獨創，情感的眞實體驗和對心靈的觸動。大學的魅力在於既充分尊重自由思想、崇尚學理和研究學問，又能充分彰顯和包容校長、教授和學生的個性。文學與大學的知識互動，詩人與校園的情感聯合，使民國大學充滿鮮活的生命力和創作力。大學故事多，特別是公德與私情的糾纏，崇高與卑怯的互見，做人與做學問的矛盾，以及政治與學術的衝突，都是那一代詩人、學人豐富的歡愉和痛苦的來源。

　　公德的社會屬性和理性精神是個體賴以生存的基礎，通常會受制於社會體制以及黨派的約法，在公共空間受到公眾的監督和法律的保護；而私情作爲人性的本能，其原始性、動物性和私密性通常會在自我自足的遮蔽下，自我實現，自我完善。進入民國，相對而言公民的私情受到民國法律的保護，自由的理性和自主的感性同時彰顯在每一個獨立的個體身上。傳統與現代的衝突、交融，中學與西學碰撞、共存，思想與行爲的逆差、矛盾、衝突，都逐步超越了晚清以來技藝道統、華夷、東西、古今、有用無用之爭，在民國這樣一個逐步走向現代的國家體制下，發生了文化的大變革，並由新文化運動開始，啓動眞正的黨派政治。舊文學、新文學與現代大學之間的互動關係，呈現出前所未有的新氣象。民國大學文化知識的血脈，被新舊文學的情感所驅動，彰顯出形式的差異，和共生同存的矛盾，和而不同，或異質同構。從事傳統古典文學教學、研究的教授，幾乎都是詩人，因爲寫作舊體詩詞文是他們與生俱來的文化訓練和基本修養，是他們詩意生活的一部分。留學歸來的新派小說散文作家、詩人進入大學，其創作與翻譯共進的文學行爲，爲民

國大學校園增添了新的血液和靈動的活力。新文學家開拓創新，在變革中爲民國大學帶來新知，舊文學家穩重守成，傳承舊學。他們彼此不可取代，相互制衡地共存。

爲學與爲人

小學。崇尚學理是學術底線，無論新文學與舊文學，都有這個共識。1928年 9 月 18 日，羅家倫就任清華大學校長時發表演說《學術獨立與新清華》，明確提出「研究是大學的靈魂」〔註 1〕。學問深淺，見識高低因人而異，不可整齊劃一，但基本的底線卻是要堅守的，那就是晚清民國以來達成共識的國學中的「小學」不可偏廢（語言文字學中形聲義：文字、音韻、訓詁）。民國時期的人文學者，有成就的都是先過了這個底線。要學會使用義理、詞章、考據，文史哲兼通，就必須先過了「小學」這一關。民國大學人文學科的文史哲教授，只有在這個學術底線上才可能超越中西、新舊、左右和有用無用。1947 至 1948 年胡適、傅斯年主導首屆中央研究院院士人文社科選舉提名時，人文組 28 位院士中，共產黨的左派文人、學者郭沫若當選，就是胡適「以學術立場爲主」推舉的。胡適看重的是郭沫若（鼎堂）的位列「四堂之學」的甲骨文研究。

章太炎說：「小學可分爲三種：一，訓詁如《爾雅》；二，形體；三，諧聲。」〔註 2〕同時他強調：「小學似非有師指導，不能入門徑學問。」〔註 3〕「章黃學派」學問上的傲慢與偏見來自他們「小學」知識的強勢，章太炎、黃侃評價學者學問的標準，常常是拿是否懂訓詁學、古音學作爲依據。章太炎和他弟子又大都是詩人。原本寫作《人間詞》的詩人王國維接受甲骨文、敦煌新學的前提是其舊學（尤其是「小學」）的堅實，並能繼往開來。胡適以留學生的身份被蔡元培聘爲北京大學教授，是因他在國內刊物發表有《〈詩〉三百篇言字解》的專題論文；隨後他在學術界站穩領袖地位不僅僅是依靠自己主導思想的明晰和學術路向的方位感強，更不是依靠自己介紹實驗主義的那點西學，而是依靠自己大量的考據文章（音韻、文字、古史、版本、禪宗）

〔註 1〕 羅家倫：《學術獨立與新清華》，羅家倫先生文存編輯委員會編輯：《羅家倫先生文存》第 5 冊第 21 頁。國史館、中國國民黨中央委員會黨史委員會出版，1988 年。
〔註 2〕 湯志鈞：《章太炎年譜長編》（下）第 671 頁，中華書局，1979 年。
〔註 3〕 湯志鈞：《章太炎年譜長編》（下）第 617 頁。

作爲學問的基礎，也就是蔡元培在爲他《中國哲學史大綱》寫序時所特別稱道的「漢學」。章太炎強調「音韻學」是「小學」中最難的一門學問，沒有老師引導難以自通。陳寅恪通曉多國文字，研究學問的路向寬廣而又有抵達深邃的獨特功力，這方面，民國研究國學的大多數學者根本無法與其比肩，但他更讓無數學者只能遠遠望其項背的是他寫出的《四聲三問》、《從史實論切韻》〔註4〕這樣的音韻學專門文章。可以說民國學者中的大家章太炎、王國維、黃侃、胡適、趙元任、陳寅恪等都有過國外接受「西學」的經歷，但又都有堅實的「國學」基礎，特別是「小學」中音韻學研究的創獲。

　　上卷先生。胡適在多領域有著作，但也留下多個「半部書」的遺憾，也曾被戲稱「上卷先生」。因爲沒有及時完成「下半部」的寫作，學術上的敵人黃侃罵他是學術上的宦官（沒有下半身）。同是北京大學教授的梁漱溟卻道出其中的緣由：胡適不懂佛學，隋唐佛教傳入中國，影響文化學術，佛學擋了胡適繼續寫作的路。因爲唯物論的世界觀，科學的理性和嚴密的邏輯思維，在唯心的非理性的形而上的佛學面前往往無用武之地。於是，胡適1926至1927年到法國、英國的博物館、圖書館去研讀敦煌文獻，研究佛教本土化的禪宗。當然，進去容易，出來難。胡適研究佛學，雖有著作，卻沒有把那些「下半部」寫完。也正是有了對佛學所下的一番功夫，他才敢在1933年6月《清華學報》第8卷第2期上刊出《評柳詒徵編著〈中國文化史〉》，批評柳先生：「研究佛教史，材料何患缺乏，何至於徵引到楊文會的《十宗略說》和謝无量的《佛學大綱》？此種間接而又間接的書，豈可用作史料？」〔註5〕胡適一生都沒有停下學術的腳步，寫不出來下卷，就讓其空缺，這說明胡適不勉強、不湊合、不欺人。而胡適的作爲又遠非一個學人所能限定，他創作白話新詩，也填寫舊詞；既能宏觀寫史，又能沉醉於考據；引新知給國人以啓心智，溫國故樹新典範以再造文明。

　　教會大學。多所教會中學和升格後的教會大學也別有文學風景。爲什麼那時的二十多所教會大學除了北京的輔仁大學等少數幾所外，其他多是美國教會辦的？答案：歐洲兩次世界大戰在本土開打，摧毀式的戰爭使他們自顧

〔註4〕　陳寅恪：《金明館叢稿初編》第367～409頁，生活・讀書・新知三聯書店，2001年。

〔註5〕　胡適：《評柳詒徵編著〈中國文化史〉》，《胡適全集》第13卷第151頁，安徽教育出版社，2003年。

不暇，無力開闢新的殖民化教育產業。強勢的美國教會得本國財團的支持，迅速在亞洲多地辦學。燕京大學近水樓臺，先得五四新文化－新文學的明月，許地山、冰心、凌叔華及隨後的趙蘿蕤相繼走上文壇。上海的聖約翰大學走出個林語堂，這使得在聖瑪利亞女校讀書的張愛玲有了文學路上的一盞明燈。隨後東吳大學又出個施濟美。在凌叔華、林語堂、張愛玲文學和個體生活中呈現出的叛逆，與他人別樣。

浙江一師。廣大浙江學子沒有孫伏園、孫福熙兄弟這樣的機會，從紹興師範學校追隨周氏兄弟到北京的「Ｓ會館」（紹興會館），再到北京大學聽課。浙江本土的新文學之花盛開在第一師範學校，同時也映紅了上虞白馬湖畔的春暉中學。上虞的經亨頤留學日本，是戊戌變法的支持者，同盟會成員，創辦浙江一師的校長。1919 年之前這所學校有李叔同、豐子愷、劉質平這樣的文學師生，儒佛文化兼收，中日藝術通達，文學、音樂、繪畫、佛學並進齊發。李叔同為多所學校寫過校歌，包括為南京高等師範學校校歌作曲，南京大學的校歌如今就是沿用李叔同的曲子。1919 年為響應北京的新文化－新文學運動，經亨頤在一師首倡白話新文學，他聘請了沈玄廬、陳望道、劉大白、夏丏尊、李次九等或有留日教育背景，或同情、支持、參與白話新文學運動的教師，既培養了日後喜愛文學而又參與政治的施存統（復亮）、俞秀松、宣中華、梁柏臺、葉天底等革命青年，又培育了曹聚仁、潘天壽等學者、藝術家。1920 年春北大代理校長蔣夢麟推薦曾留學日本的姜琦接替經亨頤任一師校長，他承繼了老校長對白話新文學的重視，聘朱自清、俞平伯、劉延陵等來校任教，於是養育了汪靜之、馮雪峰、潘漠華、魏金枝、柔石等新文學作家。晚清以來，浙江留學之風頗盛，教育家、文學家輩出，同時又有銀行家、實業家的經濟支持，和大批學者的文化鋪墊，繼往開來，引領風騷〔註6〕。姜琦經由浙江一師的行政歷練後，再到哥倫比亞大學杜威門下深造，日後中國的大學又見一位著名的校長。浙江一師優秀的音樂教育傳統，經施存統轉給了兒子施光南。

某籍某系。民國大學裏教授、學生的個性，多在各自學校作為故事的流傳被彰顯，被一代又一代的校友傳說，成為「校史」中的「野史」，或大學傳統和大學精神的血肉和魂靈。如果大學的個性魅力沒有教授和學生的故事傳

〔註 6〕 我的學生趙林（2011 屆）對此寫有專門的博士學位論文《辛亥前後浙江的文化氛圍與新文學》。

說，那就只剩下大樓、圖書、課程表和考試了。大學的魅力還在於其教授、
學生的個別行爲或特殊現象被作爲「事件」加以文學的渲染，被不同時代的
校園文學、民間文學再演義。民國新建，因浙人何燏時、胡仁源、蔡元培、
蔣夢麟四人（三位是紹興人）相繼出任北京大學校長（1949 年以後，另一位
浙江紹興人馬寅初又兩度出任北京大學校長），浙籍學者，特別是大批章太炎
弟子入北京大學爲師，如「三沈二馬」、「周氏兄弟」，控制北京大學中國文學
系近二十年。日後教育界鬧風潮時，出現的「某籍某系」之說便是此現象的
特指。（1925 年 5 月 27 日《京報》刊出的《對於北京女子師範大學風潮宣言》
的七位簽名教授中魯迅、馬裕藻、沈尹默、李泰棻、錢玄同、沈兼士、周作
人，只有李泰棻不是浙籍，且都在北京大學國文系任教或兼課。）這是民國
大學裏最大的「裙帶」，最終被胡適、傅斯年師徒所破解。因爲「某籍某系」
在經歷 1917～1919 年間與胡適的相互支持合作之後，見胡適羽翼豐滿，開始
對他有所顧忌，並暗中排斥。顧頡剛曾有一說：

> 這《周刊》仍歸我編輯，但付印前須送沈兼士看過。有一次，
> 胡適送一篇文來，我編進了。沈說：「胡文不要登。」我問他原因，
> 他說：「胡不是我們所裏人。」我詫異道：「胡不是本所委員之一嗎？」
> 他無話可答，我就付印了。在這一事上，可以見出法德日派對英美
> 派鬥爭的白熱化。我夾在這兩派裏，大有「兩姑之間難爲婦」的苦
> 痛。〔註 7〕

《周刊》即《北京大學研究所國學門周刊》。「某籍某系」的教師主要留學日
本的章太炎門生，顧頡剛說他們背後的大人物是留學法國的李石曾（前清軍
機大臣李鴻藻之子）。這一「裙帶」被破解，蔣夢麟在北京大學的勢力就明顯
削弱，以至於抗戰期間北大、清華、南開三校組建西南聯合大學後，他的權
力逐步淡化，乾脆讓清華校長梅貽琦實際主持昆明聯大的校務（南開的校長
張伯苓長期住在重慶），直到戰後從政被迫離開教育界，被胡適的勢力徹底取
代。這是大學內部人事與學術權力的紛爭。

　　弟子禮。1893 年同年出生的張申府和梁漱溟是順天學堂的中學同學，1917
年，張申府從北京大學畢業後留校只能做個教預科班數學和邏輯的助教；而
只有中學畢業文憑的梁漱溟，卻因一篇 1916 年刊於《東方雜誌》上的《究元

〔註 7〕 顧頡剛：《致陳則光》，《顧頡剛全集　顧頡剛書信集》卷三第 526 頁，中華書局，2010 年。

決疑論》被蔡元培聘爲北京大學印度哲學講師，後晉升爲教授。張申府擔任
北大圖書館代主任時，另一位同齡人毛澤東是圖書館登錄室的工友，其草書
抄錄的卡片被張申府責令返工重做，因此給毛澤東落下個「張申府的老闆面
色很難看」的印象。張申府是周恩來、朱德的入黨介紹人，1949 年以後和梁
漱溟一樣卻爲毛澤東所不容。走出大學校園，寬容就沒有了。張申府只好躲
進北京圖書館消磨餘生。以當時北京大學校園的實際情形看，張申府、梁漱
溟是老師，同時在北京大學旁聽的工友毛澤東是學生，1949 年以後張申府、
梁漱溟遭遇到的是毛澤東給他們特殊的弟子禮。

　　北京大學的課堂上，學生可以聽到辜鴻銘、黃侃傲慢地罵胡適；課下只
小劉師培兩歲的黃侃，卻在謙卑地執弟子禮，向劉師培磕頭拜師問「經學」。
劉師培三代研究《左傳》，其父親在撰寫《春秋左傳曆譜》時曾遇到了無法解
決的數學難題，劉師培特向詩人、數學家徐紹楨將軍磕頭問學，隨後撰《春
秋左氏傳時月日古例考》，所以他說自己的學問是磕頭學來的，向他問學者也
得磕頭。向劉師培磕了頭的黃侃〔註8〕，日後如法炮製，拜他爲師者，也得磕
頭送禮。他在金陵大學指導研究生時，學生每人每學期就另行送他一元現大
洋。他覺得這事很正常，如同孔子所收的束脩，還詳細寫到日記上。這就是
民國大學的學問之道。

　　昆明經驗。從北京到南京，再到西南高地昆明，民國大學的文化和學術
中心在變移。在這個過程中，一批教授、學者在政治磨難和戰火中砥礪、鍛
鍊，一個古老民族的文化也因浴火而獲得了新生。苦樂年華，生死同在。大
西南的大學校園並不平靜：遷徙到貴州遵義湄潭的浙江大學教授費鞏因研究
憲政，批評政府，1945 年 3 月 5 日在前往重慶復旦大學講學的途中失蹤了；
同在浙江大學的張蔭麟、梅光迪教授因疾病得不到醫治而英年早逝。在昆明
西南聯大的李公樸、聞一多教授，艱難地熬過抗戰的歲月，卻倒在國民黨特
務的槍口下。在這種困窘和無奈中，同樣是在昆明，有金岳霖跑警報與撿金
子的邏輯推理；又有沈從文與劉文典跑警報時的尷尬相遇；更有聞一多在學
校刻圖章的苦樂交加。學術研究是大學教授的立身之本，也是國家的文化命
脈。可以說是理想主義、樂觀主義和爲學術而學術的執著，使他們在抗戰最
艱苦的年代創造出《殷曆譜》（董作賓）、《原道》、《知識論》（金岳霖）、《唐
代政治史述論稿》（陳寅恪）、《堆疊素數論》（華羅庚）等傳世之作。當然日

〔註 8〕 萬仕國編著：《劉師培年譜》第 273 頁，廣陵書社，2003 年。

後更有一部為西南聯大的少男少女做青春禮贊的長篇小說《未央歌》（吳訥孫，筆名鹿橋）和一個標誌著白話新詩高峰的現代派詩人群體的崛起。其中西南聯大青年詩人許芥昱把這種獨特的生命體驗說成是「昆明經驗」。他說：「昆明經驗在中國詩歌的發展道路上留下了長久的印跡……昆明時期的思想和政治綠洲持續存在之時，它允許傳統與新潮、本土貨與舶來品之間不斷地碰撞交流。當時恰好有足夠的時間使它們融合成熟，形成一股強勁的力量，形成自己的風格和特色。」〔註9〕

　　日記。關注民國大學，不能不閱讀這些教授的私人生活史的實錄：包括胡適日記、竺可楨日記、顧頡剛日記、吳宓日記、魯迅日記、周作人日記、梅貽琦日記、黃侃日記、吳梅日記、楊樹達日記（《積微翁回憶錄·積微居詩文鈔》）、金毓黻日記（《靜晤室日記》）、夏鼐日記。這些日記中有最好最為感性的故事，有最真實的現場。其中有詩有文有情書，有真實的情景喜劇，有惡毒的影射和私憤發洩，也有古典今典混搭構成至今仍無法解開的暗語迷宮。當然，民國教授的日記遠不止這些，嚴修日記、張元濟日記也同樣重要。如果當事人健在時日記出版，會因涉及過多的個人或他人隱私，多有刪節修飾，讀者看到的所謂事實真相會大打折扣。就像魯迅、景宋當年為生活所迫出版的《兩地書》，實際就並非雙方通信的原稿。現在可以看到的一百多種民國著名作家、學者的日記，在文學和歷史之間，自成一體，研究傳記的學者稱之為「亞傳記」，文學研究者看作是文學作品，史家看做是最為重要、最為真實的個人史料。

　　文學史。青天白日已暮色蒼茫，紅太陽又冉冉升起。外敵與內戰，綿延了十幾年的戰火結束，終於結束了一個時代。改天換地，鶯歌燕舞中，大學也開始了新桃換舊符。主講了近 20 年「新文學研究」的沈從文被郭沫若《斥反動文藝》的大棒打出北京大學國文系（沈按：1949 年以前，中國文學系通常簡稱國文系，本書在行文中有混用，讀者應知所指相同），1952 年院系調整時，昔日「一二·九」學運的參與者，1935 年參加「左聯」，1936 年加入中國共產黨的王瑤從清華大學中文系到北京大學中文系，填補並真正取代了沈從文新文學研究講席的位置。王瑤在 1953 年出版的《中國新文學史稿》中（據原在清華大學講授「中國新文學史」的講稿改寫），只是在抗戰和內戰時期的

―――――――

〔註 9〕易社強：《戰爭與革命中的西南聯大》（饒佳榮譯）第 270 頁，九州出版社，2012 年。

兩節「思想鬥爭」中將沈從文定格在被批判的位置，沒有就其文學創作本身落筆。在這裡沈從文成爲了文學的歷史，同時他自己也只能去研究歷史。沈從文之後，北京大學中文系的楊振聲、廢名等新文學參與者和傳播者也相繼出局，被發配到東北去了！他們都是胡適、傅斯年消解了北大國文系「某籍某系」後胡適的勢力。樹倒猢猻散，一個自然的法則，卻見證了一個大學的國文系的變遷。

沈從文晚年曾向新文學研究者淩宇和外國學者表達過對1949年以後所編寫的文學史的不滿。朱光潛1983年1月在《湘江文學》第1期發表《關於沈從文同志的文學成就歷史將會重新評價》，專門以國外老舍、沈從文研究熱來影射國內沈從文研究的僵化、滯後。因爲朱光潛、蕭乾和沈從文是被郭沫若在《斥反動文藝》一文中用「藍色的、黑色的、桃紅色的」繩子拴在一起的螞蚱。這篇文章被王瑤在《中國新文學史稿》中重點引用。果然1990年代以後，沈從文、張愛玲眞的熱了起來。政治絞殺沈從文的時候，文學史家或者說教授、學者成了共謀。當然專制改變人性，政治倫理的無情和反人性法則，豈是一個脆弱的教授、學者所能超越的呢？我在向王瑤的同事、弟子先後四次請教1982年新版的《中國新文學史稿》中沈從文的部分沒有改動的問題，並進一步追問相關更複雜的問題時，他們都迴避了。對此，我抱以同情的理解。

我和沈從文研究專家淩宇家族，有兩代的君子之交。第一次在千島湖上，我向淩宇問及沈從文、王瑤的話題時，他知道我研究胡適與沈從文的關係，有備而來，王顧左右而言他，說自己當年在上海華東師範大學中文系讀書時，在批判自己的老師錢谷融大會上的發言情景，眞誠地向我檢討、反省自己的歷史，說錢谷融先生原諒他，他爲此感到寬慰；第二次在淩宇的老家湘西古鎮里耶，我又向他追問此事時，他說王瑤先生看到他研究沈從文做出成績後，知道他到了北京，立即請他去家裏吃飯、喝酒！薑還是老的辣，湘西狼人〔註10〕，對機接引，他像一位被問「什麼是佛」的師傅，繞路說禪，圓融之中，支應了我這個無知的小僧。就這樣，我和淩宇合作了一個眞實的現代禪門公案！

〔註10〕田明峰：《湘西狼人──淩宇》，《團結報》2011年10月31日。

本能與叛逆

1923 年，爲追隨同鄉、表親男友李小輝，25 歲的許廣平（1898 年 2 月 12 日～1968 年 3 月 3 日）從天津考入北京女子高等師範學校（1919 年 4 月由原來的北京女子師範學校更名而來，1924 年 5 月改名爲北京女子師範大學）。同年 10 月 3 日魯迅應許壽裳的邀請開始在女高師兼課。1924 年 1 月，許廣平患上了急性傳染病猩紅熱，就讀北京大學，差半年畢業的男友李小輝到醫院陪護。許廣平康復了，男友李小輝卻被感染上猩紅熱後肺心衰竭於 1 月 7 日死亡。直到 18 年後，許廣平在《新年》一文中回憶起李小輝之死還很傷心，「因爲它曾經摧毀了一個處女純潔的心，永遠沒有蘇轉」〔註11〕。

許廣平直接導致李小輝的病死，李家在北京的親人在痛苦中開始對她疏遠，使得失去男友的許廣平在悲傷中陷入更加孤立無助的境地。「哀莫大於心死」，被摧毀了純潔的心，「永遠沒有蘇轉」的許廣平真的變了。她變得更加需要被關愛，更加需要被人注意。於是她在學校鬧事造反，在校外追隨老師周樹人，追到有妻室的周老師家裏。這是作爲女性的許廣平自我生存的本能。

此後的事情是眾所周知，在女高師兼課的魯迅，被許廣平敬慕，於是就寫信求教、求愛，「寧爲英雄妾，不爲凡人妻」。日後的故事就更複雜了。民國第一位女大學校長楊蔭榆，因開除罷課鬧事的學生引發「學潮」，被「紹興師爺」魯迅的刀筆醜化，被迫辭職後，回無錫老家賦閒，卻因保護無錫市民的財產，1938 年 1 月 1 日喪命於日寇的屠殺。而師生戀中的女子許廣平，正是 1925 年因罷課鬧事，封堵校長辦公室門戶，被女師大校長楊蔭榆開除的「害群之馬」（原文告用語「開除學籍，即令出校，以免害群」，魯迅的情書中稱其爲「害馬」〔註12〕），後來又一直被周作人充滿敵意地稱呼爲「妾婦」。作爲失學的無業大齡北漂，28 歲的許廣平於 1926 年初夏在北京開始與魯迅同居，讓魯迅的妻子，已經感到無力爬行的後院「蝸牛」朱安氣得胃疼。陳西瀅的文章有「魯迅即教育部僉事周樹人」，魯迅懷疑這是陳西瀅有意爲之，使得支持學潮的周樹人也失去了教育部的工作（隨後魯迅文章就用「陳源教授即西瀅先生」、「西瀅即陳源教授」同樣的文人鬥法反擊）。

1926 年 9 月至 12 月，「害馬」在任廣東教育廳廳長的堂兄許崇清（隨後

〔註11〕海嬰編：《許廣平文集》第一卷第 22 頁，江蘇文藝出版社，1998 年。
〔註12〕魯迅：《廈門通信》，《魯迅全集》第 3 卷第 369～371 頁，人民文學出版社，1981 年。

爲中山大學校長）的幫助下，到在她看來「這個學校的學生是右傾，而且盲
動，好鬧風潮」〔註13〕的廣東女子師範學校謀到一份「訓導主任」的工作，（「馬
又到省立女師害群了，可惜只有一匹在這裡，沒有助手」）〔註14〕教八班，每
班每周一小時三民主義。同時「害馬」又陷入學潮，並親自參與校方「特別
仲裁委員會」開除學生會主席李秀梅，勸退一名因反對校長，說校長爲「反
革命」的學生蔣仲筴。爲此她自己也不得不在四個月後辭職。魯迅因此離開
廈門與她相會在中山大學。許廣平覺得廣東女子師範學校的學生狀況是：「女
子本無高見，加以外誘，更兼頑強，個個如楊蔭榆之遺風。」〔註15〕去年被
校長楊蔭榆視爲大學校園裏鬧事的「害群之馬」而開除，今年自己成爲國民
黨黨員（「我之入黨，也有幾分預備無聊時消遣自身」）〔註16〕、「訓導主任」
兼學監舍監的身份，「又注重學生風紀，宣傳黨義」〔註17〕，以將自己和校長
的工作當成革命大業，把被開除的鬧事學生視爲「反革命」。一年的時間，革
命與反革命的較量，就發生在許廣平身上。

摘看一封許廣平11月7日寫給在廈門大學的魯迅的信：

……懦弱膽怯的女學生，學校開除了二人，她們還不敢有罷課
驅校長之事，仍安然上課，向校長要求恢復學籍，如果她們有強硬
的手段，何必如此？不過自從學潮起後，那些學生（多數）以爲我
袒護一方，或從中主持，而且我地位是訓育，直接禁罰她們，所以
眾矢之的，她們以前見我十分客氣，表示歡笑的，現時或勉強招呼，
或強作不見，或怒目而視，總之感情破裂，難以維持，此學潮一日
不完，我自然硬幹不去，但一完了，我立即走……如她們鬧得太凶，
沒法處理，則打算照中大辦法，重新考試，總之，我們是具十二分
堅決心，校長教職員，有力者都是左的，事甚好做。

……

我身體好，日來每飯三碗，因爲害馬又害起群來了，心中高興，
不覺多食些。現時背後有國民政府，自己是有權有勢，處置一些反

〔註13〕魯迅、景宋：《魯迅景宋通信集·〈兩地書〉的原信》第116頁，湖南人民出
版社，1984年。
〔註14〕魯迅、景宋：《魯迅景宋通信集·〈兩地書〉的原信》第191頁。
〔註15〕魯迅、景宋：《魯迅景宋通信集·〈兩地書〉的原信》第128頁。
〔註16〕魯迅、景宋：《魯迅景宋通信集·〈兩地書〉的原信》第297頁。
〔註17〕魯迅、景宋：《魯迅景宋通信集·〈兩地書〉的原信》第128頁。

　　動學生，實在易如反掌，貓和耗子玩，終久是吞下去的，你可知其

　　得意了。〔註18〕

多麼鮮活的語言，多麼逼眞的自我畫像。一年前的「害群之馬」現在來處理「反動學生」，這就是所謂的革命。遺憾的是這些信在《兩地書》中刊出時被刪改過了，楊蔭榆沒能看到此信原文。如果看到了，也許她後悔爲什麼不早識此人，讓她提前畢業，當北京女子師範大學的「訓導主任」，可不就沒有自己被驅趕的學潮了？歷史不可以假設，但這卻是歷史最捉弄人的地方。

　　魯迅與楊蔭榆本來無冤無仇，卻爲許廣平而捲入了女師大風潮，1959 年許廣平受「大躍進精神的感召」和「『十一』獻禮熱潮的推動」，開始寫作《魯迅回憶錄》，她很得意地在書中幫我們總結說，魯迅的《華蓋集》及續篇兩本文集，近三分之二的文章都是在罵「楊蔭榆、陳西瀅、章士釗之流」的。她說：「魯迅站在學生群眾的一邊，義正辭嚴地給予這批狼樣的凶獸們以無情的打擊。在兩本《華蓋集》中，有四分之三的篇幅是用來抨擊他們，用力氣不可謂不大。……魯迅在這一次，打了一個漂亮的勝仗，使敵人望風披靡，棄甲曳兵而走，遭到了徹底的失敗，翻不過身來。」〔註19〕開除她的北京女高師的校長是「狼樣的凶獸們」，她作爲「訓導主任」第二年如法炮製在廣東女子師範學校也開除學生。衣冠掩飾了人的本來面目，造神的文字遮蔽了歷史的眞相，而名人身邊的人，也因各種因緣際遇獲得了歷史的清譽或污名，這眞是歷史的弔詭之處。參與神化魯迅的許廣平也被披上了「新衣」。前不久，歷史學者端木賜香發表《如何變成一個你恨的人——許廣平叛逆與蛻變的舊事》的實證長文，著實向魯神廟的牆角刨了一鑔頭。文章的敘事說理極爲清晰明快。

　　說魯迅衝冠一怒爲紅顏似乎合情合理，中外歷史上的許多紛爭都是因爲女人而起，這一戰也不例外！而且還是先向一個女子楊蔭榆開戰。這位女子似乎也是魯迅去世前敵陣中最爲知名的女性。與此同時，命運也開始捉弄一位晉東才子高長虹，1925 至 1926 年間，他開始追求自己心中愛慕的「月亮」許廣平。月光已經灑在魯迅身上，高長虹哪是對手，幾個回合，他便敗下陣來，且因此在後來的造神運動中被折磨得瘋掉了。

　　「某籍某系」的勢力也眞是厲害，從校長楊蔭榆，到教育總長章士釗，再到執政府的「安福系」，都被「某籍某系」背後鼓動的學潮所擊中。本來只

〔註18〕魯迅、景宋：《魯迅景宋通信集・〈兩地書〉的原信》第 202～203 頁。
〔註19〕海嬰編：《許廣平文集》第二卷第 209 頁。

是開除幾個罷課鬧事的「害群之馬」，卻招來「某籍某系」幾位知名教授的集體公開聲援，學生有了依靠和主持者，變本加厲，鬧得更凶。師生合力對付一個女校長，楊蔭榆必敗。楊蔭榆命運的轉折就是因為這一對戀愛中的師生。公德與私情誰能分得清？一個寂寞、孤獨、苦痛、絕望、悲觀、傾聽寂靜之音，在壓抑中創造轉化，在黑暗處自我完善，在苦悶中昇華文字的作家魯迅，因此而轉變成了一個鬥士。象徵的文學，變成為罵人的藝術。由靜水流深轉向風生水起。魯迅成為鬥士的時候，許廣平是魯迅最親密的「戰友」；魯迅死後，許廣平又就被社會的激進思潮和政治化意識形態所挾持，參與到神化魯迅的工作中。

你可以從魯迅、朱安、許廣平的關係中挖掘人性的偉大、崇高、仗義，或犧牲、卑怯、自私。你可以站在學生的立場，也可以站在校長的位置，或站在教師的位置上看學潮，得出不同的個人判斷。問題是，這其中摻雜了魯迅與許廣平師生的曖昧關係，感情時常會摧毀所謂的理性、倫理和道德，使得原本客觀的事實被感性歪曲。只要認真研讀一遍女師大事件的真相，看看楊蔭榆做了什麼，再看看這一對戀愛中的師生在幹些什麼，以及參與此事的其他學生私下的行為，特別是當事人的回憶就會讓人忍不住對歷史唏噓感歎。一個女校長怎能鬥得過紹興師爺聯帶「某籍某系」與一幫「革命」學生聯手，並投入了感情力量的強大勢力。紹興籍北京大學校長蔣夢麟早就看透了大學裏校長、教授、學生三股力量的關係，任何兩股聯合，第三方必敗。女師大事件是教授與初敗的學生聯手，校長楊蔭榆最終敗北。特別是被開除了的學生，走投無路，得「某籍某系」的公開支持和幫助，只有拼命鬧事，非整出個你死我活不可。廣東女子師範學生鬧學潮的結果，是「訓導主任」兼學監舍監許廣平與校長聯手，開除了鬧事的學生。學校的爭鬥實際是「三國鬥法」，民國年間的許多大學都是如此。因此，站在任何一方看到的和得出的結論都可能是片面的。我這裡只審視作為個體人性，以及由此展示出的個性和所謂的命運。人性決定文學。而歷史又往往在人性與文學的陰差陽錯之中。許廣平愛上魯迅，改變了自己的命運，魯迅愛上許廣平同樣也改變自己的人生軌跡。魯迅始終是一個人，有人的情感與弱點。每每思及許廣平在魯迅身後的種種，心中都深感人性和歷史之揶揄與複雜。

對照完 1925 年與 1926 年間「學潮」中的許廣平，再來對照紫禁城中南海與延安窯洞兩個時期毛澤東心目的魯迅。

　　恰如魯迅《在現代中國的孔夫子》中所言：「孔夫子之在中國，是權勢者們捧起來的，是那些權勢者或想做權勢者們的聖人，和一般的民眾並無什麼關係。」即「成爲權勢者們的聖人，終於變成了『敲門磚』」。周海嬰在《魯迅與我七十年》一書中披露，1957 年羅稷南在一次座談會上向毛澤東提出了一個大膽的疑問：要是今天魯迅還活著，他可能會怎樣？不料毛主席對此卻十分認眞，深思了片刻，回答說，以我估計，（魯迅）要麼是關在牢裏還是要寫，要麼他識大體不作聲〔註 20〕。當有人對周海嬰的引文提出質疑時，趙丹夫人黃宗英說：「我是現場見證人。」她出示 1957 年 7 月 7 日在上海中蘇友好大廈毛澤東與文藝界座談時，她與趙丹、羅稷南、應雲衛等圍繞毛澤東的兩幅照片，並在回憶文章中寫道：

　　　　我又見主席興致勃勃地問：「你現在怎麼樣啊？」羅稷南答：「現在……主席，我常常琢磨一個問題，要是魯迅今天還活著，他會怎麼樣？」我的心猛地一激靈，啊，若閃電馳過，空氣頓時也彷彿凝固了。這問題，文藝人二三知己談心時早就悄悄嘀咕過，「反胡風」時嘀咕的人更多了，可又有哪個人敢公開提出？還敢當著毛主席的面在「反右」的節骨眼上提出？我手心冒汗了，天曉得將會發生什麼，我尖起耳朵傾聽：「魯迅麼——」毛主席不過微微動了動身子，爽朗地答道：「要麼被關在牢裏繼續寫他的，要麼一句話也不說。」呀，不發脾氣的脾氣，眞彷彿巨雷就在眼前炸裂。我懵懂中瞥見羅稷南和趙丹對了對默契的眼神，他倆倒坦然理解了，我卻嚇得肚裏娃娃兒險些蹦出來。〔註 21〕

有孕在身的黃宗英說，她對此事的記憶十分深刻。

　　1937 年 10 月 19 日延安陝北公學紀念魯迅逝世一週年的演講會上，毛澤東對魯迅的評價是：「魯迅在中國的價值，據我看要算是中國的第一等聖人。孔夫子是封建社會的聖人，魯迅則是現代中國的聖人。」〔註 22〕1940 年 1 月，毛澤東的《新民主主義論》中，對魯迅說了這樣一段話：

　　　　魯迅是中國文化革命的主將，他不但是偉大的文學家，而且是偉大的思想家和偉大的革命家。魯迅的骨頭是最硬的，他沒有絲毫的奴顏和媚骨，這是殖民地半殖民地人民最可寶貴的性格。魯迅是

〔註 20〕周海嬰：《魯迅與我七十年》第 371 頁，南海出版公司，2001 年。
〔註 21〕黃宗英：《我親聆毛澤東與羅稷南對話》，《南方周末》，2002 年 12 月 5 日。
〔註 22〕毛澤東：《論魯迅》，《毛澤東文集》第 2 卷第 43 頁，人民出版社，1993 年。

在文化戰線上，代表全民族的大多數，向著敵人衝鋒陷陣的最正確、最勇敢、最堅決、最忠實、最熱忱的空前的民族英雄。魯迅的方向，就是中華民族新文化的方向。〔註23〕

我在《大河之旁必有大城》一書中曾引用過上述兩段文字，同時指出魯迅是一個具有極端反抗、復仇心理的人，也是一個具有幽暗意識和批判精神的人，他奉行是「一個都不寬恕」，他反抗專制政權，向損傷自己的人復仇，拒絕體制的思想一統並排斥、批判和消解體制，同時又從文化歷史層面對人的奴性、劣根性進行批判。這樣的「戰士」，如何，又怎麼可能被 1949 年以後的毛澤東喜歡？中華民國造就了魯迅，在窯洞裏謀劃奪取政權的毛澤東心目中的魯迅是聖人，是革命的主將。到了 1949 年，毛澤東成為政權的主人後他則被「關在牢裏」。敲開紫禁城的大門後，魯迅這「敲門磚」就得被扔掉。1949 年後魯迅成為文化、教育及文學界政治鬥爭的工具，從馮雪峰到「四條漢子」，許多人都是被魯迅這塊「磚」擊中，並且是相互持磚對砸。我曾對一位不願意正視「反右」而「懷舊」的學者說，那是你沒有遭遇戴一頂「右派」的帽子被發配到青海的勞改農場，經歷九死一生的苦難生活；也還對一位看好「文革」，拿「文革」時期個人無私來對比現實物欲橫流的校長說，你沒有趕上「文革」被「無私」和「無欲」的學生批鬥的場面，若你知道校長有被開水澆頭和打斷肋骨的場景，你還喜歡嗎？「文革」時一個人一揮手，千千萬萬「革命小將」就揮磚向你校長襲來，你還願意回到那個時代？一個飽讀史書的統治者，讓中小學停課，大學停辦，愚民政策下一代「無私」、「無欲」而且特別聽令的「革命小將」迅速成長。他聽了我的一番話，本能地看一眼辦公室仍懸掛著的佩戴紅袖標，揮手指方向的大幅畫像，然後一手持 iPhone，一手持「奔馳」的車鑰匙，說了句：有點冷！

在北京，魯迅為一個女學生射向楊蔭榆一支名為《寡婦主義》的毒箭。弓箭手太強悍、太感性了，前無古人，難見來者，以至於都忘記了家中的寡母和守活寡的朱安。寫過「人血饅頭」(《藥》)的魯迅是如何打造出這支冷血毒箭的？有無《寡男主義》？更可怕的是使用劇毒武器者，往往會因毒物本身而自傷折壽，因為那毒藥是用自己的心血煉成的。十一年後，他自己所愛的這位女學生陷入了這樣的宿命。

〔註23〕毛澤東：《新民主主義論》，《毛澤東選集》第 2 卷第 698 頁，人民出版社，1991年。

　　抑尤進者，魯迅爲一個女子遠走異地的行爲，開啓了周家男人的一個先河。周海嬰說他家是隔代遺傳，這是單說周令飛的，是這個以爺爺的一個筆名「令飛」命名的孩子。

　　周令飛在日本留學時，愛上了班上一位來自臺灣的女生張純華，愛情的火燃燒後，什麼都顧不上了，據 1982 年 9 月 19 日臺北《聯合報》報導，18 日，周令飛和張純華「乘泰國航空公司六○一次班機由東京飛往香港。飛機在桃園中正國際機場過境時，周令飛獲悉中華民國政府歡迎他和張純華在臺北結婚並定居後，立即發表書面聲明，宣佈他選擇自由的決定」〔註24〕。周海嬰的《魯迅與我七十年》中說是周令飛和張純華欲到香港結婚，在臨上飛機前在機場周令飛向媒體發表了個人聲明，大意是：「一、此舉純粹是爲了愛情，而沒有任何別的企圖；二、這事與我父母無涉；三、因爲與臺灣的女孩結婚，兩岸的狀況又如此，我宣佈退出中國共產黨。」〔註25〕周海嬰這裡所說的發表聲明的大意，是有意將「民主自由」等關鍵的詞語隱去。在臺北訪學的符傑祥博士幫我查得《聯合報》上聲明原文節錄和《傳記文學》的原文，特別是聲明的手跡。事實上，周令飛是發出三份公開書，即《結婚申請書》、《致父母公開信》和《聲明》，彰顯出的是私情與公德也是饒有趣味的。

結婚申請書

　北京政府、趙紫陽先生：

　臺北政府、蔣經國先生：

　　　申請人：周令飛　男　1953 年 4 月 20 日

　　　　　　北京出生（履歷書附後）

　　　申請人：張純華　女　1957 年 12 月 1 日

　　　　　　臺北出生（履歷書附後）

　　　申請人周令飛、張純華於 1980 年同在日本東京的國際學友會及日本語學校就讀時相識，由於志趣相近，情投意合，誓結終身。

　　　然而，今日之中國大陸與臺灣雖然實屬一國，臣民雖然均爲黃炎子孫，但海峽兩岸，三十餘年恩怨未解，至今未能統一，咫尺天

〔註24〕1982 年 9 月 19 日臺北《聯合報》。

〔註25〕周海嬰：《魯迅與我七十年》第 331 頁。

涯，翹首可望，一葦可航，大好河山卻分屬兩壁。這不僅是中華民族莫大憾事，也使申請人之婚姻困難重重。

申請人一則很難得到雙方父母的共同允許，二則各自又在對方故府無戶籍登錄；再則無意在國外結婚定居，前思後慮無良策，完婚之事，真乃上天無路，入地無門。

但我們畢竟是血氣方剛年青一代，萬般艱難面前，不願敗陣而逃，只知迎刃而攀，為求一條出路，斗膽向兩政府和兩位先生呈此公開申請書，陳述我們的願望：

1、承認、批准我們的婚姻。

2、准許我們之中的一方到任何一方的居住地履行結婚手續和定居。

3、幫助我們解決暫時存在的學習、工作、生活上的困難。

4、准許我們因工作、學習或旅遊自由出入國。

5、在可能的時機，允許我們省親並返回居住地。

6、勿因我們的結合，影響各自家庭的正常生活。

7、我們的兄弟姐妹，有的已在國外留學，有的正在申請之中。勿因我們的結合，而使他們的學習受到絲毫影響。

以上請求，均密切關係到我們的切身利益，懇請兩政府、兩位先生，體諒我們的苦衷，成全我們的婚姻，批准我們的請求，並念我們年輕，寬赦我們越級陳情申請之罪。

當否，請閱示

謹呈

申請人：

周令飛

張純華

1982 年 9 月 18 日

於日本東京〔註26〕

〔註26〕王世華：《周令飛的三個「歷史性文件」》，臺北《傳記文學》第 41 卷第 5 期（1982 年 11 月）。

《致父母公開信》講述與張純化相戀的過程和出走的理由，文字較多，這裡
略去，公開的家書和《結婚申請書》只是私情。當時被臺灣及海外媒體渲染
的是周令飛的「宣佈放棄中國共產黨員身份，並且不為中國共產黨做事」的
這份《聲明》。

聲明

　　1、為求自由戀愛婚姻、民主自由，我以自己意願來到中華民國
臺北，未受到任何外界因素之影響。

　　2、我宣佈放棄中國共產黨員身份，並且不為中國共產黨做事。

　　3、我將遵守中華民國法律，不傷害中華民國憲法，不做任何違
背中華民國法律之言行。

　　4、本人此舉，一切責任均由自己承擔，不希望連累包括我父母、
家庭在內的任何人或有關方面。

特此聲明

周令飛

1982、9、18

於臺北桃園機場〔註27〕

《聯合報》同時刊登有下面的電文：

　　【法新社日本成田十八日電】已故中國名作家魯迅的孫子周令
飛與來自臺灣的女孩張純華，在向臺北和北平當局寄出要求准許他
們結婚的陳情書後，今天搭機由日本飛往香港。

　　他們在離開成田機場前說，陳情書是寄給中華民國蔣總統和中
共「總理」趙紫陽。他們表示，他們還分函雙方家長，把他們的意
向告訴父母。他們說：「我們都是中國人，我們會克服一切困難。我
們堅決相信我們的婚姻能獲准。」〔註28〕

《聯合報》為渲染此事，將「臺北電」的新聞題目寫這麼長：《開愛情之花　結
自由之果　魯迅之孫周令飛昨來歸　將與張純華在臺北結婚　在日本結識相
愛　嚮往幸福的生活　過境途中抵寶島　聲明脫離共產黨》〔註29〕。

〔註27〕王世華：《周令飛的三個「歷史性文件」》，臺北《傳記文學》第41卷第5期
　　　　（1982年11月）。
〔註28〕1982年9月19日臺北《聯合報》。
〔註29〕1982年9月19日臺北《聯合報》。

　　仔細研讀了周令飛和張純華的三份聲明手稿影印本，所署明時間是一天，行文中沒有塗改一處，條理清楚，一天之內是無法將事情打理得這麼有條理，有去處，更不可能是機場臨時的即興之筆，顯然是事先都擬好的，也即是說是經過事先周密安排的。他們沒有到大陸來結婚，也沒有去香港，而是飛到臺北並得到臺灣當局的許可，這些自然是事先與臺灣方面有過溝通，得到臺灣方面的某種承諾。這麼清楚的事實，如此讓讀者能明瞭其中三份聲明背後的東西，周海嬰在書中的說辭，反倒讓我們看到了真相的一角。我最早得知此事，是1989年4月在周海嬰的鄰居秦德君家裏。魯迅一度被大陸共產黨神化、利用，周令飛被臺灣國民黨宣傳、利用。國共一家兩兄弟，鬥法都一樣。「魯迅研究」與政治糾纏得最緊，教授、學者學習繼承魯迅的鬥爭精神最好，因此這個圈子裏事情最多，鬥法最精到。兩岸政治和解後，周令飛回上海經營以魯迅為招牌的教育文化產業，魯迅又成為賺錢的工具。他這是在踐行他爺爺在《傷逝》中所說的「第一，便是生活。人必生活著，愛才有所附麗」。

　　在當時，這種為「自由戀愛婚姻、民主自由」而「來到中華民國臺北」，「宣佈放棄中國共產黨員身份，並且不為中國共產黨做事」；「將遵守中華民國法律，不傷害中華民國憲法，不做任何違背中華民國法律之言行」的行為真是對大陸幾十年神化魯迅最徹底的解構，對黨化教育最徹底的顛覆。更讓神化魯迅的人難堪。這種公德與私情最焦灼的黏合在一起的行為，是魯迅、許廣平留給周家的傳統。當然還有周作人、周建人娶日本姐妹，在日軍侵華戰爭期間，周作人附逆的歷史事實。周家事多，時常出人意料，越常人之理，幾代人都如此。魯迅之於北京的那個家，周作人之於中華民國和民族大義，周令飛之於自己申請加入的那個黨，他們都以自己的實際行動給我們留下了答案。

　　1982年9月23日，李敖因當天《聯合報》上登出22日周令飛在「華視新聞雜誌」節目上的訪談，而寫了《雜評魯迅和他的孫子──一九八二年九月二十三日的日記》，李敖研究專家陳才生教授為我提供了此文的紙本。李敖引用周令飛的談話：

> 　　羅曼羅蘭夫人的一首詩：「生命誠可貴，愛情價更高；若為自由故，兩者皆可拋。」小時候讀過這首詩，只覺得句子短，琅琅上口，現在真正瞭解了這首詩的合義，也代表了自己的心聲。〔註30〕

〔註30〕 李敖：《雜評魯迅和他的孫子》，《李敖大全集》第37冊第78頁，（臺北）成陽出版股份有限公司，1999年。

隨之，李敖說道：

> 這是胡扯。第一，羅曼羅蘭夫人從沒寫過這首詩。第二，周令飛是爲愛情拋棄了自由。他來臺灣前曾公然向臺灣、大陸雙方表示了意願，可見兩地的自不自由不是他「拋」的條件，而是他爲了愛情不惜跑到任何給他愛情的地方。……

> 周令飛在臺灣的表現，到處拜會、致敬，他的祖父必然死不瞑目。魯迅若想到自己的孫子這樣向他所厭惡的政權表態，眞要甘願「令」這小子「飛」了。……〔註31〕

因爲這首詩是匈牙利詩人裴多菲寫的。因讀李敖的文章，我想起了自己所熟悉的《摩羅詩力說》、《爲了忘卻的紀念》。李敖所說的「胡扯」背後竟關聯周家祖孫兩人共的這個「令飛」。

1907 年魯迅作《摩羅詩力說》，1908 年 2 月和 3 月以「令飛」的筆名發表在《河南》雜誌第二號和第三號上，後由魯迅收入 1926 年出版的雜文集《墳》中。《摩羅詩力說》的作者「令飛」即後來的「魯迅」，他用很長一段文字，介紹匈牙利「愛國詩人裴象飛」（即今譯裴多菲）。「令飛」稱讚裴象飛「雖性惡壓制而愛自由，顧亦居軍中者十八個月，以病瘳罷」〔註32〕。「裴象飛亦嘗自言曰，吾琴一音，吾筆一下，不爲利役也。居吾心者，愛有天神，使吾歌且吟。天神非他，即自由耳」〔註33〕。「令飛」雖然沒有專門介紹上面引用的「生命誠可貴，愛情價更高；若爲自由故，兩者皆可拋」這首詩，但在魯迅的書非禁書的年代，裴多菲的這首詩，曾爲年輕一代所熟知，甚至隨魯迅的《爲了忘卻的紀念》選入中學課本。這首詩是「左聯五烈士」之一殷夫（白莽，原名徐祖華）所譯，魯迅在《爲了忘卻的紀念》〔註34〕一文中引用，文中的作者譯名爲彼得斐，譯詩有「兩」與「二」一字之別：「生命誠可貴，愛情價更高；若爲自由故，二者皆可拋。」在收入《魯迅全集》之前，曾先行收入《南腔北調集》中。

〔註31〕李敖：《雜評魯迅和他的孫子》，《李敖大全集》第 37 冊第 78～79 頁。
〔註32〕魯迅：《摩羅詩力說》，《魯迅全集》第 1 卷第 97 頁，人民文學出版社，1981 年。
〔註33〕魯迅：《摩羅詩力說》，《魯迅全集》第 1 卷第 97 頁，人民文學出版社，1981 年。
〔註34〕魯迅：《爲了忘卻的紀念》，《魯迅全集》第 4 卷第 479～490 頁，人民文學出版社，1981 年。

這是李敖所說「胡扯」的第二個含義：爲愛情拋棄了自由。

功名與私情

大學對信仰、思想、知識的兼容和對教授、學生個性行爲的包容，自然就會有各種張揚行爲。大學的江湖也很大很深，是是非非也很多。極權專制會改變人性，知識修養會改變一個人的命運，但這一法則並不適應所有的人。知識修養對一個人的陶冶是有限的，性格決定命運，或者說江山易改本性難移，本性這東西是最難改變的。季羨林曾經感慨有毒的植物不知道自己有毒，壞人並不認爲自己是壞人。大學校園裏也有壞學生，有惡教授。有人的地方就會有左中右，就會有鬥爭，大學也是這樣的生態。社會上所有的問題，大學校園裏也有，只不過披著一件知識或學問的外衣。罵人的方式、害人的方式或者是作惡的手段更學院化而已。尤其是文人，他們會將自己或他人的古怪行爲美名曰狂狷，會將一些放浪形骸的行爲美化爲風流。

一妻一妾。長命百歲，兩度出任北京大學校長的馬寅初，七十年堅持每天晚上洗冷水浴，因體能超常，精力過人，所以家中有一妻一妾。對於他來說，這不是舊式婚姻的遺留，也不是新舊交替時代的被動接受，更不是中西文化混合的產物，它只是一個特殊男人的生理需求。他把自己的這種行爲告訴胡適，被胡適寫進了 1922 年 8 月 10 日的日記中〔註35〕。看來是否長壽，首先取決於體質本身，人性的正常需求超越文化和教育的教化功能。正是這位擁有一妻一妾八個子女的北大校長，在 1949 年以後的中國倡導「計劃生育」，要求控制人口。而他的北大同事，1921 至 1926 年任教於哲學系的張競生，1920 年從法國留學歸國後即開始呼籲節育優生。可惜的是他的思想觀念、美學理想與生活態度超前，不見容於社會，1926 年以後，甚至連相對包容的大學體制也拒他於門外，他只能回家鄉廣東饒平從事鄉村教育和鄉村建設。

賭徒。陳獨秀出任北京大學文科學長，把《新青年》帶進了北大，同時也帶來了自己的助手高一涵。《新青年》雜誌在北京大學的實際編輯工作都是他做的。這位留學日本明治大學政法系的政治學學者、詩人，在北京大學做編譯委員的同時，也在中國大學、法政專門學校兼任教授。但他公開的教授身份之外，卻又是一位賭癮成性的賭徒。胡適與他做鄰居四年，也沒能勸誡

〔註35〕胡適：《日記 1922 年》，《胡適全集》第 29 卷第 709 頁。

掉他的賭癮。不僅嗜賭，而且常流連北京的八大胡同，還曾「接了一位妓女
來家做老婆」。無奈之中的胡適只好勸說自己的妻子江冬秀，要她對高一涵夫
婦給以應有的做人的尊重〔註36〕。高一涵是《新青年》時期的名人，1949 年
以後，在南京大學當教授，後爲江蘇省司法廳廳長。

　　雙城故事。魯迅剛去世，武漢大學女教授、新文學作家蘇雪林就致信蔡
元培，稱魯迅「玷辱士林之衣冠敗類，廿五史儒林傳所無之奸惡小人」，要求
討伐魯迅。其鞭屍行爲被胡適果斷制止。胡適之舉是出於其做人的厚道和對
魯迅「早年文學作品，如他的小說史研究，皆是上等工作」的敬重。他甚至
借機爲魯迅辯誣，說陳源當日誤信張鳳舉之言，「說魯迅之小說史是抄襲鹽谷
溫的，就使魯迅終身不忘此仇恨！」「說魯迅抄鹽谷溫，眞是萬分的冤枉。鹽
谷一案，我們應該爲魯迅洗刷明白。」〔註37〕此事背後眞實的緣由在顧頡剛
的通信中可以明瞭。顧頡剛認爲魯迅的《中國小說史略》中用了他的考證材
料，也抄用了日本學者鹽谷溫《支那文學講話》中關於《紅樓夢》人物關係
表，從考據學的眼光看，魯迅應該標明出處。顧頡剛將此事告訴了陳源、孫
伏園〔註38〕。孫伏園爲魯迅最忠實的弟子，自然會將顧頡剛的話告訴魯迅。
而陳源是在與魯迅的對陣中，將此事進一步誇大後公開寫在文章中。這是魯
迅痛恨顧頡剛、陳源的關鍵所在。魯迅與顧頡剛交惡後，還不忘將顧頡剛寫
進自己的《故事新編》中。

　　北京大學教授陳源主持《現代評論》，得英國隨筆之文法，以「西瀅閒話」
挑戰擁有「紹興師爺」文風，佔據《語絲》的周氏兄弟。「閒話」與「語絲」，
打了個平手。加上他與楊蔭榆爲無錫同鄉，介入女師大風潮，與「某籍某系」
演義出新的「吳越春秋」。春風得意的陳源南下武漢大學出任文學院院長，卻
被女作家妻子淩叔華給「綠」了（與在武漢大學任教的英國教師朱利安有了
婚外情），男人的尊嚴盡失，從此一蹶不振。這段武漢大學的校園往事，六十
年後又被女作家虹影在《K》（又名《英國情人》）中演義。而此時演義民國大
學校園兩男一女故事的虹影，正在倫敦大學過著兩女一男（兩姐妹共侍一夫）
的現代生活。從武漢到倫敦，歷史鏈接著雙城，永恆的人性主題可以超越時
空，留給虹影的是又一部展示人性的小說《好兒女花》的創作動力。

〔註36〕胡適：《日記 1923 年》，《胡適全集》第 30 卷第 19～20 頁。
〔註37〕胡適：《致蘇雪林》，《胡適全集》第 24 卷第 324～325 頁。
〔註38〕顧頡剛：《致陳則光》，《顧頡剛全集　顧頡剛書信集》卷三第 528～529 頁。

　　傅大炮。胡適的兩個得意門生傅斯年、羅家倫日後都成為中國著名的大學校長。前者傅斯年是 1919 年 5 月 4 日天安門學生遊行的總指揮，扛著大旗走在最前面。1945 年抗戰勝利後替代老師胡適出任北京大學代校長。1945 年 11 至 12 月的昆明學潮，特別是發生了「一二‧一血案」後，國民黨政府教育部讓傅斯年去昆明協助政府處理此事，平息學潮。此時，傅斯年的昔日同學和社會輿論立即放出了「請看剃頭者，人亦剃其頭」的嘲諷。身患嚴重高血壓病的傅斯年，謹言慎行，不敢有絲毫的閃失。後者羅家倫是 1919 年 5 月 4 日天安門遊行時散發的《北京學界全體宣言》的起草人，更是「五四運動」一說的首倡者。1928 年 9 月，羅家倫出任清華大學校長，1930 年 5 月，卻被清華師生驅趕離校。「學潮」不好惹，許多政客、達官的政治生命都是因沾惹「學潮」而斷送。

　　傅斯年之後曾出任中央研究院歷史語言研究所所長的屈萬里回憶說，也正是這位號稱「傅大炮」的傅斯年，在抗戰期間，曾以國民參政員的身份，在國民參政會上對時任行政院長的孔祥熙公款私用的舞弊行為提出質詢，並促使監察院院長對孔提出彈劾。蔣介石委託手下向傅斯年說情被拒，只好請傅斯年吃飯，飯桌上：

　　　　「你信任我嗎？」蔣委員長問孟真先生。

　　　　「我絕對信任。」傅先生答。

　　　　「你既然信任我，那麼，就應該信任我所任用的人。」

　　　　「委員長我是信任的，至於說因為信任你也就該信任你所任用的人，那麼，砍掉我的腦袋，我也不能這樣說！」傅先生顯得有些激動，在座的人都失了色，蔣委員長也為之動容。〔註39〕

此時的傅斯年首先是一位學者，當然，他的官位只是中央研究院史語所所長，是一位學術機構的最小的服務性行政長官。坊間傳說他也是最能敬重真正從事學術工作的學者，而又自我謙卑的人：朱家驊任中研院院長時，讓傅斯年去勸說李方桂出任新成立的民族研究所所長，李方桂堅辭不就，對傅斯年說：「我認為，研究人員是一等人才，教學人員是二等人才，當所長做官的是三等人才。」傅斯年聽後，立即躬身給李方桂作了一個長揖，邊退邊說：「謝謝

〔註39〕屈萬里：《傅孟真先生軼事瑣記》，《傅孟真傳記資料》（三）第 126～127 頁，（臺北）天一出版社，1979 年。

先生，我是三等人才。」爲此我輾轉請教中央研究院歷史語言研究所的一位
老先生，欲求證此說出處，得到的答覆是：經查史語所現存傅、李兩先生檔
案，確有「設所」之議。但「三等人才」一語，則文獻實不足徵。〔註40〕

　　然傅斯年面對行政院長、最高總裁蔣委員長的態度卻是如此正氣凜然。
1953 年 9 月 18 日，在全國政協常委擴大會議和中央人民政府委員會擴大會議
上，梁漱溟與毛澤東發生了爭執。這位曾經的北京大學教授，1918 年即與同
齡人毛澤東在北京大學圖書館相識的民主人士，因頂撞事件，結局暗淡。隨
後發生了胡風上三十萬言書的事，時任中共上海市委宣傳部長的彭柏山對友
人王元化說，胡風太天眞了，「是皇帝，說了就是眞理！怎麼能去跟他討論呢。」
〔註41〕事後梁漱溟和胡風在檢討自己「錯誤」的時候，都承認對毛澤東不夠
尊重。所謂的尊重就是沒有把他當「萬歲」！全國幾億人都把他視爲「萬歲」，
兩個「天眞」的書生卻要和「萬歲」說理，不用「萬歲」動怒，幾億人民也
決不會答應你們的！這是制度缺失和思想意識形態偏執後，集權獨裁者與廣
大民眾「平庸的惡」有機交融所產生的「偉大力量」，並釋放出一種近於宗教
迷狂式的霧霾。山林寺廟都共產了，個人無處躲避。每個人都要與之共呼吸，
共患難。個人的榮辱與中華民族的命運緊緊連在一起。

　　1953 年 9 月以後，60 年了，中國再無梁漱溟！

　　再看看當下，一位大學校長，面對教育部的一位處長、科員，那是一種
什麼樣的姿態？

　　把傅斯年的老師胡適從駐美大使位置上擠下來的宋子文，依靠姻親裙帶
關係，當上行政院院長，同樣也被「傅大炮」轟下臺。宋子文在臺上，政治
品行更差。1947 年 2 月 15 日，傅斯年在南京張純明主編的《世紀評論》刊出
《這個樣子的宋子文非走不可》。他明確指出（節錄）：

　　　　古今中外有一個公例，凡是一個朝代，一個政權，要垮臺，並
　　不由於革命的勢力，而由於他自己的崩潰！

　　　　至於說到政治，如果不承認失敗，是誰也不相信的。政治的失
　　敗不止一事，而用這樣的行政院長，前有孔祥熙，後有宋子文，眞
　　是不可救藥的事。

<hr>

〔註40〕李方桂：《李方桂先生口述史》，清華大學出版社，2003 年。此書中沒有記載
　　　　此事。
〔註41〕彭小蓮：《他們的歲月》第 21 頁，上海文藝出版社，2000 年。

　　　　所以今天能決定中國將來之運命者，必須會悟今天政治的嚴重
　　性不在黨派，不在國際，而在自己。要做的事多極了，而第一件便
　　是請走宋子文，並且要徹底肅清孔宋二家侵蝕國家的勢力。否則政
　　府必然垮臺，而希望政府不垮臺，以免於更大的混亂者，也要坐以
　　待斃，所謂「火災昆崗，玉石俱焚」，今天良善的人誰無「人間何世」
　　之感！

　　　　我真憤慨極了，一如當年我在參政會要與孔祥熙在法院見面一
　　樣，國家吃不消他了，人民吃不消他了，他真該走了，不走一切垮
　　了。當然有人歡迎他或孔祥熙在位，以便政府快垮。「我們是救火的
　　人，不是趁火打劫的人」，我們要求他快走。〔註42〕

歷史是一面鏡子。

　　我這個鄉村土坯屋長大的書生，有機會多次到南京北極閣的宋子文公館
尋訪，曾受託為宋子文的海外親屬聯繫所謂的「產權」問題，並拍攝相關圖
片。那個表面是「茅草屋」的公館，是 1930 年代南京真正的奢華之處。每次
造訪，我都會想起「朱門酒肉臭，路有凍死骨」的詩句，所以看到傅斯年的
文章後，我的感觸最深。

　　癮君子。同樣是大學校長的劉文典，自認為是古今最懂莊子的學者，也
是敢於當面頂撞蔣介石而被關押的現代禰衡，更是一位喜愛鴉片的癮君子。
1928 年因頂撞蔣介石之事而辭去安徽大學校長一職，後長期在北京大學、清
華大學、雲南大學執教。抗戰期間，在昆明的西南聯大，也正是這位深受學
生敬重的教授，因貪戀寧洱縣磨黑鎮大鹽商張孟希所供的五十兩「雲土」（鴉
片），長期離校離職，而被聯大解聘。1943 年 12 月國民政府教育部聘評第二
批部聘教授，他原本排名第一而落選，就是因為有此嗜好。

　　師生戀。1930 年的上海中國公學，一位在讀的大學女生，不停地收到本
校的青年文學講師寫來的情書，她不拆看、不回覆，久而久之卻收到了一大
包。她氣憤地抱著這包書信，到校長室，親自交給校長，請校長處置。校長
只看了一封，就大誇寫信人是天才，是中國小說家中最有希望的，還進一步
說社會上有了這樣的天才，人人都應該幫助他，使他有發展的機會！這裡的
收信人是張兆和，寫信人是沈從文，校長是胡適之。此時的大學校長胡適之，

〔註42〕傅斯年：《這個樣子的宋子文非走不可》，《傅斯年全集》第 5 冊第 317～325
　　　　頁，（臺北）聯經出版事業公司，1980 年。

充當的是「紅娘」。日後，沈從文無限深情地寫道：「我行過許多地方的橋，看過許多次數的雲，喝過許多種類的酒，卻只愛過一個正當最好年齡的人。」〔註43〕

　　傳奇沒有結束，故事可以繼續。只有小學學歷的沈從文，被校長胡適破格聘爲大學講師後，日後長期與大學結緣。經歷中國公學後，他到武漢大學任職，爲救助、護送丁玲母子回湖南（胡也頻被殺），他耽誤了武大的工作。1933 年丁玲被捕，他又通過蔡元培、胡適，奔波營救。40 多年後，他卻因自己所寫的一本《記丁玲》慘遭重新得勢的丁玲的羞辱。失去武大的工作之後，沈從文到青島大學執教，張兆和隨行到青島大學圖書館任職。此時有一位山東女生李雲鶴也在梁實秋（外文系主任）兼任館長的圖書館裏工作（半工半讀），同時旁聽聞一多、沈從文的文學課，並受到沈從文課堂上的褒揚。1933 年春，李雲鶴的男友，青島大學物理系學生俞啓威（黃敬，中共青島市委宣傳部長）被叛徒出賣，被捕入獄。俞啓威的姐姐，上海「南國社」著名話劇演員俞珊（1908～1968）隻身來青島救人。風姿綽約的俞珊的到來，引起了青島大學幾位文學教授的騷動，爲營救弟弟，俞珊答應嫁給接替楊振聲出任校長的趙太侔（1889～1968）。趙太侔長俞珊 19 歲，以校長身份把俞啓威保釋後，與前妻離婚。這是一場交易，趙、俞最終還是分手。依靠趙、俞的幫助，李雲鶴、俞啓威先後離開青島去了上海。此時青島大學幾位教授的浪漫故事，被沈從文寫進了小說《八駿圖》

　　這位張兆和的同事，沈從文的學生李雲鶴後來成了毛夫人江青。但沈從文、張兆和卻從來沒有從她那裡謀取過特別的關照。幫助李雲鶴和俞啓威逃離青島的校長、老師趙太侔，1949 年以後隱居在青島海洋學院教授英文，1968 年 4 月因不堪忍受政治迫害而跳海自殺。同年，俞珊在北京也被造反派整死。

　　儒將風流。文人自風流。與徐志摩同齡的紹興才子羅家倫在北京大學讀書時是徐學弟。歐洲留學期間，徐志摩棄張幼儀母子於寒冷的德國，獨自追求林徽因於英倫，是羅家倫給了學嫂張幼儀及時的照顧，爲異國他鄉的她送上了心靈的溫暖和感情的撫慰。儘管張幼儀最終拒絕了羅家倫的求婚，卻因這場「失戀」而成就了一位叫羅家倫的詩人。讀者可以說徐志摩哪些詩是寫給林徽因的，但羅家倫寫的新詩、舊詩很多，哪些是寫給張幼儀的，卻很難

〔註43〕沈從文：《新廢郵存底》，《沈從文文集》第 12 卷第 2 頁，花城出版社、生活·讀書·新知三聯書店香港分店，1984 年。

判定。這自然是他的理性，也正是這種理性，他得以在北伐時官至少將，隨後出任清華大學、中央大學校長。卸任校長之後，一首《玉門出塞》讓他重出詩壇：

> 左公柳撫玉門曉
> 塞上風光好
> 天山融雪灌田疇
> 大漠飛沙旋落照
> 沙中水草堆
> 好似神仙島
> 過瓜田碧玉叢叢
> 望馬群白浪濤濤
> 想乘槎張騫，定遠班超
> 漢唐先烈經營早
> 當年是匈奴右臂
> 將來更是歐亞孔道
> 經營趁早，經營趁早
> 莫讓碧眼兒射西域盤雕

這是民國大學校長們的故事。如果你爲當下的校長能唱一首流行歌曲而歡呼，爲畢業典禮上校長能說幾句網絡的流行語而尖叫，那你的民國知識的門戶一定是緊鎖著、遮蔽著。

傅斯年、羅家倫兩位也都是周作人的學生，1945 年秋，傅斯年出任北京大學代理校長時，將周作人等原日軍佔領時期的「北京大學」教授一律清除，引起周作人的敵對和仇視。他從監牢出來，得新政權一份寬大懷柔的稿酬，便寫文章罵傅斯年是僞君子，羅家倫是眞小人。

革命加戀愛。大學是民國一個新的知性的社會公共空間，同時成長著一批文學青年，校園裏每天都有奇妙的事情發生，校園故事到處流傳。從私立的南開中學到南開大學，張伯苓、張彭春兄弟引領下的「新話劇」，成爲這所學校同時也是民國中學、大學中獨特的文藝景觀，養育了曹禺等一代名劇作家。新建的上海大學，因瞿秋白、沈雁冰、蔣光慈、施存統等中共的作家入校授課，開啓了「革命文學」的先聲，日後又編織出一系列浪漫的愛情故事－瞿秋白－王劍虹－楊之華、施存－王一知－鍾復光、張太雷－王一知、陽

翰笙－唐棣華、沈雁冰－秦德君、沈澤民－張琴秋、陳望道－吳虹茀、李碩勳－趙君陶等師生戀成為大上海的一道大學風景和文學風情，也是「革命加戀愛」的真實寫本，遠比「革命加戀愛」的那些虛構的文本精彩、曲折。

打架。有人在的地方就有矛盾、衝突，解決矛盾的辦法也不會因身為教授而更高明。中央大學、金陵大學的學生畢業聚會上，可以看到黃侃與吳梅兩位教授罵陣、打架。事後，兩人都詳細將罵陣、打架之事的經過記錄到日記中。之後學生們就無法在校園裏同時見到這兩位上課的教授了。黃侃是每周二、四、六上午在中央大學上課，一、三、五下午在金陵大學上課。吳梅是一、三、五上午在中央大學上課，二、四、六下午在金陵大學上課〔註44〕。周作人寫於1943年的《懷廢名》一文中，說聽余君談及，廢名與熊十力因對佛學問題的看法不同，曾由爭吵到扭打在一起，但這卻沒有影響他們日後的朋友之情。這就是民國大學教授的個性張揚，校長和校行政沒有對他們加以干預和批評。黃侃在日記中嘲笑王國維研究甲骨文、敦煌等是求新求變，不守家法〔註45〕；楊樹達在自己的日記中卻表達了不同看法〔註46〕。喜酒貪杯的黃侃，喝多了就罵人，不料一隻大螃蟹卻要了他五十歲的命。

楊樹達在《積微翁回憶錄》中還寫道：章太炎曾說：「三王不通小學。」〔註47〕「三王」即王安石（介甫）、王夫之（船山）、王闓運（湘綺），湖湘占二人。楊樹達在北京曾與湘籍學者曾星笠（著《音韻學講義》）談到此事，說他日仍回歸故里教授學生，培植鄉里後進，雪太炎所言之恥。著名甲骨文專家董作賓（彥堂）在致楊樹達信中也表示：「昔太炎先生不理卜文，學林以為憾事。」〔註48〕這就是中國民諺「哪個人背後不說人，哪個人背後不被人說」的最好的見證。「文人相輕」古已有之，但因他們各自學富五車而增加了幾分性情與風雅。

只有小學畢業文憑的沈從文可以當大學教授，日後被沈從文稱之為「適之先生嘗試的第二集」〔註49〕，這是民國大學校長不拘一格的用人之道。林

〔註44〕袁鴻壽：《吳瞿安先生二三事》，《學林漫錄》第三集第8頁，中華書局，1981。
　　　　程千帆、唐文編：《量守廬學記──黃侃的生平和學術》第178頁，生活・讀
　　　　書・新知三聯書店，1985年。
〔註45〕黃侃：《黃侃日記》第302頁，江蘇教育出版社，2001年。
〔註46〕楊樹達：《積微翁回憶錄・積微居詩文鈔》第208頁。
〔註47〕楊樹達：《積微翁回憶錄・積微居詩文鈔》第214頁。
〔註48〕楊樹達：《積微翁回憶錄・積微居詩文鈔》第225頁。
〔註49〕沈從文：《從現實學習》，《沈從文文集》第10卷第320頁。

庚、朱德熙兩位最初的物理系學生，日後變成北京大學中文系的古典文學、語言學教授。這是興趣決定職業和學問。

聯姻。民國的官場有政治聯姻，商場有生意聯姻，考慮的都是門當戶對，利益最大化。人不僅僅是生活在愛情中，外在社會化東西有時決定婚姻。愛情和婚姻不可能是絕對的統一，也許是分裂的。教會燕京大學的劉廷芳、趙紫宸、陸志韋、陳夢家四個基督教家庭聯姻，同時又是寫作白話新詩的新文學「家族」〔註50〕。教會金陵大學的圖書館學系為民國圖書館建設培養的人才最多，這裡的兩位系主任劉國鈞、李小緣，日後分別執掌北京大學、南京大學兩所中國藏書最豐富的大學圖書館。大學圖書館館長和大學校長的作用及個人影響力，是如此的相近。

離婚。進入民國，除了上至袁世凱，下到地方軍閥楊森、鄉紳沈玄廬等少數民國軍閥或前清官員可以有一妻多妾外，多數民國公民，從孫中山、蔣介石、毛澤東政治領袖，到郭沫若、郁達夫、徐志摩、梅光迪等文人、教授，受現代西方婚姻觀念的影響，基本上都奉行一夫一妻制，民國初年出國留學的學子，除幼童外多有包辦的婚約，留學生歸國後解除婚約或離婚成為一種新的時尚，也曾一度獲得社會的同情與理解。連女生也是如此，即便是能到北京或上海、南京讀書的女子，也多解除了家鄉的婚約，或離婚另嫁。民國大學校園裏的教授離婚也會成為引人注目的事件。這事特別容易發生在出國留學歸來的教授身上，而且多是感性、詩性大於理性的性情中人。1929 年，清華大學西洋文學教授吳宓「媒人想往花轎裏跳」，為追求同學朱君毅解除婚約的未婚妻毛彥文，而與自己的妻子陳心一離婚，結果，毛彥文 1935 年嫁給了前國務總理熊希齡，苦煞了多年堅持寫情書、情詩的吳宓。1934 年，與胡適為鄰居的北京大學法國文學教授梁宗岱，因愛戀作家沉櫻，與髮妻何瑞瓊離婚的官司打到法院，結果是賠了七千多塊，損了教授名譽，也驚動了胡適（1934 年 4 月 18 日的胡適日記記有此事，他和陳受頤與朱光潛分別作為離婚協議的雙方代表簽字）〔註51〕等北京學界的多位名流；1941 年以後他又陷入與名伶甘少蘇相戀，鬧出社會關注的熱點，耽誤了自己的不少學術工作。

婚禮。南京東南大學西洋文學系學生胡夢華與吳淑貞 1923 年 12 月 1 日的婚禮，卻成了他們的師長——北京大學「新青年派」代表胡適與東南大學

〔註50〕沈衛威：《民國文學教育中大歷史與小細節》，《文藝研究》2012 年第 5 期。
〔註51〕胡適：《日記 1934 年》，《胡適全集》第 32 卷第 354～355 頁。

「學衡派」代表梅光迪、吳宓、柳詒徵等文學新舊勢力當面交鋒的場地。我在《「學衡派」譜系──歷史與敘事》中，曾提及此事。胡夢華與胡適是績溪同鄉，胡夢華的祖父胡寶鐸（1825～1896）爲同治戊辰年進士，曾任兵部員外郎、軍機章京，並任總理各國事務衙門行走。胡適的父親胡傳隻身到東北找吳大澂，考察東北邊境地理，是得胡寶鐸和張愛玲祖父張佩綸之推薦。胡夢華的父親胡幼晴也與胡適交好。胡夢華報考南京高等師範學校時，其父特請胡適給校長郭秉文寫了封推薦信。胡夢華憑自己的實力考取後，南京高等師範學校英文系系主任張士一卻在第一次上課時公開了胡適的人情信，說他們的錄取是憑考生的實力，而不是胡適的信，意在輕鄙胡適。胡適此時在南京講學，並應邀作證婚人。梅光迪、樓光來爲男女雙方介紹人，楊杏佛、柳詒徵、吳宓到場。胡夢華說，在這個婚禮上，「吾家博士適之叔展出文學革命觀點，梅、吳二師提出希臘大師蘇格拉底、柏拉圖、亞里斯多德以示當時名遍中國學術界的杜威、羅素二博士，未必青勝於藍，更不足言後來居上。接著柳師還提出子不學的孟軻助陣，適之叔，單槍匹馬，陷入重圍；杏佛師拔刀相助，雄辯滔滔。」〔註52〕

1926 年 8 月 14 日（農曆七月初七），北京大學教授徐志摩與陸小曼在北京北海公園舉行定婚典禮，10 月 3 日（農曆八月二十七日，星期天）舉行結婚典禮。第二天張慰慈即寫信將結婚現場的情況告訴遠在歐洲的胡適。作爲證婚人的梁啓超在場意外地發了一段義正辭嚴的訓詞：

> 徐志摩，陸小曼，你們是曾經經過風波的人，社會上對於你們有種種的誤會，種種的不滿意，你們此後總得要想法解除這種誤會。愛情當然是人情，不過也只是人情中之一，除了愛情以外，人情還有許許多多的種類，你們也不得不注意。

> 徐志摩，你是一個天資極高的人，這幾年來只因你生活上的不安，所以親友師長對於你也能有相當的諒解。這次結婚以後，生活上總可以算是安了，你得要盡力做你應當做的事。

> 陸小曼，你此後可不能再分他的心，阻礙他的工作。你是有一種極大的責任，至少對於我證婚人梁啓超有一種責任。〔註53〕

〔註52〕 胡夢華：《重印〈表現的鑒賞〉前言》，胡夢華、吳淑貞：《表現的鑒賞》，1984 年臺灣再版（重印本）。

〔註53〕 《張慰慈致胡適》，中國社會科學院近代史研究所中華民國史組編：《胡適來往書信選》（上）第 401 頁，中華書局，1979 年。

據葉公超《新月舊拾——憶志摩二三事》可知，事先，胡適應徐志摩家的請求出席婚禮，作爲證婚人，不料此時卻遭到胡適夫人江冬秀的強烈反對。江冬秀威脅胡適說：你要是敢去場面上當證婚人，我就上臺把你拉下來！胡適因爲有三年前婚外情出軌的把柄在江冬秀手上，事事要讓江冬秀三分。正好胡適提前一月出國，不能參加婚禮，於是胡適就讓徐家請梁啓超當證婚人。夫妻爲此吵鬧，使胡適好多天不快，以至於他在出國的途中給江冬秀的信中還有抱怨：

> 你自己也許不知道我臨走那時候的難過。爲了我替志摩、小曼做媒的事，你已經吵了幾回了。你爲什麽到了我臨走的下半天還要教訓我，還要當了慰慈、孟錄的面給我不好過？你當了他們面前說，我要做這個媒，我到了結婚的臺上，你拖都要把我拖下來。我聽了這話，只裝作沒有聽見，我面不改色，把別的話岔開去。但我心裏很不好過。我是知道你的脾氣的；我是打定主意這回在家決不同你吵的。但我這回出遠門，要走幾萬里路，當天就要走了，你不能忍一忍嗎？爲什麽一定要叫我臨出國還要帶著這樣不好過的影像走呢？〔註54〕

江冬秀反對胡適爲徐、陸充當媒人這件事，也許部分源於她堅守的傳統女性的婦道觀念一部分源於作爲妻子的特殊敏感。徐志摩去世後，陸小曼給胡適的6封信中都有明確的愛情表露〔註55〕。

據葉公超文章所示，江冬秀因此事氣得不得了，曾當著他的面罵胡適，罵新月的這些人：「你們都會寫文章，我不會寫文章，有一天我要把你們這些人的眞實面目寫出來，你們都是兩個面目的人。」剛好講這話的時候，胡適從樓上走下來，他說：「你又在亂說了。」胡太太說：「有人聽我亂說我就說。你還不是一天到晚亂說。大家看胡適之怎麽樣怎麽樣，我是看你一文不值……」〔註56〕

「你們都是兩個面目的人」，不知江冬秀看清的是不是胡適和那一代學人的公德與私情的兩個面目。

〔註54〕 胡適：《致江冬秀》，《胡適全集》第 23 卷第 492 頁。

〔註55〕 《陸小曼信六通》，耿雲志主編：《胡適遺稿及秘藏書信》（手稿本）第 34 冊第 527～553 頁，黃山書社，1994 年。

〔註56〕 葉公超：《新月拾舊——憶志摩二三事》，《新月懷舊——葉公超文藝雜談》第 175 頁，學林出版社，1997 年。

太太人家的好。張道藩眞正在大學和一批教授朝夕相處是 1930 年。那時，他是青島大學的教務長，隨後他從政了。張道藩說：「我徹底反省：生平雖於公德無虧，卻受私情所累。」〔註57〕這特指自己奪了朋友的老婆。他說自己「青年時代，只覺得『文章自己的好，太太人家的好』」〔註58〕。晚年他懺悔，把這句反過來講。因爲他正是感覺「太太人家的好」而奪了朋友徐悲鴻的老婆蔣碧微，並終生占爲己有。而他自己也有太太女兒，長期安置到遠方（先後是法國、蘭州、澳大利亞），只保持個名份。

留學法國時，張道藩與謝壽康、徐悲鴻、邵洵美四人義結金蘭。張道藩自法國回來後，一生受蔣介石重用，有權有勢。昔日的朋友，中央大學教授徐悲鴻哪是他的對手？張道藩壞了江湖規矩，奪了朋友的老婆。任教於中央大學的徐悲鴻只好去愛自己的學生孫多慈。我從中央大學出的舊報刊中看到過徐悲鴻爲孫多慈畫的人像，也讀到過孫多慈寫的詩。但他們婚姻未成。若知張道藩的私情，需對照閱讀蔣碧微的《我與悲鴻》、《我與道藩》。

大人物的歷史分「功名」與「私情」兩部分，二者通常是矛盾的。

死亡。事實上，在學者義氣與文人性情之外，現實的殘酷和黑暗也一直籠罩著大學校園。軍閥混戰、日寇入侵、國共內戰等戰亂下的貧窮、飢餓、疾病，以及黨派鬥爭下，使教授、學生陷入無處安放一張寧靜書桌的困窘。北京大學教授李大釗 1927 年 4 月 28 日死在軍閥的絞刑架下，胡適於 1930 年 9 月出版《胡適文存》三集時，在扉頁上寫道：「紀念四位最近失掉的朋友：李大釗先生，王國維先生，梁啓超先生，單不庵先生。」引領五四新文化運動的北京大學文科學長陳獨秀教授 1932 年 10 月被關進國民黨政府的監獄；1933 年 4 月，昔日北京大學的同事、好友章士釗教授親自到南京爲其做無罪辯護。民國大學教授間的惺惺相惜也超越了黨派集團的政治鬥爭。相反，北京大學教授周作人 1938 年變節成了大漢奸，苟且偷生，他在 1939 年元旦遭刺殺時，僥倖躲過「平津鋤奸團」大學生的子彈。一個用文學童話和文學知識養育文學青年的教授、導師，此時受到的回報卻是抗日愛國的熱血大學生射來的仇恨的子彈。姓周的如此「作人」，自然也是「周氏兄弟」的恥辱。沒有做人的大節大義，也就盡失新文學作家的光環。1942 年 7 月 6 日周作人教

〔註57〕趙友培執筆：《文壇先進張道藩》第 417 頁，（臺北）重光文藝出版社，1975
　　　年。
〔註58〕趙友培執筆：《文壇先進張道藩》第 418 頁。

授在北平參加了公宴日軍華北派遣軍部隊長有末的酒會〔註 59〕，第二天，畢業於清華學校國學研究院的江西中正大學教授姚名達，率領支持抗日將士的大學生，壯烈犧牲在贛江邊新淦石口日寇的刺刀下。同樣是大學教授，在民族大義的選擇面前卻判若雲泥。

　　民國大學的魅力是如此不可抗拒，民國文學的情感與形式又能在今天讓我們用同情的理解去重新感受。落霞與孤鶩齊飛，風流與苦難同在。做歷史研究有時眞的是細節中彰顯精彩；而文學研究又始終無法脫離一個人的性格與性情。

〔註59〕張菊香、張鐵榮編著：《周作人年譜》第 637 頁，天津人民出版社，2000 年。

第八章　榮辱堪當

　　1940 年代，因爲戰亂的緣故，大學與國民黨政府的關係更加密切。原來相對獨立的私立大學和教會大學也必須依靠政府的幫助，來解決躲避日軍戰火的西遷和抗戰勝利後的復校兩大難題。辦學經費問題是大學生存中最爲突出的問題，而一旦大學對政府產生了經濟上的依附，黨派的政黨政治對大學的順勢介入，和對校長、教授及學生的控制，就會成爲不可迴避的問題。同時，政府爲教授所設立的榮譽也成爲聯繫教授與黨派、政府、社會的一項措施。民國大學教授的三大榮譽：部聘教授、最優秀教授黨員、中央研究院院士也就應運而生。考察與三大榮譽有關的人事，以史爲鑒，溫故知新。特別是部聘教授和院士，有嚴格的條件和評審程序，均有檔案可查，有史籍可尋，我這裡不求全面，只捕捉幾個興奮點，特別是當事人的心理反應，以細節見眞實。

部聘教授

　　戰時艱苦的年代，國民黨政府也曾想改善教授的生活待遇，凝聚人心。「部聘教授」就是這時候國民黨搞出來的。1941 年，國民政府教育部頒行《教育部設置部聘教授辦法》，實行「部聘教授」制度。1942 年 8 月，全國大學共有 30 位教授被遴選爲第一批部聘教授。其中 28 位被公示：

　　　　楊樹達（國文）、黎錦熙（國文）、吳宓（外文）、陳寅恪（歷史）、蕭一山（歷史）、湯用彤（哲學）、孟憲承（教育）、蘇步青（數學）、吳有訓（物理）、饒毓泰（物理）、曾昭掄（化學）、王璡（化學）、張景鉞（生物）、艾偉（心理）、胡煥庸（地理）、李四光（地

質）、周鯁生（法律）、胡元義（法律）、楊端六（經濟）、孫本文（社會）、吳耕民（農學）、梁希（林學）、茅以升（土木）、莊前鼎（機械）、余謙六（電機）、何傑（地質）、洪式閭（病理）、蔡翹（生理）。〔註1〕

據曹天忠《檔案中所見的部聘教授》〔註2〕一文所示，另有淪陷區 2 人未能公示，其中一人爲困居上海的秉志，另一人情況不明。

學術評價的標準因人而異，加上個人情感因素，可能對「部聘教授」的人選有不同的意見，這很正常。「部聘教授」名單公佈後，楊樹達在 8 月 29 日的日記中寫道：「曾星笠落選而黎錦熙得之，其爲不公昭昭然也。」〔註3〕曾星笠（運乾）、黎錦熙都是湖南人，前者研究古漢語音韻學，後者研究白話國語。楊樹達的學術評判有厚古薄今的傾向。相似的事情在 1952 年又讓任教於湖南大學的楊樹達遇上了。這一次他的對手是隨後在「文革」時期大紅大紫的楊榮國。他在 10 月 9 日的日記中寫道：「學校評薪，最高者爲第六級（七百六十分），除五院長外，教授評此級者十人，余居其一。公佈後，群眾對九教授皆有微辭，而於余獨謂應再加一級。此群眾對余之阿好也。譚丕謨並《中蘇條約》極淺之文字看不通，亦評第六級。余提議應減，無人見信也。平心論之，余評最高級，決不爲少；而與楊榮國、譚丕謨同級，則認爲一種侮辱也。」〔註4〕楊榮國曾是湖南大學秘密的地下黨（共產黨）五人領導小組成員〔註5〕，楊樹達從純學術上無法戰勝這個對手。1952 年院系調整時，楊榮國到中山大學歷史系（後來轉到哲學系），譚丕謨調到北京師範大學中文系（1958 年隨鄭振鐸出訪時意外去世）。

1942 年 8 月 27 日吳宓得知此事，他對自己當選部聘教授的反應是：「知宓被任爲西洋文學部聘教授。F.T.首來函（英文）道賀。此固不足榮，然得與陳寅恪（歷史）、湯用彤（哲學）兩兄齊列，實宓之大幸已！」〔註6〕吳宓、

〔註 1〕 曹天忠：《檔案中所見的部聘教授》，《學術研究》2007 年第 1 期。

〔註 2〕 曹天忠：《檔案中所見的部聘教授》，《學術研究》2007 年第 1 期。

〔註 3〕 楊樹達：《積微翁回憶錄‧積微居詩文鈔》第 188 頁，上海古籍出版社，1986年。

〔註 4〕 楊樹達：《積微翁回憶錄‧積微居詩文鈔》第 352 頁。

〔註 5〕 李維琦：《兩位長沙楊姓學者的一段齟齬》，《南大語言學》第四編第 396 頁，商務印書館，2012 年。

〔註 6〕 吳宓：《吳宓日記》Ⅷ第 369 頁，生活‧讀書‧新知三聯書店，1998 年。

陳寅恪、湯用彤是當年的「哈佛三傑」。吳宓之所以有這樣的感覺，是他此前在日記中曾寫到的原因，他認為自己的學問，特別外國古典語言和中國古代歷史知識不如陳寅恪。F.T.為西南聯大外文系教授陳福田。

1943 年 12 月 16 日，15 人當選為第二批部聘教授：

> 胡小石（國文）、樓光來（外文）、柳翼謀（歷史）、馮友蘭（哲學）、常道直（教育）、何魯（數學）、胡剛復（物理）、蕭公權（政治）、戴修瓚（法律）、劉秉麟（經濟）、鄧植儀（農學）、劉仙洲（機械）、高濟宇（化學）、梁伯強（醫學）、徐悲鴻（藝術）。〔註7〕

第一批部聘教授除黎錦熙、蕭一山外，都有留學的經歷，第二批部聘教授中只有胡小石、柳詒徵沒有留學的經歷（柳詒徵本人只是 1902 年隨繆荃孫到日本考察教育三個月）。他們四位的研究領域集中在國學的語言文字和歷史。這些教授都是大學中有特殊貢獻的名師，推薦、評審等遴選過程嚴格、公平。據《竺可楨日記》所示，西南聯大的劉文典也在被推薦之列，且票數很高，最後落選，被中央大學的胡小石（光煒）替代，不是學術水平問題，是因他「有嗜好」〔註8〕，即他的個人品行有瑕疵（癮君子）。浙江大學的文學院院長梅光迪差一票輸給了中央大學的樓光來。

應當說，部聘教授的評選一方面彰顯了教授的學術能力和個人修為，另一方面也顯示了各大學的競爭實力。中央大學的樓光來，是最受學生歡迎的老師，誨人不倦的「活字典」，畢生沒有學術著作，連論文也不寫，但政府的外交條約，多次由他最後審定英文文字。若以現在的教授評審標準，他連個副教授也當不上。陳寅恪被清華學校聘為教授和國學研究院導師時也是沒有任何論著。正如韓愈所說「世有伯樂，然後有千里馬。千里馬常有，而伯樂不常有」。陳寅恪、樓光來曾是哈佛大學學習時的同學，在回國後，他們遇上了最好的伯樂。

最優秀教授黨員

歐洲大學的興起，與教會的關聯最為密切，因此也就長時間無法擺脫教

〔註7〕 竺可楨：《竺可楨全集　日記》第 8 卷第 689 頁，上海科學技術出版社，2006年。

〔註8〕 竺可楨：《竺可楨全集　日記》第 8 卷第 689 頁，上海科學技術出版社，2006年。

會的神權束縛。中國大學在晚清興起，民國興盛，又恰遇政黨政治的行政干預和黨化教育的滲透。好在從大學校長（如蔡元培、胡適之、羅家倫、梅貽琦、竺可楨）到執教的教授（如王國維、陳寅恪），已基本形成了一種大學理念：獨立之精神、自由之思想、求是之態度和兼容並包之胸懷。而這四者也都是有相對應的指向。前兩者是相對於大學存在的政治體制，後兩者是科學研究的基本出發點也是結果。具體而言，「自由之思想」則是相對於主流意識形態。「獨立之精神、自由之思想」在西方現代大學擺脫教會的神權控制後，是一種自在的東西，不言自明。在民國時期，這兩項卻是教授們要努力去爭取的。特別是 1920 年代北京大學、清華學校和戰時西南聯合大學的教授群體所享受到的學術自由，是「在軍閥統治的北京和龍雲護衛下的昆明」〔註9〕。

回顧兩千多年的皇權政治，潔身自好的士大夫對結黨營私，黨同伐異者，都持反對態度，羞於與之為伍。而現代民主政治，卻是多黨共存，輪流執政的政壇格局。民國以後，特別是以幫會私黨為號令起家的國民黨，以武力取代北洋政府執政，官職與政黨合謀，使得中國的現實社會呈現為一黨專政的黨派體制。於是，自由就不見容於社會，以至於被徹底摧毀。最明顯的事實是國民黨在南京穩定下來三年，就把要求人權與約法、思想與言論自由的胡適、羅隆基打壓下去。這裡著重談論大學教授對黨派政治下「黨化教育」的認同、反對和抵抗等相關問題。

自 1924 年 6 月黃埔軍校創建始，國民黨先在廣東的大中專院校試行「黨化教育」。1928 年，國民黨政府開始將廣東的「黃埔教育模式」向全國推行。特別是國民黨在南京穩定下來後，曾一度發動大學教授和青年學生入黨，進入黨政體制。作為中國公學校長的胡適，帶領教授羅隆基、王造時、梁實秋等人，在上海借助《新月》雜誌，公開批評南京國民黨政府無視人權、約法，推行「黨化教育」。胡適主張思想自由，被黨政輿論圍剿，隨之又因批評國民黨政府摧殘新文化而被迫辭去校長一職。光華大學教授羅隆基因反對國民黨「黨天下」而被軍警拘捕，繼之又被追殺到他新任教的南開大學。羅隆基當年在光華大學的學生儲安平，以知識分子的義氣反對「黨化教育」，二十八年後，重複了老師「黨天下」這句話，陷入更悲慘的結局〔註10〕。

〔註 9〕 易社強：《戰爭與革命中的西南聯大》（饒佳榮譯）第 319 頁，九州出版社，2012 年。

〔註10〕 我在《自由守望：胡適派文人引論》一書中對此已有相應的討論，上海文藝出版社，1997 年。

　　1935 年「一二・九」學運，是共產黨地下組織迅速滲透到北平高校的標誌，也是許多優秀的北平大學生被注入政黨政治的興奮劑後，投身共產革命的開始，北京大學、清華大學、燕京大學、中國大學、東北大學、北平大學的大批青年學子如姚依林、黃華（王汝梅）、柯華（林德堂）、黃敬（俞啓威）、龔澎、鄧力群、楊述、韋君宜（魏蓁一）、胡喬木、蔣南翔等多是家境優裕的子弟日後紛紛去了延安。受其影響，上海、天津、武漢、成都等地的一些高校學生，也相繼去了延安。

　　我在《「學衡派」譜系──歷史與敘述》一書中曾指出，1934 至 1936 年間，浙江大學發生了兩次驅除校長郭任遠（1898～1970，留學美國的心理學博士）的學潮。學生的口號是：「要學者，不要黨棍！」之後蔣介石聽取陳布雷的舉薦，要著名學者，紹興人竺可楨來當校長。當陳布雷動員竺可楨上任時，竺可楨提的三項要求中，其中有一項是「用人校長有全權，不受黨政之干涉」〔註 11〕。因爲他瞭解到浙江大學自程天放任校長之後，國民黨黨部中人擠入學校，迅速形成一種強大的政治勢力，使本來獨斷的郭任遠陷入完全的被動，所以竺可楨在日記中寫道：「郭之失敗乃黨部之失敗。」〔註 12〕又說：「故此時余若不爲浙大謀明哲保身主義，則浙大又必陷於黨部之手，而黨之被人操縱已無疑義。」〔註 13〕

　　1940 年代抗戰最艱苦的時期，國民黨「效法德國納粹」，再度發展大學教授和學生入黨，在大學設立國民黨黨部。甚至在國民黨的高級黨校「中央訓練團」連續舉辦的短期「黨政訓練班」中（1940 年 3 月至 1945 年 5 月，共 31 期），也要求大學校長、知名教授參加。竺可楨、郭斌龢、華羅庚等著名的校長、教授都受到過「訓練」〔註 14〕。這種以「統一意志、集中力量」爲主旨的訓練，意在使黨化教育進入大學。這自然與 1939 年 11 月至 1944 年 5 月朱家驊任國民黨中央組織部長有直接的關聯。不做組織部長，他又移位到教育部長，黨化教育的路數不僅未變，反倒是更加強化。

〔註 11〕 竺可楨：《竺可楨全集　日記》第 6 卷第 36 頁，上海科學技術出版社，2005年。

〔註 12〕 竺可楨：《竺可楨全集　日記》第 6 卷第 29 頁，上海科學技術出版社，2005年。

〔註 13〕 竺可楨：《竺可楨全集　日記》第 6 卷第 29 頁，上海科學技術出版社，2005年。

〔註 14〕 沈衛威：《「學衡派」譜系──歷史與敘述》第 471～472 頁，江西教育出版社，2007 年。

以竺可楨入國民黨為例。

1938 年 5 月 30 日，竺可楨拒絕了張曉峰（其昀）、陳叔諒（訓慈）帶來的陳布雷要求他加入國民黨的手書，並在日記中記述了自己的理由：「因上月代表大會後，黨中有改組之意，其中有一辦法，即拉攏教育界中人入黨。余謂國民黨之弊在於當政以後，黨員權利多而義務少，因此趨之者若鶩，近來與人民全不接近，腐化即由於此，拉攏若干人入黨，殊不足改此弊。」〔註 15〕。陳叔諒是陳布雷的弟弟，他和張曉峰都是竺可楨在南京高師執教時的學生。1939 年 3 月 8 日，竺可楨再次拒絕了張子明要他填寫申請書加入國民黨一事（「今晨張子明以國民黨入黨書囑填。余告以已經蔡先生函立夫調余回院，至於入黨一事容考慮之，但以作大學校長即須入黨實非辦法也」）〔註 16〕。

竺可楨 1943 年 4 月 12 日被要求到重慶參加「中央訓練團」的「黨政訓練班」。他在 4 月 17 日的日記中記有：「填《入三民主義青年團志願書》。以 53 歲之人而入青年團，使人有老少年之感。蓋余初未〈出〉〔入〕黨，青年團乃預備黨員。既經被選為監察，自亦不能不為團之一員。」〔註 17〕這裡竺可楨特別強調他事先「被選為監察」的事。

在 1943 年 5 月 12 日的日記中，他寫道：「下午有中央訓練團謝光平來，囑余填入國民黨志願書。現大學校長中只余一人非黨員，而實際余於日前開三民〔主義〕青年團幹事、監事聯席會議時宣誓入團，故實即等於入黨。今日填就交去。」〔註 18〕抗不過去，只好應付——在 1944 年 7 月 13 日的日記中寫道：「今日寄陳叔諒入國民黨申請書。余對國民黨並不反對，但對於入黨事極不熱心，但對於國民黨各項行動只有嫌惡憎恨而已。因余已允於前，故不能不寄此入黨申請書。近來黨中人處處效法德國納粹，尤為余所深惡而痛極。」〔註 19〕8 月

〔註 15〕 竺可楨：《竺可楨全集 日記》第 6 卷第 527 頁，上海科學技術出版社，2005 年。

〔註 16〕 竺可楨：《竺可楨全集 日記》第 7 卷第 45 頁，上海科學技術出版社，2005 年。

〔註 17〕 竺可楨：《竺可楨全集 日記》第 8 卷第 547 頁，上海科學技術出版社，2006 年。

〔註 18〕 竺可楨：《竺可楨全集 日記》第 8 卷第 563 頁，上海科學技術出版社，2006 年。

〔註 19〕 竺可楨：《竺可楨全集 日記》第 9 卷第 145 頁，上海科學技術出版社，2006 年。

24 日，他便收到陳叔諒寄來的編號爲「國民黨 82282 特字黨證一紙」〔註20〕。

民國時期政治高壓下的「黨化教育」，大學教授和學生依據自己的信仰和政治擔當，還可以選擇性接受或排斥。據王奇生教授查到的臺北「國史館」的國民黨檔案《最優秀教授黨員名冊》揭示，1945 年 5 月 5 日，國民黨六大召開前夕，朱家驊與陳立夫聯名向蔣介石推薦了 98 名「最優秀教授黨員」中，黎錦熙（西北師範學院），陳寅恪（燕京大學），伍蠡甫（復旦大學），熊慶來（雲南大學），薩本棟（廈門大學），金毓黻（東北大學），竺可楨（浙江大學），王星拱、朱光潛（均爲武漢大學），張伯苓、蔣夢麟、梅貽琦、馮友蘭、賀麟、華羅庚、姚從吾（均爲西南聯大）〔註21〕等 16 名最爲著名的大學校長、教授赫然在列。王奇生教授在研究中還進一步揭示，當年西南聯大的教授中，有二分之一被吸納爲國民黨黨員〔註22〕。

2013 年 6 月王奇生教授到臺灣講學，我與其聯繫，得知他僅抄回這 16 位。隨之又得王奇生教授幫助，請符傑祥博士從臺北找回這份《最優秀教授黨員名冊》98 人的抄本：

最優秀教授黨員名冊

中央政治學校

　　薩孟武、趙蘭坪、壽勉成、羅剛

中央大學

　　顧毓琇、戴修瓚、周鴻經、許心武、許恪士

西南聯合大學

　　張伯苓、蔣夢麟、梅貽琦、馮友蘭、華羅庚、賀麟、陳雪屏、
　　姚從吾

武漢大學

　　王星拱、朱光潛、楊端六

浙江大學

　　竺可楨、吳文暉、張其昀、李相勖

〔註20〕竺可楨：《竺可楨全集　日記》第 9 卷第 171 頁，上海科學技術出版社，2006年。

〔註21〕王奇生：《革命與反革命：社會文化視野下的民國政治》第 247 頁，社會科學文獻出版社，2010 年。

〔註22〕王奇生：《革命與反革命：社會文化視野下的民國政治》第 238 頁。

中山大學
　　金曾澄、鄧植儀、陳安仁、崔載陽

交通大學
　　李熙謀、錢用和、羅忠忱

西北大學
　　劉季洪、陸懋德、杜元載

同濟大學
　　徐誦明、鄧瑞麟、葉雪安

東北大學
　　臧啓芳、金景芳、金毓黻

四川大學
　　周厚復、方文培、黃建中

暨南大學
　　何炳松、周憲文

湖南大學
　　胡庶華

廈門大學
　　薩本棟、陳德恒

雲南大學
　　熊慶來、伍純武、魯冀參

廣西大學
　　李運華、雷沛鴻

中正大學
　　蕭蘧、羅廷光

貴州大學
　　張廷休、李光忠、張丕介

河南大學
　　張廣輿

復旦大學

　　章益、伍蠡甫、盧于道、吳南軒

重慶大學

　　張洪沅、何傑、馮簡

英士大學

　　杜佐周、丁求眞

金陵大學

　　陳裕光、章之汶、羅俾漢

大夏大學

　　歐元懷

燕京大學

　　陳寅恪

嶺南大學

　　李應林

齊魯大學

　　湯吉禾

中華大學

　　陳時

華西協合大學

　　張淩高

福建協和大學

　　林景潤、林希謙

上海醫學院

　　朱恒璧

中正醫學院

　　王子玕

國立師範學院

　　廖世承、孟憲承

西北師範學院

　　李蒸、黎錦熙、齊國樑

女子師範學院

　　謝循初、任培道

社會教育學院

　　陳禮江、童德富

西北工學院

　　潘承孝、蕭連波

貴陽醫學院

　　李宗恩

江蘇醫學院

　　胡定安

湘雅醫學院

　　張孝騫

甘肅學院

　　宋恪

西北農學院

　　鄒樹文

北洋工學院

　　李書田

共計九十八人〔註23〕

〔註23〕《最優秀教授黨員名冊》，臺北「國史館」藏「國民政府」檔案，典藏號001014151008。

1559

通過查證他們當時的身份，可以看出他們當時幾乎都是校長、院長或最為著名的教授。顧毓琇爲中央大學校長。張伯苓、蔣夢麟、梅貽琦分別是南開大學校長、北京大學校長、清華大學校長。1946 年姚從吾接替田培林出任河南大學校長，1948 年開封城被圍時，他奉教育部令，帶領幾千師生將河南大學遷至蘇州。王星拱爲武漢大學校長。竺可楨爲浙江大學校長。金曾澄爲

中山大學校長。李熙謀爲重慶交通大學教務長。劉季洪爲西北大學校長。徐誦明爲同濟大學校長。臧啓芳爲東北大學校長。周厚復爲四川大學理學院院長。黃建中爲四川大學師範學院院長。何炳松爲暨南大學校長。周憲文爲暨南大學商學院院長。胡庶華爲湖南大學校長。薩本棟爲廈門大學校長。熊慶來爲雲南大學校長。李運華爲廣西大學校長，雷沛鴻爲前任廣西大學校長。蕭蘧爲中正大學校長。張廷休爲貴州大學校長。張廣輿爲河南大學校長，此前曾任福中礦務大學校長（後改名爲焦作工學院）。張凌高爲華西協和大學與遷蓉（南京中央大學醫學系、金陵大學、金陵女子文理學院以及濟南齊魯大學醫學院，蘇州東吳大學生物系）的五校聯合大學校長（故稱華西協合大學）。章益爲復旦大學校長。吳南軒先後爲清華大學校長和復旦大學校長。杜佐周爲英士大學校長。張洪沅爲重慶大學校長。陳裕光爲金陵大學校長。歐元懷爲大夏大學校長。李應林爲嶺南大學校長。湯吉禾爲齊魯大學校長。陳時的父親陳宣愷爲中華大學創校校長，父親死後他繼任。林景潤爲福建協和大學校長。朱恒璧爲上海醫學院院長。王子玕爲中正醫學院院長。廖世承爲國立師範學院院長。李蒸爲西北師範學院院長。齊國樑爲原河北女子師範學院院長。謝循初爲女子師範學院院長。陳禮江爲社會教育學院的創院院長。潘承孝爲西北工學院院長。李宗恩爲貴陽醫學院院長。胡定安爲江蘇醫學院院長。張孝騫爲湘雅醫學院院長。宋恪爲甘肅學院院長。鄒樹文爲西北農學院院長。李書田爲北洋工學院院長。

黃國庭在《民國時期教育學者出任大學校長考論（1920～1949）》一文中稱「在擔任大學校長這一重要職位方面，教育學者卻遠遠多於其他學科學者」[註24]。我查對這 98 位「最優秀教授黨員」中，教育學者出任校長的有蔣夢麟、李相勗、劉季洪、雷沛鴻、羅廷光、齊國樑、章益、歐元懷、杜佐周、廖世承、李蒸、宋恪。

此時的大學校長幾乎都曾在國外接受過專業的學術訓練。而從這些校長、院長和知名教授的學校分佈來看，不論國立大學，還是私立大學和教會大學，都被黨化教育滲透。這也是教育部長和組織部長可以向國民黨黨中央炫耀請功的資本，同時也印證了馮友蘭所說的「重慶教育部有命令，大學院長以上的人都必須是國民黨黨員」。這明顯是一項強制的行政措施，將黨員身

〔註24〕黃國庭：《民國時期教育學者出任大學校長考論（1920～1949）》，《教育學報》2009 年第 3 期。

份與大學校長、院長的行政職位綁到一起。儘管已經去世的前北京大學校長蔡元培說辦教育當校長不是做官，但此時與黨員身份捆綁在一起的卻首先是校長和院長。

這些「最優秀教授黨員」中，黎錦熙、陳寅恪、孟憲承、楊端六、何傑、馮友蘭、戴修瓚、鄧植儀都是教育部的部聘教授。

當然這其中有的教授是被人拉進去，代寫代交入黨申請書的。在竺可楨去重慶參加「黨政訓練班」時曾一度任浙江大學代理校長的郭斌龢，是 1939年 8 月在廣西宜山入黨的，他說「入黨手續是張其昀在重慶代我辦理的」〔註25〕。而竺可楨的日記中也清楚記錄了自己如何被陳布雷兄弟拉入國民黨的。事實上，他是不想一而再，再而三地讓陳布雷兄弟爲難，因爲他出任浙江大學校長是陳布雷（鄭曉滄先向陳布雷推薦）親自向蔣介石舉薦的。他在填寫入黨申請書時，還不忘表達自己對國民黨的「嫌惡憎恨」，和對國民黨中人效法德國納粹的「深惡而痛極」。他甚至還尖銳地指出當時的政府既沒有民主，「也沒有言論自由」〔註 26〕。

馮友蘭在《三松堂自序》中說，當時西南聯大的原北大校長蔣夢麟約他們五位院長談話，說：「重慶教育部有命令，大學院長以上的人都必須是國民黨黨員。如果還不是，可以邀請加入。如果你們同意加入，也不需要辦填表手續，過兩天我給你們把黨證送去就是了。」〔註 27〕沒有表示反對的馮友蘭幾天後果然收到了黨證。

由竺可楨的入黨經歷和馮友蘭的描述，基本上可以看出當時的教授或校長入黨是動員、號令下的集體行爲，多數並非自願申請加入。

爲王國維之死寫下學者的堅守之道：自由之思想，獨立之精神；不自由毋寧死；又專程到重慶，就爲投胡適一票，推舉胡適爲中央研究院院長，說是因有胡適才可以保持學術自由〔註28〕；在 1949 年以後極端的政治高壓下仍公開表示不宗奉什麼主義，不寫頌詩的陳寅恪，此時成了國民黨「最優秀教授黨員」，自然是「被最優秀」的了。因爲嚴重眼疾，兩次手術失敗，視力低

〔註25〕郭斌龢檔案（南京大學）。

〔註26〕竺可楨：《竺可楨全集　日記》第 9 卷第 145 頁，上海科學技術出版社，2006年。

〔註27〕馮友蘭：《三松堂自序》第 103 頁，人民出版社，1998 年。

〔註28〕《傅斯年致胡適》，中國社會科學院近代史研究所中華民國史組編：《胡適來往書信選》（中）第 475 頁，中華書局，1979 年。

下，寫字都困難的陳寅恪能自己填寫入黨申請書嗎？是誰替他辦理了入黨手續？「被最優秀」時，陳寅恪是否知情？在有的教授看來「最優秀教授黨員」是項最高的榮譽，可竺可楨、陳寅恪對此卻未必視爲「榮譽」。陳寅恪早在 1936 年致傅斯年的信中就明說「弟好利而不好名」〔註29〕。因爲陳寅恪此時對蔣介石並不像顧頡剛那樣有「獻九鼎」的熱情，甚至還對顧頡剛的行爲表示「驚怪不止」。1943 年 12 月 18 日竺可楨在重慶與當年復旦公學讀書時的同桌陳寅恪相聚後，日記中記有：

> 寅恪對於驪先等發起獻九鼎、顧頡剛爲九鼎作銘驚怪不止。謂頡剛不信歷史上有禹，而竟信有九鼎，因作詩嘲之云：「滄海生還又見春，豈知春與世俱新。讀書漸已師秦吏，鉗市終需避楚人。九鼎銘辭爭頌德，百年粗糲總傷貧。周妻何肉尤吾累，大患分明有此身。」
> 〔註30〕

顧頡剛所撰寫的九鼎銘文如下：

> 於維總裁，允文允武，親仁善鄰，罔或予侮，我士我工，載欣載舞，獻茲九鼎，實於萬古。萬邦協和，以進大同。〔註31〕

此時顧頡剛爲自南京西遷重慶的中央大學歷史系教授，同時兼任 1942 年 3 月中央組織部成立的邊疆語文編譯委員會副主任委員（部長朱家驊任主任委員），（後爲從法國師從伯希和讀書歸來的韓儒林）〔註32〕和中央黨部秘書處主辦的《文史雜誌》社副社長（社長葉楚傖）。大學黨部及工礦黨部欲向蔣介石委員長「獻九鼎」，受朱家驊之請，和孔祥嘉的勸說，他於 1943 年 1 月 28 日作《九銘鼎文》，「中央社訊」以《鑄九鼎呈獻總裁》爲題引用，刊於 1943 年 2 月 27 日的重慶報紙。

上引報紙上發表的銘文與 1 月 28 日他日記中寫到的有四字出入，兩句順序變動：

> 鼎銘：（一）萬邦協和，光華復旦。（二）於維總裁，允文允武，

〔註29〕陳寅恪：《致傅斯年》，《書信集》第 53 頁，生活·讀書·新知三聯書店，2001 年。

〔註30〕竺可楨：《竺可楨全集 日記》第 8 卷第 691 頁，上海科學技術出版社，2006 年。

〔註31〕顧頡剛：《顧頡剛日記》第五卷第 34 頁，（臺北）聯經出版事業公司，2007 年。

〔註32〕顧潮編著：《顧頡剛年譜》（增訂本）第 358～361 頁，中華書局，2011 年。

親仁善鄰，罔或予侮。我士我工，載欣載舞。獻茲九鼎，寶於萬古。

中國與英美之新約既成，各學校黨部及工廠黨部欲向蔣委員長獻九鼎，而以鼎銘屬予，因就起釘所草，加以改竄，如上文。

此文發表後，激起許多方面的批評，使予自慚。〔註33〕

劉起釘為中央大學歷史學的學生，深得顧頡剛的賞識。他幫助顧頡剛記錄課堂講義，並參與顧頡剛的文稿整理，所以顧頡剛把鼎銘的起草之事交給了他。

此事一經報紙渲染，立即招來了社會的批評。對於來自多方面的嘲諷，顧頡剛在 1943 年 5 月 13 日的日記中為自己鳴不平：

孟真謂予作九鼎銘，大受朋輩不滿，寅恪詩中有「九鼎銘辭爭頌德」語，比予於王莽時之獻符命。諸君蓋忘我之為公務員，使寅恪與我易地而處，能不為是乎！〔註34〕

他所說的公務員是指自己當時在政府的那份兼職。因為顧頡剛個人與朱家驊私交較好，生活、工作等多方面曾得到過朱的關照。而且二人的老家吳興與蘇州因太湖相連，二人也有「一湖之友」的同鄉之誼。他在 1943 年 2 月 23 日給中央大學歷史系教授沈剛伯的信中曾說：「十五年前，弟在中山大學，因驊先生之庇護，做事甚為順利。」〔註35〕在重慶的這些兼職，也是朱家驊給他的，因此，他曾代朱家驊寫過多篇文章〔註36〕。他在 1949 年以後歷次政治運動中必須交代而總也無法說清的四大歷史問題中，這就佔據兩項：獻九鼎、與國民黨關係（朱家驊），其他兩項是：與胡適的關係、與魯迅的關係。

在一個內憂外患的時代，蔣介石還真的無力一言九鼎，而顧頡剛自己卻趕上了另一個真正一言九鼎的時代。當然，獻九鼎事也讓顧頡剛在 1949 年以後吃了不少苦頭。他在 1967 年 5 月 4 日的日記中寫道：「靜秋要我將為蔣匪作《九鼎銘》事寫出我內心的希望。然彼時我對蔣匪實已稔其惡跡，絕不存私人希望，不過卻不過孔祥嘉之話，做一篇應酬文章而已。」〔註37〕

此時，中國大地正是山河一片紅，領袖揮手的大雕塑比比皆是，金屬小像也掛在每個人的胸前，更有甚者還刺穿在男人胸前的皮肉中。全國人民踩

〔註33〕顧頡剛：《顧頡剛日記》第五卷第 18 頁。
〔註34〕顧頡剛：《顧頡剛日記》第五卷第 72 頁。
〔註35〕顧頡剛：《致沈剛伯》，《顧頡剛全集 顧頡剛書信集》卷三第 183 頁，中華書局，2010 年。
〔註36〕顧潮編著：《顧頡剛年譜》（增訂本）第 354 頁、355 頁、359 頁、360 頁。
〔註37〕顧頡剛：《顧頡剛日記》第十卷第 666 頁。

著忠字舞的節拍，高歌心中的紅太陽，呼喊著萬歲，萬壽無疆！相比之下，那「九鼎銘辭」更像是民國一齣地方臺演播的「主旋律」小品，幾位教授和少數官員合唱的一首「紅歌」。像我這樣自牙牙學舌就必須喊萬歲，萬壽無疆，一喊就是十三年的人，有何資格對顧頡剛說三道四，吹毛求疵？他在 1959 年 3 月 28 日參觀韶山沖時，曾給妻子張靜秋寫信，附有他的即席賦詩（五分鐘之內寫出的一首詩）：

> 劉邦還鄉時，引吭歌「大風」。
>
> 這風是化國為家的私風，
>
> 到了逍遙津，漢家的壽命合告終。
>
> 毛主席還到這故鄉來也該歌「大風」，
>
> 這風是根本壓倒西風的東風，
>
> 它吹起了亞、非、南美火熊熊，
>
> 帝國主義路途窮，
>
> 世界行將化大同，
>
> 功德萬世長崇隆，
>
> 長崇隆，長崇隆，
>
> 光輝照徹全宇宙，
>
> 億兆人來瞻禮韶山沖。〔註38〕

兩者對比，一個文言，一個白話，前者比大禹，後者比劉邦。

而顧頡剛在「九鼎銘辭」這件事上的表現的確也有前後矛盾之處。這從他早年的書信和 1926 至 1927 年給胡適的信中就可以看出。

事實上，顧頡剛 1919 年在北京大學讀書期間，就開始對學校的黨派活動產生反感，認為黨派發達，事業墮落。他在 6 月 17 日致葉聖陶的信中說北京大學裏邊「黨派紛歧，死讎固結，排抵強烈」。因為「人多易結黨派，有黨派則無論如何的真誠必受排抵——北京大學人多，所以致此」；「成立久遠之機關，新舊黨派間無從調和——北京大學有廿餘年的歷史，黨派固結，無從解散」〔註39〕。

他在 1919 年 7 月 25 至 26 日給殷履安的信中表示：「現在事業最發達的，就是黨派最得勢的。其實發達的，只是黨派，何嘗是事業。黨派一天天的發

〔註38〕顧頡剛：《致張靜秋》，《顧頡剛全集　顧頡剛書信集》卷五第 397～398 頁。

〔註39〕顧頡剛：《致葉聖陶》，《顧頡剛全集　顧頡剛書信集》卷一第 66 頁。

達，事業便一天天的墮落。照中國現在的情形看來，眞正要說『中國不亡，是無天理』了。我既經有這樣的覺悟，以後尋起事來，若說遷就黨派，以分『一杯羹』，自問良心何在。」〔註40〕

1926 年 3 月 16 日，顧頡剛致信胡適，說北京大學「校中黨派意見太深，在極小的地方傾軋得無微不至。和舊家庭的姒娌姑媳一般，消耗精神於無用之地，可至悲觀。和前數年之北大頗有革新氣象者大不同了。我雖不加入漩渦，但看著終覺頭痛。將來有機會，頗想捨之他去」〔註41〕。

1927 年胡適在美國，國內政治局勢發生了重大的變化，黨派政治主導社會變革。他準備回國前，便收到顧頡剛 2 月 2 日寫來的信，其中有一事請求胡適：「先生歸國以後似以不做政治活動爲宜。如果要做，最好加入國民黨。……我深感到國民黨是一個有主義、有組織的政黨，而國民黨的主義是切中於救中國的。又感到這一次的革命確比辛亥革命不同。辛亥革命是上級社會的革命，這一次是民眾的革命。我對於他們深表同情，如果學問的嗜好不使我卻絕他種事務，我眞要加入國民黨了。先生歸國以後，名望過高，遂使一班過時的新人物及懷抱舊見解的新官僚極意拉攏，爲盛名之累。現在國民黨中談及先生，皆致惋惜，並以好政府主義之失敗，丁在君先生之爲孫傳芳僚屬，時加譏評。民眾不能寬容：先生首倡文學革命，提倡思想革命，他們未必記得；但先生爲段政府的善後會議議員，反對沒收清宮，他們卻常說在口頭。如果北伐軍節節勝利，而先生歸國之後繼續發表政治主張，恐必有以『反革命』一名加罪於先生者。但先生此次遊俄，主張我們沒有反對俄化的資格，這句話也常稱道於人口。民眾伐異黨同，如果先生能加入國民黨，他們又一定熱烈的歡迎了。我們這輩人，理智太強，到處不肯苟同，這原不錯；但這只能在學問上用，不能在政治上用。在政治上，不能不先順從了民眾而後操縱民眾。現在民眾服膺中山先生的三民主義，努力於主義的工作，這是很好的事情。至於虛心、寬容、研究、觀察，這原是說不到的。我們對於他們，也應當加以諒解。這幾句話，是我的懇切的請求，希望先生容納。」〔註42〕4 月 28 日，顧頡剛又致胡適信：「我以十年來追隨的資格，摯勸先生一句話：萬勿回北京去。現在的北京內閣，先生的熟人甚多，在這國民革命的

〔註40〕顧頡剛：《致殷履安》，《顧頡剛全集　顧頡剛書信集》卷四第 44 頁。
〔註41〕顧頡剛：《致胡適》，《顧頡剛全集　顧頡剛書信集》卷一第 429 頁。
〔註42〕顧頡剛：《致胡適》，《顧頡剛全集　顧頡剛書信集》卷一第 440〜441 頁。

時候，他們爲張作霖辦事，明白是反革命。先生一到北京去，他們未必不拉攏，民眾是不懂寬容的，或將因他們而累及先生。……在這國民革命的時候，萬不可再使他們有造謠的機會，害了先生的一生。這是我和淚相勸的一件事，請先生聽我罷！」顧頡剛還說：「從此以後，我希望先生的事業完全在學術方面發展，政治方面就此截斷了罷。『好政府主義』這個名詞，好政府主義下的人物的政治試驗，久已爲世詬病。如果先生再發表政治的主張，如果先生再從事於政治的工作，無論內容盡與好政府主義不同，但是天下人的成見是最不易消融的，加以許多仇讎日在伺隙覓釁之中，橫逆之來必有不能逆料者。所以我敢請求先生，從此與梁任公、丁在君、湯爾和一班人斷絕了罷。固然他們未必盡是壞人，但他們確自有取咎之道；而且先生爲了他們犧牲的名譽這樣多，在友誼上也對得起他們了。」〔註43〕胡適聽進了顧頡剛的話，回國後眞的在言論上收斂了一年多。

　　1943 年積極參與獻九鼎的顧頡剛，到了 1946 年，開始有意拒絕參加國民黨中央黨部的會議。他在 3 月 27 日的日記中寫道：「中央黨部開會三次矣，每次必招，予未一往，予誠不能黨也。」〔註44〕

　　當然對「黨化教育」能夠保持抵抗的大學教授也有許多。有人成爲「最優秀教授黨員」，但在共產黨地下組織（反對黨）之外自然也有自由主義知識分子抵抗和反對「黨化教育」的「第三勢力」。作爲一校之長，針對北大的辦學作風，胡適有他自己的考慮和主見。1945 年 9 月，胡適被國民黨政府任命爲北京大學校長，在自美國動身回中國前夕，他的學生羅常培便寫信給他，建議他「回國後開宗明義的第一章，應該把北大恢復到當年蔡先生的自由主義的色彩」，因爲這些年政治情形糟糕，教育也難辦，且使一班青年裏入黨爭的漩渦，「根本失去了教育的意義」。並聲稱「我們這班北大出身的，都能保持自由主義不屈不撓的傳統」〔註45〕。因此主張「我們固然不容 CP、CY 公然橫行，同時也不容教授兼辦黨部或三民主義青年團」。希望胡適個人「也不要爲過去的感情所左右，仍望保持超然、自由、無爲而無不爲的精神」。因爲羅常培也是被朱家驊（騮先）拉進國民黨的。他在 1945 年 2 月 10 日致胡適

〔註43〕　顧頡剛：《致胡適》，《顧頡剛全集　顧頡剛書信集》卷一第 442 頁。

〔註44〕　顧頡剛：《顧頡剛日記》第五卷第 631 頁。

〔註45〕　《羅常培致胡適》，中國社會科學院近代史研究所中華民國史組編：《胡適來往書信選》（下）第 102 頁，中華書局，1980 年。

的信中曾說：「我雖被騙先拉入國民黨，但我仍然是自由主義的信徒。有我在各報發表的星期論文可證。」〔註46〕

　　事實上，1949 年以前那些「最優秀教授黨員」，如朱光潛、馮友蘭、賀麟、華羅庚，在 1949 年以後，積極改造，大會小會，大報校刊，徹底自我檢討，洗心革面，大寫頌詩，換一個政黨，仍然要積極「優秀」。這讓沒有改造好，或不願意接受改造的吳宓自歎不如，以至於他流落重慶的西南師院不願意回北京，他怕像自己馮、朱、賀三公，成為「職業改造家」。改朝換代後，翻天覆地，滄海桑田，一切都要順應新的時代。昔日的民國教授此時大多斯文掃地，許多教授被迫改行，大多數教授不能研究自己的專業領域，要學習政治讀本，主要精力用在寫自我檢討或寫政治讀物心得上了。開會檢討，或大批判的時間佔據了日常生活，甚至有些人人到中年，還得改學俄語，專業的「功夫」自然被廢掉的居多。少數教授一時忘乎所以，忙於寫頌詩，高唱讚歌，上次批判他人的，這次輪到自己，歷次運動等著，有「陽謀」，更有「橫掃」，能夠幸免的極少。可怕的是完全失去自我，被政治所閹之教授，習慣了被閹的生活之後，再製造出一些繼續閹人的理論。特別是新的體制下知識分子政策黨內黨外的差異性原則，導致多數教授都要積極申請入黨。當然也有陳寅恪這樣的少數派。在那個年代，陳寅恪猶如黑暗中一盞燭火，總算沒有讓知識分子陷入徹底的沉寂與悲哀。

　　這 98 位「最優秀教授黨員」，都是出生在晚清的帝制時代，在新生的中華民國的大學或研究所謀職，他們是從呼喊「吾皇萬歲，萬歲，萬萬歲」的屈膝時代到不容袁世凱稱帝、張勳復辟的民主共和的公民社會。在 1949 年的大變局中，他們如果沒有選擇離開大陸，那就進入了一個新的「毛主席萬歲，萬歲，萬萬歲」的時代。歷經三朝，自由的多少與有無，他們的感受最深。因此，對於在「毛主席萬歲」時代的教授來說，讓他們去清算自己在民國時期的言論，改造思想，重新做人，真是勉為其難。即便是得到政治上信任，一時走紅的學者，學術本身的功夫也偏廢殆盡，寫出的東西都是為政治服務的。人文社科領域的教授能像陳寅恪那樣不山呼萬歲，不祝萬壽無疆，不寫頌詩的可謂鳳毛麟角。從這個角度看「最優秀教授黨員」，我更抱以同情的理解，因為我沒有資格去臧否他們，許多呼喊過萬歲，萬萬歲的學者也不配！

〔註46〕《羅常培信二十九通》，耿雲志主編：《胡適遺稿及祕藏書信》（手稿本）第 41 冊第 264 頁，黃山書社，1994 年。

因為這裡有起碼的歷史法則和學術邏輯：獻九鼎與喊萬歲的性質相同。

　　華羅庚的政治熱情與他的數學智商一樣高，1949 年以前和之後的表現不只是驚人的相似，而且是如出一轍。真應了是江山易改稟性難移那句話。我如此表達沒有貶義，只是一種客觀的敘述。1926、1942 年兩度加入國民黨的華羅庚，是自己積極要求到重慶上「黨校」（「中央訓練團」的「黨政訓練班」）的。他在昆明給重慶的朱家驊的兩封信中有這樣的坦誠：

　　騮先部長先生賜鑒：

　　　　遙頌大教，語重心長，謀國之忠，垂念之切，躍然紙上，羅庚敢不奉教？今後當體念國父遺教、總裁訓誨，以追隨先生為黨為國，儘其綿薄。溯民十五時，羅庚曾在滬入黨。其時軍閥之勢尤張，革命之花未發，北伐成功後，羅庚為經濟所困，不得不負責經營先父之店鋪，日則持籌運籌，晚則演習算學，每日工作有過於十六小時者，致對黨務方面因循未暇登記。今常戚戚，愧為國父信徒。今先生振聵啟蒙，使羅庚得生新機而還舊識，感激之殷，有若撥雲霓而見天日者……

　　　　羅庚請訓之鄙意，實為慕風而非徒為出洋計也。溯羅庚自民十四折節讀書以來，久違黨教，凡百舉措，類多隔膜，自去年先生重介入黨以後，每思有以報黨之道，但常有不知從何處努力及如何努力之感，是以苟能來渝聆訓，飽識時宜，或可為黨盡一分力量，而不致徒為掛名黨員而已也。〔註 47〕

1958 年 3 月 6 日，中國科學院四位副院長李四光、竺可楨、陶孟和、吳有訓「向黨表決心」，「把心交給黨」〔註 48〕的事，以《科學院四位副院長向黨表決心》為題，在《人民日報》上刊出。這是反「右」之後對知識分子黨化教育的一波新的高潮，伴隨著大躍進的步伐，中國科學院兩位副院長，李四光 1958 年 12 月加入中國共產黨，71 歲高齡的竺可楨 1962 年 6 月 4 日成為中共黨員〔註 49〕。這事刺激了華羅庚。1963 年以後華羅庚持續要求入黨，他說：「我

〔註 47〕 王奇生：《革命與反革命：社會文化視野下的民國政治》第 246 頁。
〔註 48〕 竺可楨：《竺可楨全集　日記》第 15 卷第 283 頁，上海科學技術出版社，2008年。
〔註 49〕 據《竺可楨全集　日記》第 16 卷所示，他 1961 年響應黨接受一批知識分子入黨的號召，於秋天第一次交入黨申請書。1962 年 5 月 26 日交入黨志願書，6 月 4 日被批准為預備黨員。1963 年 7 月 7 日「寫請轉為正式黨員申請書」，

曾於 1963 和 1967 年多次遞交了入黨申請書。」〔註50〕直到 1979 年 6 月 13 日才獲批准。爲此他給鄧穎超寫有《破陣子》一詞表白，其中有：「老同志，深愧怍，新黨員，幸勉稱。橫刀哪顧頭顱白，躍馬緊傍青壯人，不負黨員名。」〔註51〕「不致徒爲掛名黨員」與「不負黨員名」，詞意都相同。

早在 1964 年初，華羅庚曾給毛澤東寫信寄詩詞，表達要走與工農相結合道路的決心。其詞《西江月》曰：

> 森森白骨堆中，
> 是俺生身所在。
> 皮囊縱然百般改，
> 積垢依舊深埋。
> 妖興易受蠱惑，
> 風起障目塵埃。
> 勤學毛著脫凡胎，
> 才能入得門來。〔註52〕

同年 3 月 18 日，毛澤東親筆回函：

> 華羅庚先生：
>
> 詩和信已經收讀，壯志凌雲，可喜可賀。
>
> 肅此敬頌教祺。
>
> 毛澤東
>
> 1964 年 3 月 18 日〔註53〕

1965 年毛澤東再次寫信給他，將此前的「先生」改稱爲「同志」，說「你現在奮發有爲，不爲個人而爲人民服務，十分歡迎」〔註54〕。

學術成就本身使他以出任中國科學院數學所所長，同時，他在政治上也要求進步，欲佔據政治高地，取得話語權。如果將公德與私情合二爲一來看，

---

12 月 14 日轉爲正式黨員。1964 年 2 月 6 日，毛澤東在中南海接見了竺可楨、李仲揆（四光）、錢學森。以後每年的這一天，竺可楨都要在日記中做紀念標記。

〔註50〕王元：《華羅庚》（修訂版）第 398 頁，江西教育出版社，1999 年。
〔註51〕王元：《華羅庚》（修訂版）第 401 頁。
〔註52〕王元：《華羅庚》（修訂版）第 398～399 頁。
〔註53〕王元：《華羅庚》（修訂版）第 399 頁。
〔註54〕王元：《華羅庚》（修訂版）第 399 頁。

功名利祿都要，就是要佔據道德的高地。這是那個政治第一，黨性至上的特定時代，人的特殊追求。許多教授、學者想做還都無法做到吶！在當時這是至高無上的榮譽，讓許多人羨慕！只有陳寅恪這種絕對的另類才可能寫首詩暗中嘲諷一下，且古典今典深藏不露。

《華羅庚》一書是數學家王元院士寫的，客觀真實。讀到書中引用海外學者貝特曼說「華羅庚在美國藉以成名的絕大多數研究是他在 1950 年回中國之前做的」〔註55〕這句話時，讓我又一次驚歎。華羅庚 1910 年 11 月 12 日出生，1950 年 3 月回國時正好 40 歲。而我對 40 歲有一個特別的記憶。

20 年前，我陪同一位研究數學的師長赴京，途中，他感歎季羨林 80 歲了還在寫文章出書，他說：「幹我們數學這一行的，還有理論物理、計算機專業，和武術界一樣，是自古英雄出少年。40 歲以前不出大成就，也就基本上完蛋了。40 歲以後不是出不了，是很少、很難。」

我說：「理工科依靠天才少年，文科需要積累和經驗。黃侃等章門弟子，曾主張 50 歲以前不著書。我曾學醫兩年，理解你說的 40 歲。一個人 40 歲以後，血管彈性逐步開始變得硬化，連續幾天幾夜不睡覺，做數學題，大腦興奮，會血壓升高，身體吃不消。」

於是，我們談到了楊振寧、華羅庚等。共同的感受是他們 40 歲以後，都只能吃老本，成為社會活動家，當學術領導者、組織者，或知名教授。熱衷社會活動，累積政治資本，許多事情與自己的專業無關，只是在熱鬧中保持自己的名聲而已。

竺可楨 1950 年 12 月 16 日的日記中寫道：

> 據程民德言，渠近來已升為清華教授，又謂清華對於華羅庚不甚滿意，故甚欲其專任科學院事。而許寶騄、張宗燧均力促其成。正之、子強均為所動，故數學所所長遂將華莫屬矣。華近在報上作詩，到處演講，頗為活潑云。〔註56〕

一個數學家忙於在報上作詩，到處演講，引起了竺可楨的反感。這和 1946 年 1 月 17 日竺可楨在梅光迪的追悼會上所說的一樣，即梅光迪「喜歡批評胡適之，亦以適之好標榜，而迪生則痛惡宣傳與廣告也」〔註57〕。

〔註55〕王元：《華羅庚》（修訂版）第 418 頁。
〔註56〕竺可楨：《竺可楨全集　日記》第 12 卷第 239～240 頁，上海科學技術出版社，2007 年。
〔註57〕竺可楨：《竺可楨全集　日記》第 10 卷第 27 頁，上海科學技術出版社，2006 年。

華羅庚在日本參加學術交流時突發心臟病去世，夏鼐在 1985 年 6 月 14 日的日記中寫道：

> 華公數學天才，但熱衷於名，鞠躬盡瘁，苦於奔波之勞。他的兼職頭銜極多，這次訃告上只有「數學家」是他的本行職務，其他都是社會活動所得的政治待遇。他的心臟病曾發過幾次，這次最終仍以此死於異國，悲夫！〔註58〕

1949 年，國民黨政府失去了大陸政權時，這98 位「最優秀教授黨員」選擇留在大陸的是多數，跟隨國民黨政府到臺灣或海外其他國家、地區謀職的有薩孟武、趙蘭坪、羅剛、顧毓琇、周鴻經、許恪士、蔣夢麟、梅貽琦、陳雪屏、姚從吾、張其昀、李熙謀、錢用和、劉季洪、杜元載、臧啓芳、周厚復、黃建中、周憲文、張廷休、張丕介、吳南軒、章之汶、李應林、任培道、胡定安、李書田。

留下來不走的，或走了又回來的，在後來的歷次政治運動中，保持不倒的是極少數，大多數未能幸免，有的被打成「右派」，有的被監禁，有的被整死（冤死獄中的如張淩高。判刑 12 年，緩刑 2 年，隨即死掉的如陳時。自殺的如林希謙。「文革」被毒打至死的如壽勉成）

國民黨時代的教授、校長入黨是動員、號令式的集體行為，並非自願申請；而 1949 年以後的教授或校長入共產黨則是自願申請式的，許多人要申請多年多次才能被批准，有的人申請多年多次未能被批准，死後被追認，也有終生未獲批准的。

1960 年 9 月 29 日，金岳霖被批准加入了中國共產黨。王浩是金岳霖在西南聯大的學生，他曾感歎金老師的絕大部分文章和三本專著都完成於 1948 年年底以前。王浩的感歎和貝特曼說所的話意思相同。

1982 年，81 歲的賀麟被批准加入了中國共產黨。據黃克武《賀麟的選擇：一代知識分子的困境》所示，根據姚從吾寫給朱家驊的信可知，1941 年 6 月，在西南聯大負責黨務組織籌備工作的姚從吾經過審慎地考察，推薦周炳琳、陳雪屏、賀麟、田培林、鄭天挺等五位教授入國民黨。

1987 年 10 月 12 日，92 歲的茅以升被批准加入了中國共產黨。

〔註58〕夏鼐：《夏鼐日記》（王世民、夏素琴等整理）卷九第 475 頁，華東師範大學出版社，2011 年。

　　這幾位和全國廣大人民一道高喊了 28 年萬歲，萬歲，萬萬歲的教授，也終於見證了沒有萬歲的新時代。

　　此前兩位研究帝王的紅色史學教授和一位新聞執行官——1949 年後官至北京市委書記處書記鄧拓、北京大學副校長翦伯贊、北京市副市長吳晗，分別在 1966 年、1968 年、1969 年自殺。鄧拓的遺書中有：「我的這一顆心永遠是向著敬愛的黨，向著敬愛的毛主席。」〔註 59〕翦伯贊的衣物中留有遺言式的兩張紙條，其中一張寫的是：「毛主席萬歲！毛主席萬歲！毛主席萬萬歲！」〔註 60〕

　　這三人同時也是 1955 年中國科學院新當選的學部委員。

　　生活在當下的教授、學者可以慶幸的是能夠和民國的教授、學者一樣不喊萬歲，萬歲，萬萬歲！

中央研究院院士

　　1947 至 1948 年間國共內戰打得最激烈的時候，中央研究院這一最高學術研究機構與大學聯手，為國家選舉學術精英。這是超越黨派政治的國家學術行為，儘管也是科學救國的最無力的舉動，卻是一次知識界的聯合抗爭。筆者在 2001 年第 3 期《人物》雜誌上曾刊發《胡適與中央研究院院士選舉》，對此事的來龍去脈有專門的介紹。史料主要是依據胡適的日記，夏鼐、啟功稍後提供的資料，當時尚無法看到。2007 至 2008 年，又受臺灣中央研究院歷史語言研究所第十任所長王汎森之約，參與拍攝紀念史語所 80 週年的文獻紀錄片，負責史語所「南京時段」的部分拍攝。近幾年，又多次陪同海外學者包括已上任中央研究院副院長的王汎森等參觀南京中央研究院及史語所舊址，對中央研究院的歷史及院士選舉情況，進行了系統的閱讀和史實考察。這裡僅選擇幾個個人研究中的興奮點略加論述。

　　據 1948 年 4 月 1 日中央研究院發佈的公告所示：

國立中央研究院院士名單

　　本院第二屆評議會第五次大會依法選定院士，數理組二十八人，生物組二十五人，人文組二十八人，並經於卅七年四月一日公告。

〔註 59〕宋連生：《鄧拓的後十年》第 222 頁，湖北人民出版社，2010 年。
〔註 60〕張傳璽：《翦伯贊傳》第 504 頁，北京大學出版社，1998 年。

數理組：二十八人

姜立夫、許寶騄、陳省身、華羅庚、蘇步青、吳大猷、吳有訓、李書華、葉企孫、趙忠堯、嚴濟慈、饒毓泰、吳憲、吳學周、莊長恭、曾昭掄、朱家驊、李四光、翁文灝、黃汲清、楊鍾健、謝家榮、竺可楨、周仁、侯德榜、茅以升、淩鴻勳、薩本棟

生物組：二十五人

王家楫、伍獻文、貝時璋、秉志、陳楨、童第周、胡先驌、殷宏章、張景鉞、錢崇澍、戴芳瀾、羅宗洛、李宗恩、袁貽瑾、張孝騫、陳克恢、吳定良、汪敬熙、林可勝、湯佩松、馮德培、蔡翹、李先聞、俞大紱、鄧叔群

人文組：二十八人

吳敬恒、金岳霖、湯用彤、馮友蘭、余嘉錫、胡適、張元濟、楊樹達、柳詒徵、陳垣、陳寅恪、傅斯年、顧頡剛、李方桂、趙元任、李濟、梁思永、郭沫若、董作賓、梁思成、王世杰、王寵惠、周鯁生、錢端升、蕭公權、馬寅初、陳達、陶孟和〔註61〕

其中人文組的二十八人，文、史、哲、考古、美術史的人選多在傅斯年、胡適的意料之中，也是他們師徒兩人決定的候選人。

這八十一人中，蘇步青、吳有訓、饒毓泰、曾昭掄、李四光、茅以升、張景鉞、蔡翹、楊樹達、陳寅恪、湯用彤、柳翼謀、馮友蘭、蕭公權、周鯁生是教育部的部聘教授。馮友蘭、華羅庚、竺可楨、薩本棟、陳寅恪、李宗恩、張孝騫是「最優秀教授黨員」。

胡適並沒有因郭沫若此時的左傾而排斥他。相反，胡適看中的是郭沫若的學術研究本身。這裡引述當時（1947年10月17日）以「歷史語言研究所代理所長」名義列席評議會的夏鼐的日記爲證據，其中涉及到朱家驊、薩本棟、吳有訓（正之）、巫寶三、陶孟和、胡適及夏鼐本人等多位與會者的意見：

上午評議會繼續審查名單。關於郭沫若之提名事，胡適之氏詢問主席以離開主席立場，對此有何意見。朱家驊氏謂其參加內亂，與漢奸罪等，似不宜列入；薩總幹事謂恐刺激政府，對於將來經費有影響；吳正之先生謂恐其將來以院士地位，在外面亂發言論。巫

〔註61〕耿雲志主編：《胡適遺稿及秘藏書信》（手稿本）第25冊第501頁。

實三起立反對，不應以政黨關係，影響及其學術之貢獻；陶孟和先生謂若以政府意志爲標準，不如請政府指派；胡適之先生亦謂應以學術立場爲主。兩方各表示意見，最後無記名投票，余以列席者不能參加投票，無表決權，乃起立謂會中有人以異黨與漢奸等齊而論，但中央研究院爲 Academia Sinica「中國的科學院」，除學術貢獻外，惟一條件爲中國人，若漢奸則根本不能算中國人，若反對政府則與漢奸有異，不能相提並論。在未有國民政府以前即有中國（國民政府傾覆以後，亦仍有中國），此句想到而不須説出口，中途截止。故對漢奸不妨從嚴，對政黨不同者不妨從寬。表決結果，以 14 票對 7 票通過仍列入名單中。〔註62〕

稍後的 1948 年 2 月 2 日，當年（1922 年 9 月 27 日）向胡適上《請願書》，「懇祈准予」到北京大學旁聽（胡適在他的《請願書》中批註「前已准了」〔註63〕，隨後他在治學方法上又多得胡適啓發、幫助），如今在史語所從事殷商甲骨文研究的董作賓致信胡適，在彙報自己的學術工作的同時，向胡適提議：「喜聞中研院選院士，您必出席，關於考古學方面，希望您選思永或沫若，我願放棄，因爲思永是病中，應給他一點安慰，沫若是院外人，以昭大公。這是早想託您的。」〔註64〕

饒有意味的是 5 年後的大規模批判胡適運動，郭沫若最先站出來，將自己 1923 年曾親吻過的胡適視爲思想、學術上的最大敵人。胡適 1923 年 10 月 13 日的日記中這樣記錄：「沫若邀吃晚飯，有田漢、成仿吾、何公敢、志摩、樓（石庵），共七人。沫若勸酒甚殷勤，我因爲他們和我和解之後這是第一次杯酒相見，故勉強破戒，喝酒不少，幾乎醉了。是夜沫若、志摩、田漢都醉了。我說起我從前要評《女神》，曾取《女神》讀了五日，沫若大喜，竟抱住我，和我接吻。」〔註65〕胡適晚年也曾與胡頌平談起此事〔註66〕。

朋友反目，會你死我活，政治鬥爭就更可怕了。1954 年 10 月，因《紅樓

〔註62〕 夏鼐：《夏鼐日記》（王世民、夏素琴等整理）卷四第 150～151 頁。
〔註63〕 《董作賓信七通》，耿雲志主編：《胡適遺稿及秘藏書信》（手稿本）第 37 冊第 700～701 頁。
〔註64〕 《董作賓信七通》，耿雲志主編：《胡適遺稿及秘藏書信》（手稿本）第 37 冊第 699 頁。
〔註65〕 胡適：《日記 1923》，《胡適全集》第 30 卷第 68 頁，安徽教育出版社，2003 年。
〔註66〕 胡頌平編：《胡適之先生晚年談話錄》第 76 頁，（臺北）聯經出版事業公司，1984 年。

夢》研究問題引起毛澤東的注意（10 月 16 日《關於〈紅樓夢〉研究問題的信》），學界開始了「反對在古典文學領域毒害青年三十餘年的胡適資產階級唯心論的鬥爭」。11 月 8 日，郭沫若在對《光明日報》記者的談話中，明確強調：「胡適的資產階級唯心論學術觀點在中國學術界是很根深蒂固的，在不少的一部分高等知識分子當中還有著很大的潛勢力。我們在政治上已經宣佈胡適為戰犯，但在某些人的心目中，胡適還是學術界的『孔子』。這個『孔子』我們還沒有把他打倒，甚至可以說我們還很少去碰過他。」〔註 67〕12 月 8 日，郭沫若在中國文聯主席團、中國作協主席團擴大聯席會議上，做了《三點建議》的發言，他說：「中國近三十年來，資產階級唯心論的代表人物就是胡適，這是一般所公認的。胡適在解放前曾經被稱為『聖人』，稱為『當今孔子』。他受著美帝國主義的扶植，成為買辦資產階級第一號的代言人。他由學術界、教育界，而政界，他和蔣介石兩人一文一武，難弟難兄，倒真是有點像『兩峰對峙，雙水分流』。胡適這個頭等戰爭罪犯的政治生命是死亡了，但他的思想在學術界和教育界的潛在勢力是怎樣呢？電影《武訓傳》和《紅樓夢研究》的思想立場都和胡適的反動思想有密切的關聯。把反封建社會的現實主義的古典傑作《紅樓夢》說成為個人懺悔的是胡適，把宣揚改良主義的封建社會的忠實奴才武訓崇拜得五體投地的也正是胡適。胡適的影響，胡適所代表的資產階級唯心論的影響，依然有不容忽視的潛在勢力，在這兩次的揭發中不就很具體地表露了出來嗎？」〔註 68〕

　　「和我接吻」之人情與「學術立場」的底線就是這麼經不起政治的高壓，胡適成了郭沫若心目中和蔣介石一樣的敵人。

　　1948 年的中央研究院院士選舉，不以政治立場評判，只以學術實力作為考量的標準，郭沫若就能當選。1955 年中國科學院評選學部委員，以政治標準第一來考量，就有原來的老院士落選。世道變了，對教授、學者評介的標準也變了。與學術評判標準相同的是文學，此時亦是講政治第一，藝術第二。

　　生物組的胡先驌是「學衡派」的重要成員，早期曾極力反對白話新詩，

〔註 67〕《中國科學院郭沫若院長關於文化學術界應開展反對資產階級錯誤思想的鬥爭對光明日報記者的談話》，《胡適思想批判》第 1 輯第 4 頁，生活・讀書・新知三聯書店，1955 年。

〔註 68〕郭沫若：《三點建議》，初刊 1954 年 12 月 9 日《人民日報》，《胡適思想批判》第 1 輯第 7～19 頁收錄。

猛烈地抨擊、謾罵過胡適,後來兩人化敵爲友,稱兄道弟。胡曾並致信吳宓,引以爲幸。1949 年以後,留在大陸的院士,1955 年大都被新政府接納爲中國科學院第一屆學部委員,胡先驌因批評蘇聯農業科學院院長李森科學術造假的「政治問題」而未能當選。原中國數學會會長姜立夫也因遭到華羅庚政治上的打擊而落選〔註 69〕。人文社會學科原來的院士,此時健在的張元濟、柳詒徵、顧頡剛、周鯁生、錢端升、陳達均落選。

楊樹達 1948 年 4 月 21 日的日記中記有余季豫來書云:「此次院士選舉,兄以聲譽卓著,爲眾望所歸,故以二十票順利通過。弟則不爲人所知,而卒獲附驥,蓋幸也。然全國私立大學與此選者惟弟一人,其難如此(陳援庵亦私立大學,然本是評議員)。又告院士會議當在八月,季極望余赴會,當與余聯袂返湘云。」〔註 70〕據《啓功口述歷史》所示,以《四庫提要辯證》聞名的余季豫(嘉錫)此時任教於輔仁大學,他的當選得力於校長、院士評議員陳垣的推薦:

> 余老先生學問優異,博聞強記。國民黨統治時,設中央研究院,聘選院士,陳校長是評委,當第二天就要坐飛機到南京參加評選時,晚上余遜到陳校長那兒去,幾乎和陳校長長談徹夜,談的都是他父親如何用功,看過哪些書,做過哪些研究,寫過哪些文章和著作,取得什麼成就和影響等等,確實了不得。他也不明說請陳校長如何如何,但用意是非常明顯的;陳校長也不說我會如何如何,但心裏已是有數的,彼此可謂心照不宣,後來果然評上了。還讓曹家祺爲他刻了一枚「院士之章」的大印。當然這都是余老先生的實力所致,大家都心服口服。〔註 71〕

只有唐蘭未入選,因爲他找到胡適,「請求」胡適推薦他選舉院士,而引起胡本人的反感。胡適在 1949 年 11 月 21 日的日記上,把唐蘭發表在《人民日報》上的《我的參加黨訓班》與他請求推薦之事加以對比:

> 唐蘭説他自己「請求」參加黨訓班,「我只覺得這一回能參加共

〔註 69〕 張榮明在《竺可楨與陳寅恪——科學巨擘與史學大師的交往》一書中借竺可楨日記,討論了華羅庚的問題。漓江出版社,2013 年。

〔註 70〕 楊樹達:《積微翁回憶錄‧積微居詩文鈔》第 270 頁。

〔註 71〕 啓功口述,趙仁珪、張景懷整理:《啓功口述歷史》第 111~112 頁,北京師範大學出版社,2004 年。

產黨的黨訓班，是無比的光榮，因為這是學習，我向革命的先進者
學習，這是自發的，不是被迫的」。

前年中央研究院辦選舉院士，只有唐蘭來「請求」我推薦他。那
是「自發的」，因為被選作院士在那時候也是「無比的光榮」。〔註72〕

1979 年 1 月 11 日，幾十年一直要求入黨而未獲准的唐蘭去世，北京故宮博物
院黨委追認他為中共黨員。

1957 年「反右」時，胡適的門生，也是胡適極力提攜的「新月派」詩人
陳夢家，遭遇到的最為敵對的同行打擊是來自唐蘭。容庚是陳夢家在燕京大
學讀書時的研究生導師，當時唐蘭（畢業於無錫國專）也在燕京大學執教。
陳夢家畢業留校工作後與唐蘭成為同事，抗戰期間又為西南聯大同事。1940
年代後期，因陳夢家有過很好的英文教育背景，獲得美國洛克菲勒學術交流
基金的資助到美國調查流失海外的中國文物，一時間學術聲譽遠遠超過了容
庚、唐蘭兩位老師。或許在那時，唐蘭心中就燃起了妒忌的怒火，到了 1957
年，唐蘭在《中國語文》10 月號上發表《右派分子陳夢家是「學者」嗎》的
大批判文章，給陳夢家以毀滅性的打擊。陳夢家是「四堂之學」的後起之秀，
學術成果多，稿費多，買得起房子，在唐蘭的筆下這些都成了右派的「罪證」。
這個在唐蘭看來是「野心家、市儈和騙子」的陳夢家，「在偽中央大學念過法
律系，在燕京大學宗教學院學習過，準備當牧師，而又當過很反動的新月派
青年詩人，寫過極其醜惡的黃色小說」。文章最後，唐蘭說陳夢家是「既反對
毛主席所說的『拆牆留線』，又反對毛主席提出文字改革的方向；在學習雜誌
座談會把馬克思主義說成是教條」的有「政治問題」的「冒牌學者」〔註73〕。
1949 年以後，許多教授、學者遇到的敵人，恰恰是自己的學生、助手或同事。
顧頡剛、沈從文、陳夢家、常書鴻等人的遭遇，不勝枚舉。這是人性惡在特
殊的政治土壤裏的發酵作祟，也是作為個體的人無法自我擺脫的宿命。特別
是「反右」和「文革」，一些政治鬥爭高潮時扛不過來而自殺的教授、學者或
作家，多半是被自己的學生、助手、同行、家人的揭發逼上了絕路。弟子、
學生、同行發表在各種刊物的「反右」文章，尚有幾分文飾或情感上的保留，
但背後的檢舉、揭發、告密，卻是字字見血，你死我活。如果有人將當年的

〔註72〕 胡適：《日記 1949》，《胡適全集》第 33 卷第 781 頁。
〔註73〕 唐蘭：《右派分子陳夢家是「學者」嗎》，《中國語文》1957 年 10 月號（總第
　　　　64 期）。

檢舉揭發材料從檔案裏翻出，恐怕會讓時下一些當紅的老教授、老學者無地自容。更爲荒謬的是這些曾經把許多人逼上絕路的檢舉、揭發、告密材料，「文革」後又在特別的指令下，從檔案中被清理出來，銷毀掉了。對於「反右」和「文革」，不知何時才有深入反思的可能。

　　1948 年顧頡剛沒有就自己當選做出特別的反應，只是將 3 月 28 日《申報》上刊出的《中研院評議會選舉結果院士八十一人當選》文章剪貼在當天的日記頁面上〔註74〕。楊樹達 3 月 28 日的日記中記有：「報載中央研究院評議會選出院士八十一人，余及余季豫皆與焉。」〔註75〕1948 年 9 月 23 日，中研院第一屆院士會議在南京召開。朱家驊作爲大會主席，首先宣讀了蔣介石總統的致詞，接著是翁文灝代表評議會做院士參選資格的報告。在 81 位當選院士中，其中有 18 人在國外，如華羅庚、吳大猷、郭沫若、李仲揆等；告假者有吳稚暉、陳寅恪、梁思永等十多位。院士中年齡最長者吳稚暉 84 歲，次長者張元濟 82 歲；年紀最小的陳省身 38 歲，而華羅庚、許寶騄 39 歲〔註76〕。胡適作爲當選院士代表在張元濟之後致詞，他說在看到新當選的 81 位院士中，有 50 多位到會，十分興奮。他特別在會上提起湖南大學教授楊樹達（遇夫）全家從湖南趕來開會；82 歲的張元濟（菊生）是商務印書館的元老，多年沒有離開過上海，這次也專程趕到南京開會；余季豫是冒著被炮火襲擊的危險，從北平坐飛機趕來的。爲此，他認爲這是中國學術界值得紀念的日子。對此，楊樹達在 23 日的日記寫道：「某君亦有演說，首舉及予名字，謂攜眷千里赴會爲難得。次即援庵、季豫云。」〔註77〕楊樹達以日記形式編訂回憶錄時，因胡適被大陸政權所批判，所以他從日記中移植文字時，將胡適的名字改爲「某君」。顧頡剛應原中山大學同事，現蘭州大學校長辛樹幟之聘，遠在蘭州任歷史系主任，因「課務所羈，竟不克成行」〔註78〕，在 9 月 13 日他還專門給胡適寫信解釋。

　　1948 年 9 月 24 日，胡適在日記中寫道：「此次院士八十一人，安徽只有我一人。」他同時在日記中列了個「各省分配」表：

〔註74〕顧頡剛：《顧頡剛日記》第六卷第 252～253 頁。
〔註75〕楊樹達：《積微翁回憶錄・積微居詩文鈔》第 269 頁。
〔註76〕竺可楨：《竺可楨全集　日記》第 11 卷第 214 頁，上海科學技術出版社，2006年。
〔註77〕楊樹達：《積微翁回憶錄・積微居詩文鈔》第 277 頁。
〔註78〕顧頡剛：《致胡適》，《顧頡剛全集　顧頡剛書信集》卷一第 498 頁。

	數理	生物	人文	
浙江	9	7	3	19
江蘇	5	5	5	15
廣東	2	1	4	7
江西	3	2	2	7
湖北	1	3	3	7
湖南	1	1	4	6
福建	4	2	0	6
山東	0	2	1	3
四川	1	1	1	3
河南	0	1	2	3
河北	1	0	1	2
陝西	1	0	0	1
山西	0	0	1	1
安徽	0	0	1	1
合計	28	25	28	81

竺可楨在日記中將這次院士的大學分佈前幾位列出：北京大學 11，清華大學 10，浙江大學 4，中央大學 3，輔仁大學 2。〔註 79〕

　　這是民國學者的地理分佈，是民國文化教育資源、傑出人才南北地域間的差。學術需要積累，有時三代人的努力才養育出一位學者。晚清閩粵商人下南洋，軍官出湘淮（曾國藩、李鴻章軍事集團），學術在東南；民國將軍兩湖川皖，學者出江浙贛，由此見證。胡適的好友丁文江 1923 年 3 月 11 日在北京的《努力》週報第 43 期上發表《歷史人物與地理的關係》，南京東南大學的《史地學報》第 2 卷第 4 期轉載；梁啓超 1924 年 6 月在《清華學報》第 1 卷第 1 期刊出《近代學風之地理的分佈》。可惜的是兩位關注文化地理的學人，無法看到民國學者新的地理分佈。他們若健在，定是當之無愧的院士。特別是梁啓超的兩個兒子梁思成（美術史）、梁思永（考古）當選，梁門兩院士。即便是梁啓超健在的話，自己不當選也高興，他也許會說「老夫當避路，放他出一頭地也」，甚至會續寫出一篇新的《民國學風之地理的分佈》。

〔註 79〕竺可楨：《竺可楨全集　日記》第 11 卷第 215 頁，上海科學技術出版社，2006 年。

餘論

　　1948 年 12 月 13 日，蔣介石派陳雪屏飛抵北平，勸說北京大學校長胡適約一批知名校長、學者乘機南下。15 日第一架專機從北平接胡適、陳寅恪等到南京後，蔣介石又在 17 日致電傅作義，要求他將 62 位學界重要人物分別疏導南移。據黃克武《蔣介石與賀麟》一文引用臺北「國史館」中的「蔣中正總統文物」所示：

　　　　北平傅總司令宜生兄，口密。(一) 在平教育行政負責人為：(梅
　　　貽琦)、(李書華)、(袁同禮)、(袁敦禮)、李麟玉、陳垣、(胡先驌)、
　　　湯用彤、(馮友蘭)、葉企蓀、饒毓泰、陳岱孫、(鄭天挺)、(賀麟)、
　　　鄭華熾、沈履、霍秉權、褚士荃、黎錦熙、溫廣漢、黃金鼇、徐悲
　　　鴻。(二) 因政治關係必須離平者為：(朱光潛)、(毛子水)、(邱椿)、
　　　(張頤)、(陳友松)、劉思職、(梅貽寶)、齊思和、雷宗海〔案：應
　　　為雷海宗〕、劉崇鋐、戴世光、邵循恪、吳澤霖、趙鳳喈、敦福堂、
　　　張恒、金澍榮、(英千里)、張漢民、徐侍峰。(三) 在平之中央研究
　　　院士為：(許寶騄)、張景鉞、陳達、戴芳瀾、(俞大紱)、李宗恩。(四)
　　　學術上有地位，自願南來者，如 (楊振聲)、羅常培、錢思亮、馬祖
　　　聖、趙迺搏、錢三強、嚴濟慈、張政烺、沈從文、邵循正、鄧廣銘、
　　　李輯祥、孫毓棠、蒯淑平。請兄分別疏導，即日南移，如獲彼等全
　　　意□□□，可派機或備船接運。其搭機人員並請兄代排訂次序電告，
　　　尤以有括號者，務須來京，如何？請速電覆中。〔註80〕
這個名單是傅斯年、朱家驊、杭立武、陳雪屏一起劃定的。只有少數已經在15 日隨北京大學校長胡適到了南京。21 日，清華大學校長梅貽琦又帶領 20多位作為第二批乘專機到達南京。

　　當時在北平的這 62 位重要人物，與前面的部聘教授、「最優秀教授黨員」、院士，有幾重交叉。1949 年大變局中，如三大榮譽均得的馮友蘭沒有走。即便是從北平被專機接出來的陳寅恪最後也沒有離開大陸。留下來的是多數。在留下來的多數中，少數人遭遇了大難，如作家沈從文 1949 年兩次自殺未遂。胡適夫婦走了，兒子胡思杜留下來在劫難逃，1957 年 9 月被逼自殺。化學家、院士曾昭掄 1967 年 12 月 8 日自殺，這是他在妹妹曾昭燏 1964 年 12 月自殺

〔註80〕黃克武：《蔣介石與賀麟》，《中央研究院近代史研究所集刊》第 67 期（2010
　　　年 3 月）。

後，又一曾家後人走向絕路。院士吳定良 1969 年 3 月 24 日自殺。

　　1948 年選出的第一屆 81 位中央研究院院士中，至 2009 年細胞生物學家貝時璋（1903～2009）去世，全都離開人世。他是院士中最長壽者。先後留學德國弗萊堡大學、慕尼黑大學和圖賓根大學的貝時璋，是制定毛澤東死而不朽特殊方案的主要參與者。

　　1937 至 1949 年間，殘酷的社會環境下的戰亂、遷徙、貧窮、飢餓、疾病、殺戮（如敵機轟炸、暗殺）等是每一位教授都難以自我擺脫的。被日軍關押、殺害的大學教授有多位，而倒在執政府軍警特務槍口之下的李公樸、聞一多，卻加速了國共之外自由主義「第三勢力」的左轉，成了為國民黨政府大陸政權送葬的先驅。1949 年以後，大批沒有機會或不願意跟隨國民黨政府去臺灣，或到國外謀生的「民國教授」趙元任、李方桂、蕭公權等面臨的則是另外不同的狀況。

　　「部聘教授」這樣的榮譽，在 1949 年以後，被兩岸兩黨政治體制下教育部以形式不同而內容相似的方式沿用，特別是 1990 年代以後的大陸，變本加厲，甚至成了一道名利場上的風景。「最優秀教授黨員」這一類的評選，在大陸的高校每年的「七·一」都有，大家已經習慣了。參評人和被評者卻未必知道這是國民黨最先搞出來的榮譽。而中央研究院院士選舉制度，在國民黨政權遷移臺灣後，一直延續。大陸中共政權，1955 年將與之相同的選舉改換一種稱呼，稱為中國科學院學部委員，1993 年 10 月又改稱中國科學院院士。兩岸對各自行政轄區選出的本土院士互不承認，但對華裔外籍著名教授、學者則可以雙方分別當選。這是歷史留給學界的一個特殊現象，更是民國大學文脈的延續。學術超越黨爭，彼此以學術的原則相互尊重、共生共存，當是兩岸所有學人的共同期盼。

參考文獻

刊　物

1949 年以前（以英語字母爲序，首字按漢語拼音排列）

1. 《北京大學日刊》（北京），影印本

2. 《北京大學月刊》（北京）

3. 《北京大學研究所國學門周刊》（北京）

4. 《北京大學研究所國學門月刊》（北京）

5. 《晨報副鐫》（北京），影印本

6. 《詞學季刊》（上海）

7. 《大公報・文學副刊》（天津），影印本

8. 《大公報・文藝副刊》（天津），影印本

9. 《大學》（成都）

10. 《大學評論》（南京）

11. 《國立東南大學南京高師日刊》（南京：1921 年 9～10 月）

12. 《國立東南大學南京高師署校日刊》（南京：1922 年 7 月 10 日～8 月 19 日）

13. 《東南論衡》（南京：東南大學）

14. 《獨立評論》（北平），影印本

15. 《方志月刊》（南京：中央大學）

16. 《觀察》（上海）

17. 《國粹學報》（上海）

18. 《國風》（南京：中央大學）

19.《國故》（北京：北京大學）

20.《國立中山大學語言歷史學研究所周刊》（廣州）

21.《國立中央大學日刊》（南京）

22.《國立中央大學半月刊》（南京）

23.《國文月刊》（昆明－上海：西南聯合大學師範學院－開明書店）

24.《國聞周報》（天津）

25.《國學叢刊》（南京：東南大學，陳中凡、顧實編，1920 年代）

26.《國學季刊》（北京：北京大學）

27.《國學論叢》（北京：清華學校研究院）

28.《國學論衡》（蘇州）

29.《國學月報》（北京：述學社）

30.《國學月刊》（上海：大東書局）

31.《國專月刊》（無錫：無錫國學專修學校）

32.《華國》（上海）

33.《甲寅》（北京－天津）

34.《金陵大學文學院季刊》（南京）

35.《京報副刊》（北京）

36.《留美學生季報》（上海）

37.《論語》（上海）

38.《民國日報》（上海），影印本

39.《民心周報》（上海）

40.《南京文獻》（南京，1947 年 1 月～1949 年 2 月）

41.《努力周報》（北京）

42.《清華學報》（北京）

43.《清華周刊》（北京）

44.《清華中國文學會月刊》（北平）

45.《少年中國》（北京－上海），影印本

46.《申報》（上海），影印本

47.《詩帆》（南京：土星筆會）

48.《世紀評論》（南京）

49.《文學旬刊－文學周報》（上海），影印本

50.《時代公論》（南京）

51.《時代公論》（廣州）

52.《史地學報》（南京：南京高師－東南大學）

53.《斯文》半月刊（成都：金陵大學文學院國文系）

54.《思想與時代》（遵義－杭州：浙江大學）

55.《太平洋》（上海）

56.《圖書評論》（南京）

57.《文史季刊》（江西泰和：中正大學）

58.《文史哲季刊》（重慶：中央大學）

59.《文學雜誌》（北平）

60.《文藝叢刊》（南京：中央大學文學院）

61.《文哲學報》（南京：南京高師－東南大學）

62.《現代》（上海），影印本

63.《現代評論》（北京），影印本

64.《湘君》（長沙：明德中學）

65.《小說月報》（上海，1919 年以後），影印本

66.《新潮》（北京：北京大學），影印本

67.《新教育》（上海－南京－北京）

68.《新青年》（上海－北京），影印本

69.《新月》（上海），影印本

70.《學衡》（南京－北京），影印本

71.《學文》（北平）

72.《學原》（南京）

73.《藝林》（南京：中央大學國文系）

74.《禹貢》（北平）

75.《語絲》（北京），影印本

76.《戰國策》（昆明）

77.《制言》（蘇州）

78.《中國學報》（重慶：汪辟疆主編，1940 年代）

79.《中央研究院歷史語言研究所集刊》（廣州－南京），影印本

80.《中正大學校刊》（江西泰和：中正大學）

1949 年以後

1.《思想與時代》（臺北：中國文化學院）

2.《文藝復興》（臺北：中國文化學院）

3.《傳記文學》（臺北）

4.《中國語文》（北京）

著 作

A

1. 阿爾伯特・赫希曼：《反動的修辭：保守主義的三個命題》（王敏譯），江蘇人民出版社，2012 年。

2. 艾德敷：《燕京大學》（劉天路譯），珠海出版社，2005 年。

3. 奧爾特加・加塞特：《大學的使命》（徐小洲等譯），浙江教育出版社，2001 年。

B

1. 北京大學信息管理系、南京大學信息管理系、甘肅省圖書館編：《一代宗師——紀念劉國鈞先生百年誕辰學術論文集》，北京圖書館出版社，1999 年。

2. 卞僧慧：《陳寅恪先生年譜長編（初稿)》，中華書局，2010 年。

C

1. 蔡元培：《蔡孑民先生言行錄》，廣西師範大學出版社，2005 年。

2. 曹經沅編：《癸酉九日掃葉樓登高詩集》，民國甲戌年（1934）鉛印本（南京大學圖書館藏）。

3. 曹經沅編：《甲戌玄武湖修禊豁蒙樓登高詩集》，民國乙亥年（1935）鉛印本（南京大學圖書館藏）。

4. 曹經沅遺稿、王仲鏞編校：《借槐廬詩集》，巴蜀書社，1997 年。

5. 常任俠：《常任俠文集》第 6 卷，安徽教育出版社，2002 年。

6. 陳楚淮：《陳楚淮文集》，浙江大學出版社，2008 年。

7. 陳獨秀：《獨秀文存》，安徽人民出版社，1987 年。

8. 陳方恪著、潘益民輯注：《陳方恪詩詞集》，江西人民出版社，2007 年。

9. 陳功江：《精神符號與個性彰顯：民國時期知名大學校訓研究》，華中科技大學出版社，2011 年。

10. 陳鶴琴：《陳鶴琴全集》第 6 卷，江蘇教育出版社，1992 年。

11. 陳衡恪著、劉經富輯注：《陳衡恪詩文集》，江西人民出版社，2009 年。

12. 陳洪捷:《德國古典大學觀及其對中國大學的影響》,北京大學出版社,2002 年。

13. 陳鴻祥:《王國維年譜》,齊魯書社,1991 年。

14. 陳流求、陳小彭、陳美延:《也同歡樂也同愁》,生活·讀書·新知三聯書店,2010 年。

15. 陳隆恪著、張求會整理:《同照閣詩集》,中華書局,2007 年。

16. 陳夢家:《夢甲室存文》,中華書局,2006 年。

17. 陳明遠:《那時的大學》,山西人民出版社,2011 年。

18. 陳平原:《中國現代學術之建立》,北京大學出版社,1998 年。

19. 陳平原:《北大精神及其他》,上海文藝出版社,2001 年。

20. 陳平原:《中國大學十講》,復旦大學出版社,2002 年。

21. 陳平原:《大學何爲》,北京大學出版社,2006 年。

22. 陳平原:《作爲學科的文學史》,北京大學出版社,2011 年。

23. 陳平原、杜玲玲編:《追憶章太炎》,中國廣播電視出版社,1997 年。

24. 陳平原、王楓編:《追憶王國維》,中國廣播電視出版社,1997 年。

25. 陳平原、鄭勇編:《追憶蔡元培》(增訂本),生活·讀書·新知三聯書店,2009 年。

26. 陳平原、夏曉虹編:《北大舊事》,生活·讀書·新知三聯書店,1998 年。

27. 陳三立著、李開軍校點:《散原精舍詩文集》,上海古籍出版社,2003 年。

28. 陳三立著,潘益民、李開軍輯注:《散原精舍詩文集補編》,江西人民出版社,2007 年。

29. 陳萬雄:《五四新文化的源流》,三聯書店(香港)有限公司,1992 年。

30. 陳以愛:《中國現代學術研究機構的興起——以北大研究所國學門爲中心的探討》,江西教育出版社,2002 年。

31. 陳寅恪:《陳寅恪詩集》,清華大學出版社,1993 年。

32. 陳寅恪:《金明館叢稿初編》,生活·讀書·新知三聯書店,2001 年。

33. 陳寅恪:《金明館叢稿二編》,生活·讀書·新知三聯書店,2001 年。

34. 陳寅恪:《書信集》,生活·讀書·新知三聯書店,2001 年。

35. 陳毓賢:《洪業傳》,北京大學出版社,1996 年。

36. 陳智超編注:《陳垣來往書信集》,上海古籍出版社,1990 年。

37. 陳中凡:《清暉集》,書目文獻出版社,1987 年。

38. 程千帆:《程千帆全集》第 15 卷,河北教育出版社,2000 年。

39. 程千帆、唐文編:《量守廬學記——黃侃的生平和學術》,生活·讀書·新知三聯書店,1985 年。

D

1. 德本康夫人、蔡路德:《金陵女子大學》(楊天宏譯),珠海出版社,1999年。
2. 鄧之誠著、鄧瑞整理:《鄧之誠文史札記》,鳳凰出版社,2012年。
3. 丁文江、趙豐田:《梁啓超年譜長編》,上海人民出版社,1983年。
4. 東莞市政協編:《容庚容肇祖學記》,廣東人民出版社,2004年。
5. 段懷清:《白璧德與中國文化》,首都師範大學出版社,2006年。

E

1. E・希爾斯:《論傳統》(傅鏗、呂樂譯),上海人民出版社,1991年。

F

1. 樊豔豔:《雙重起源與制度生成:中國現代大學制度起源研究》,華中科技大學出版社,2011年。
2. 廢名:《新詩十二講──廢名的老北大講義》,遼寧教育出版社,2006年。
3. 馮雙編著:《鄒魯年譜》,中山大學出版社,2010年。
4. 馮友蘭:《三松堂全集》第4、5卷,河南人民出版社,1986年。
5. 馮友蘭:《三松堂自序》,人民出版社,1998年。
6. 傅宏星編撰:《錢基博年譜》,華中師範大學出版社,2007年。
7. 傅樂詩等著:《近代中國思想人物論・保守主義》,(臺北)時報出版公司,1980年。
8. 傅斯年:《傅斯年全集》,(臺北)聯經出版事業公司,1980年。
9. 《傅孟眞傳記資料》,(臺北)天一出版社,1979年。

G

1. 葛兆光主編:《走近清華》,四川人民出版社,2000年。
2. 耿雲志主編:《胡適遺稿及秘藏書信》(手稿本),黃山書社,1994年。
3. 耿雲志主編:《胡適論爭集》中冊,中國社會科學出版社,1998年。
4. 龔放、王運來、袁李來:《南大逸事》,遼海出版社,2000年。
5. 龔書鐸主編:《勵耘學術承習錄》,北京師範大學出版社,2000年。
6. 鞏本棟編:《程千帆沈祖棻學記》,貴州人民出版社,1997年。
7. 顧潮:《歷劫終教志不灰──我的父親顧頡剛》,華東師範大學出版社,1997年。

8. 顧潮編著：《顧頡剛年譜》（增訂本），中華書局，2011 年。

9. 顧潮編：《顧頡剛學記》，生活・讀書・新知三聯書店，2002 年。

10. 顧頡剛編：《古史辨》，上海古籍出版社影印，1982 年。

11. 顧頡剛：《顧頡剛日記》，（臺北）聯經出版事業公司，2007 年。

12. 顧頡剛：《顧頡剛全集　顧頡剛書信集》，中華書局，2010 年。

13. 貴州省遵義地區地方志編纂委員會：《浙江大學在遵義》，浙江大學出版社，1990 年。

14. 郭查理：《齊魯大學》（陶飛亞、魯娜譯），珠海出版社，1999 年。

15. 郭廷以口述、張朋園等整理：《郭廷以口述自傳》，中國大百科全書出版社，2009 年。

16. 郭維森編：《學苑奇峰——文學史家胡小石》，南京大學出版社，2000 年。

17. 《國立北京大學紀念刊》第一冊（民國六年廿週年紀念冊上），（臺北）傳記文學出版社，1971 年（影印本）。

18. 《國立北京大學紀念刊》第二冊（民國六年廿週年紀念冊下），（臺北）傳記文學出版社，1971 年（影印本）。

19. 《國立北京大學紀念刊》第三冊（民國十八年卅一週年紀念刊、民國卅七年五十週年紀念刊），（臺北）傳記文學出版社，1971 年（影印本）。

20. 《國立東南大學一覽》（民國十二年），東南大學。

21. 《國立社會教育學院概況》（民國三十七年五月）

22. 《國立武漢大學一覽》（民國廿四年），（臺北）傳記文學出版社，1971 年（影印本）。

23. 《國立西南聯合大學校史》，北京大學出版社，1996 年。

24. 《國立西南聯合大學史料》，雲南教育出版社，1998 年。

25. 《國立中山大學現況》（民國廿四年），（臺北）傳記文學出版社，1971 年（影印本）。

26. 《國立中央大學一覽》（民國十七年），中央大學。

27. 《國立中央大學一覽》（民國十九年），中央大學。

H

1. 海波士：《滬江大學》（王立誠譯），珠海出版社，2005 年。

2. 海嬰編：《許廣平文集》，江蘇文藝出版社，1998 年。

3. 韓華：《民初孔教會與國教運動研究》，北京圖書館出版社，2007 年。

4. 韓水法：《大學與學術》，北京大學出版社，2008 年。

5. 何炳棣：《讀史閱世六十年》，廣西師範大學出版社，2005 年。

6. 賀昌群：《賀昌群文集》第 3 卷，商務印書館，2003 年。

7. 賀麟：《文化與人生》，商務印書館，1988 年。

8. 賀麟：《五十年來的中國哲學》，商務印書館，2002 年。

9. 胡逢祥：《社會變革與文化傳統——中國近代文化保守主義思潮研究》，上海人民出版社，2000 年。

10. 胡建雄主編：《浙大逸事》，遼海出版社，1998 年。

11. 胡夢華、吳淑貞：《表現的鑒賞》，（臺北）1984 年（非賣品）。

12. 胡全章：《清末民初白話報刊研究》，中國社會科學出版社，2011 年。

13. 《胡適思想批判》（第 1～7 輯），生活·讀書·新知三聯書店，1955 年。

14. 《胡適思想批判》（第 8 輯），生活·讀書·新知三聯書店，1956 年。

15. 胡適：《胡適全集》，安徽教育出版社，2003 年。

16. 胡頌平編：《胡適之先生晚年談話錄》，（臺北）聯經出版事業公司，1984 年。

17. 胡頌平編著：《胡適之先生年譜長編初稿》，（臺北）聯經出版事業公司，1984 年。

18. 胡先驌：《蜻洲遊草》，南京（非賣品，無出版社，南京大學圖書館藏）。

19. 胡先驌：《胡先驌詩集》，（臺北）國立中正大學校友會編印，1992 年。

20. 胡先驌：《胡先驌文存》（上），江西高校出版社，1995 年。

21. 胡先驌：《胡先驌文存》（下），1996 年（無出版社）。

22. 胡小石：《胡小石論文集》，上海古籍出版社 1982 年版。

23. 胡小石：《胡小石論文集三編》，上海古籍出版社，1995 年。

24. 《胡小石研究》，南京《東南文化》1999 年增刊。

25. 胡宗剛撰：《胡先驌先生年譜長編》，江西教育出版社，2008 年。

26. 華銀投資工作室：《思想者的產業——張伯苓與南開新私學傳統》，海南出版社，1999 年。

27. 華惠德：《華南女子大學》（朱峰、王愛菊譯），珠海出版社，2005 年。

28. 黃侃：《黃季剛詩文鈔》，湖北人民出版社，1985 年。

29. 黃侃：《黃侃日記》，江蘇教育出版社，2001 年。

30. 黃思禮：《華西協和大學》（秦和平、何啓浩譯），珠海出版社，1999 年。

31. 黃延復：《二三十年代清華校園文化》，廣西師範大學出版社，2000 年。

32. 黃延復、王小寧整理：《梅貽琦日記（1941～1946）》，清華大學出版社，2001 年。

33. 黃延復：《清華傳統精神》，清華大學出版社，2006 年。

34. 黃遠庸:《遠生遺著》,上海中國科學公司,1938 年 (這裡據上海書店影印本)。

35. 黃遵憲著、錢仲聯箋注:《人境廬詩草箋注》,古典文學出版社,1957 年。

36. 黃遵憲撰,吳振清、徐勇、王家祥編校整理:《黃遵憲集》(上、下),天津人民出版社,2003 年。

J

1. 李培剛編著:《楊振聲編年事輯初稿》,黃河出版社,2007 年。

2. 李劍青:《北平的大學教育與文學生產:1928~1937》,北京大學出版社,2011 年。

3. 賈曉慧:《〈大公報〉新論——20 世紀 30 年代〈大公報〉與中國現代化》,天津人民出版社,2002 年。

4. 賈植芳主編:《文學研究會資料》(上、中、下),河南人民出版社,1985 年。

5. 江沛:《戰國策派思想研究》,天津人民出版社,2001 年。

6. 姜建、吳爲公編:《朱自清年譜》,安徽教育出版社,1996 年。

7. 姜義華:《章太炎評傳》,百花洲文藝出版社,1995 年。

8. 蔣夢麟:《西潮・新潮》,嶽麓書社,2000 年。

9. 蔣天樞:《陳寅恪先生編年事輯》,上海古籍出版社,1997 年。

10. 蔣廷黻:《蔣廷黻回憶錄》,(臺北) 傳記文學出版社,1984 年再版。

11. 金耀基:《大學之理念》,生活・讀書・新知三聯書店,2001 年。

12. 金以林:《近代中國大學研究 1895~1949》,中央文獻出版社,2000 年。

13. 金毓黻著、《金毓黻文集》編輯整理組校點:《靜晤室日記》,遼瀋書社,1993 年。

K

1. 柯約翰:《華中大學》(馬敏、葉樺譯),珠海出版社,1999 年。

L

1. 資瑪麗:《聖約翰大學》(王東波譯),珠海出版社,2005 年。

2. 來新夏:《近三百年人物年譜知見錄》(增訂本),中華書局,2010 年。

3. 李帆:《劉師培與中西學術》,北京師範大學出版社,2003 年。

4. 李方桂:《李方桂先生口述史》(王啓龍、鄧小詠譯),清華大學出版社,2003 年。

5. 李洪岩：《錢鍾書與近代學人》，百花文藝出版社，1998 年。

6. 李光榮、宣淑君：《季節燃起的花朵——西南聯大文學社團研究》，中華書局，2011 年。

7. 李良明、張運洪、申富強編著：《韋卓民年譜》，華中師範大學出版社，2010 年。

8. 李繼凱、劉瑞春選編：《追憶吳宓》、《解析吳宓》，社會科學文獻出版社，2001 年。

9. 李妙根選編：《國粹與西化——劉師培文選》，上海遠東出版社，1996 年。

10. 李瑞清：《清道人遺集》（全二冊），中華書局，1939 年。

11. 李喜所、劉集林等：《近代中國的留美教育》，天津古籍出版社，2000 年。

12. 李學通：《翁文灝年譜》，山東教育出版社，2005 年。

13. 黎錦熙：《國語運動史綱》，商務印書館，2011 年。

14. 黎澤渝、劉慶俄編：《黎錦熙文集》，黑龍江教育出版，2007 年。

15. 梁啓超：《飲冰室合集》，中華書局，1989 年（據 1936 年版影印）。

16. 《梁實秋文集》編輯委員會編：《梁實秋文集》，鷺江出版社，2002 年。

17. 林立：《滄海遺音：民國時期遺民詞研究》，香港中文大學出版社，2012 年。

18. 林香伶：《南社文學綜論》，（臺北）里仁書局，2009 年。

19. 劉兵：《新人文主義的橋樑》，上海交通大學出版社，2007 年。

20. 劉桂秋：《無錫國專編年事輯》，中國大百科全書出版社，2011 年。

21. 劉紅慶：《沈從文家事》，新星出版社，2012 年。

22. 劉節：《劉節日記》（劉顯曾整理），大象出版社，2009 年。

23. 劉進才：《語言運動與中國現代文學》，中華書局，2007 年。

24. 劉軍寧：《保守主義》，中國社會科學出版社，1998 年。

25. 劉軍寧主編：《北大傳統與近代中國——自由主義的先聲》，中國人事出版社，1998 年。

26. 劉龍心：《學術與制度：學科體制與中國史的建立》，（臺北）遠流出版事業有限公司，2002 年。

27. 劉乃和：《陳垣年譜》，北京師範大學出版社，2002 年。

28. 劉淑玲：《〈大公報〉與中國現代文學》，河北教育出版社，2004 年。

29. 劉烜：《王國維評傳》，百花洲文藝出版社，1997 年。

30. 劉永濟：《誦帚詞集 雲巢詩存 附年譜 傳略》，中華書局，2010 年。

31. 柳無忌、殷安如編：《南社人物傳》，社會科學文獻出版社，2002 年。

32. 《柳翼謀先生紀念文集》（《鎮江文史資料》第十一輯，1986 年 8 月）。

33. 柳詒徵：《國史要義》，華東師範大學出版社，2000 年。

34. 柳詒徵：《中國文化史》（上、下），上海古籍出版社，2001 年。

35. 柳曾符、柳定生選編：《柳詒徵史學論文集》，上海古籍出版社，1991 年。

36. 柳曾符、柳定生選編：《柳詒徵史學論文續集》，上海古籍出版社，1991 年。

37. 柳曾符、柳佳編：《劬堂學記》，上海書店出版社，2002 年。

38. 龍泉明、徐正榜編：《老武大的故事》，江蘇文藝出版社，1998 年。

39. 龍泉明、徐正榜編：《走近武大》，四川人民出版社，2000 年。

40. 盧前：《盧前詩詞曲選》，中華書局，2006 年。

41. 盧毅：《章門弟子與近代文化》，廣西師範大學出版社，2009 年。

42. 魯迅：《魯迅全集》，人民文學出版社，1981 年。

43. 魯迅、景宋：《魯迅景宋通信集·〈兩地書〉的原信》，湖南人民出版社，1984 年。

44. 陸耀東編：《沈祖棻程千帆新詩集》，武漢大學出版社，1992 年。

45. 陸志韋：《渡河》，亞東圖書館，1923 年。

46. 羅德里克·斯科特：《福建協和大學》（陳建明、姜源譯），珠海出版社，1999 年。

47. 羅崗、陳春豔編：《梅光迪文錄》，遼寧教育出版社，2001 年。

48. 羅繼祖：《蜉寄留痕》，上海古籍出版社，1999 年。

49. 羅家倫：《逝者如斯集》，（臺北）傳記文學出版社，1967 年。

50. 羅家倫先生文存編輯委員會編輯：《羅家倫先生文存》第 1、2 冊，國史館、中國國民黨中央委員會黨史委員會出版，1976 年。

51. 羅家倫先生文存編輯委員會編輯：《羅家倫先生文存》第 5、6 冊，國史館、中國國民黨中央委員會黨史委員會出版，1988 年。

52. 羅家倫先生文存編輯委員會編輯：《羅家倫先生文存》第 10 冊，國史館、中國國民黨中央委員會黨史委員會出版，1989 年。

53. 羅久芳、羅久蓉編輯校注：《羅家倫先生文存補遺》，中央研究院近代史研究所史料叢刊（51），2009 年。

54. 羅志田：《亂世潛流：民族主義與民國政治》，上海古籍出版社，2001 年。

55. 羅志田：《裂變中的傳承：20 世紀前期的中國文化與學術》，中華書局，2003 年。

56. 羅志田：《國家與學術：清季民初關於「國學」的思想論爭》，生活·讀書·新知三聯書店，2003 年。

57. 羅志田：《近代讀書人的思想世界與治學取向》，北京大學出版社，2009年。

M

1. 麻天祥：《湯用彤評傳》，百花洲文藝出版社，1993年。
2. 馬先陣、倪波編：《李小緣紀念文集》，南京大學出版社，1988年。
3. 馬勇：《蔣夢麟教育思想研究》，遼寧教育出版社，1997年。
4. 馬勇編：《章太炎書信集》，河北人民出版社，2003年。
5. 茅盾：《茅盾全集》第18卷，人民文學出版社，1989年。
6. 冒懷蘇：《冒鶴亭先生年譜》，學林出版社，1998年。
7. 冒榮、王運來主編：《南京大學的辦學理念與治校方略》，南京大學出版社，2002年。
8. 冒榮：《至平至善 鴻聲東南——東南大學校長郭秉文》，山東教育出版社，2004年。
9. 毛澤東：《毛澤東文集》第2卷，人民出版社，1993年。
10. 毛澤東：《毛澤東選集》第2卷，人民出版社，1991年。
11. 梅鐵山主編、梅傑執行主編：《梅光迪文存》，華中師範大學出版社，2011年。
12. 蒙默編：《蒙文通學記》，生活·讀書·新知三聯書店，1993年。
13. 蒙文通：《蒙文通文集》（6卷），巴蜀書社，1987～2001年。
14. 《繆荃孫學術研討會論文集》，江蘇省圖書館學會，1998年。
15. 苗懷明：《吳梅評傳》，南京大學出版社，2012年。

N

1. 《南大百年實錄》編輯組：《南大百年實錄》（上、中、下），南京大學出版社，2002年。
2. 南京大學中文系古典文學教研室、南京大學學報編輯部編印：《章太炎先生國學講演錄》（內部交流，非賣品）。
3. 倪偉：《「民族」想像與國家統制——1928～1949年南京政府文藝政策及文學運動》，上海教育出版社，2003年。
4. 聶冷：《吳有訓傳》，中國青年出版社，1998年。

O

1. 歐文・白璧德：《文學與美國的大學》（張沛、張源譯），北京大學出版社，2004 年。

P

1. P.布爾迪厄：《國家精英——名牌大學與群體精神》（楊亞平譯），商務印書館，2004 年。
2. 潘伯鷹著、劉夢芙點校：《玄隱廬詩》，黃山書社，2009 年。
3. 潘光哲：《何妨是書生》，廣西師範大學出版社，2010 年。
4. 彭明輝：《疑古思想與現代中國史學的發展》，（臺北）商務印書館股份有限公司，1991 年。
5. 彭明輝：《歷史地理學與現代中國史學》，（臺北）東大圖書股份有限公司，1995 年。
6. 彭小蓮：《他們的歲月》，上海文藝出版社，2000 年。
7. 浦漢明編：《浦江清文史雜文集》，清華大學出版社，1993 年。
8. 浦江清：《清華園日記・西行日記》，生活・讀書・新知三聯書店，1999 年。
9. 浦江清：《無涯集》，百花文藝出版社，2005 年。

Q

1. 啓功口述，趙仁珪、張景懷整理：《啓功口述歷史》，北京師範大學出版社，2004 年。
2. 齊家瑩編撰：《清華人文學科年譜》，清華大學出版社，1999 年。
3. 齊家瑩編著：《清華人物》，作家出版社，2001 年。
4. 錢谷融：《閒齋憶舊》，上海人民出版社，2008 年。
5. 錢基博著、傅宏星編校：《國學文選類纂》，華東師範大學出版社，2010 年。
6. 錢基博：《現代中國文學史》，華中師範大學出版社，2011 年。
7. 錢穆：《國學概論》，商務印書館，1997 年。
8. 錢穆：《八十憶雙親・師友雜憶》，生活・讀書・新知三聯書店，1998 年。
9. 錢玄同：《錢玄同文集》第 3、4 卷，中國人民大學出版社，1999 年。
10. 錢鍾書：《錢鍾書散文》，浙江文藝出版社，1997 年。
11.《潛社匯刊》，1937 年。

12. 喬治·M.馬斯登：《美國大學之魂》（徐弢、程悦、張離海譯），北京大學出版社，2009 年。

13. 清華大學校史研究室：《清華大學史料選編》（一）、（二）、（三），清華大學出版社 1991、1994 年。

14. 《清末文字改革文集》，文字改革出版社，1958 年。

R

1. 冉雲飛：《吳虞和他生活的民國時代》，山東人民出版社，2009 年。

2. 任訪秋：《任訪秋文集》，河南大學出版社，2013 年。

3. 《如社詞鈔》，1936 年。

4. 茹寧：《中國大學百年：模式轉換與文化衝突》，知識產權出版社，2012 年。

S

1. 桑兵：《國學與漢學——近代中外學界交往錄》，浙江人民出版社，1999 年。

2. 桑兵：《晚清民國的國學研究》，上海古籍出版社，2001 年。

3. 宋連生：《鄧拓的後十年》，湖北人民出版社，2010 年。

4. 舒新城：《近代中國留學史》，上海書店，2011 年。

5. 舒新城編：《近代中國教育史料》，中國人民大學出版社，2012 年。

6. 尚小明：《北大史學系早期發展史研究》（1899～1937），北京大學出版社，2010 年。

7. 邵洵美：《不能說謊的職業》，上海書店出版社，2008 年。

8. 邵綃紅：《我的爸爸邵洵美》，上海書店出版，2005 年。

9. 沈從文：《沈從文文集》第 9 卷、10 卷、12 卷，花城出版社、生活·讀書·新知三聯書店香港分店，1984 年。

10. 沈從文：《沈從文全集》第 15 卷、16 卷，北嶽文藝出版社，2002 年。

11. 沈從文、張兆和等著：《沈從文家書》，江蘇教育出版社，2005 年。

12. 沈暉編：《蘇雪林文集》，安徽文藝出版社，1996 年。

13. 沈松僑：《學衡派與五四時期的新文化運動》，（臺北）國立臺灣大學出版委員會，1984 年。

14. 沈祖棻：《沈祖棻創作選集》，人民文學出版社，1985 年。

15. 石曙萍：《知識分子的崗位與追求——文學研究會研究》，東方出版中心，2006 年。

16. 司馬朝軍、王文暉：《黃侃年譜》，湖北人民出版社，2005 年。

17. 《私立金陵大學一覽》，（民國二十二年），金陵大學。

18. 宋原放主編：《中國出版史料》（現代部分），山東教育出版社，2001 年。

19. 蘇雪林：《中國二三十年代作家》，（臺北）純文學出版社，1983 年。

20. 蘇雪林：《浮生九四——雪林回憶錄》，（臺北）三民書局，1991 年。

21. 蘇雲峰：《從清華學堂到清華大學 1911～1929》，（臺北）中央研究院近代史研究所，1996 年。

22. 蘇雲峰：《從清華學堂到清華大學 1928～1937》，生活‧讀書‧新知三聯書店，2001 年。

23. 蘇雲峰：《三（兩）江師範學堂》，南京大學出版社，2002 年。

24. 孫敦恒：《清華國學研究院史話》，清華大學出版社，2002 年。

25. 孫玉蓉編纂：《俞平伯年譜》，天津人民出版社，2001 年。

T

1. 湯志鈞：《章太炎年譜長編》（上、下），中華書局，1979 年。

2. 唐德剛：《史學與紅學》，（臺北）傳記文學出版社，1991 年。

3. 唐德剛：《書緣與人緣》，（臺北）傳記文學出版社，1991 年。

4. 唐金海、劉長鼎主編：《茅盾年譜》（上、下），山西高校聯合出版社，1996 年。

5. 唐納德‧肯尼迪：《學術責任》（閻鳳橋等譯），新華出版社，2002 年。

6. 陶飛亞、吳梓明：《基督教大學與國學研究》，福建教育出版社，1998 年。

7. 陶孟和：《孟和文存》，上海書店出版社，2011 年。

8. 陶行知：《陶行知文集》，江蘇人民出版社，1981 年。

W

1. 萬仕國編著：《劉師培年譜》，廣陵書社，2003 年。

2. 汪東：《夢秋詞》，齊魯書社，1985 年。

3. 汪辟疆：《汪辟疆文集》，上海古籍出版社，1988 年。

4. 汪榮祖：《陳寅恪評傳》，百花洲文藝出版社，1992 年。

5. 王承軍：《蒙文通先生年譜長編》，中華書局，2012 年。

6. 王德毅編著：《姚從吾先生年譜》，（臺北）新文豐出版股份有限公司，2000 年。

7. 王德滋主編：《南京大學百年史》，南京大學出版社，2002 年。

8. 王東傑：《國家與學術的地方互動——四川大學國立化進程》，生活・讀書・新知三聯書店，2005 年。

9. 王汎森：《古史辨運動的興起》，（臺北）允晨文化實業股份有限公司，1987 年。

10. 王汎森：《中國近代思想與學術的系譜》，河北教育出版社，2001 年。

11. 王汎森：《章太炎的思想》，（臺北）花木蘭文化出版社，2010 年。

12. 王國維：《王國維遺書》，上海書店出版社 1996 年第二次影印本。

13. 王煥鑣：《因巢軒詩文錄存》，上海古籍出版社，2005 年。

14. 王煥鑣：《先秦文學著述四種》，浙江大學出版社，2009 年。

15. 王力：《龍蟲並雕齋瑣語》，商務印書館，2002 年。

16. 王杰、祝士明編著：《學府典章》，天津大學出版社，2010 年。

17. 王家貴、蔡錫瑤編著：《上海大學》（1922～1927），上海社會科學出版社，1986 年。

18. 王奇生：《革命與反革命：社會文化視野下的民國政治》，社會科學文獻出版社，2010 年。

19. 王慶祥、蕭立文校注，羅繼祖審訂：《羅振玉王國維往來書信》，東方出版社，2000 年。

20. 王世儒編撰：《蔡元培先生年譜》，北京大學出版社，1998 年。

21. 王衛民編：《吳梅和他的世界》，河北教育出版社，2002 年。

22. 王衛民編：《吳梅年譜》（修訂稿），載《吳梅評傳》，河北教育出版社，2002 年。

23. 王學典、孫延傑：《顧頡剛和他的弟子們》，山東畫報出版社，2000 年。

24. 王學珍等主編：《北京大學史料》，北京大學出版社，2000 年。

25. 王文俊、梁吉生等選編：《南開大學校史資料選》（1919～1949）南開大學出版社，1989 年。

26. 王瑤：《中國新文學史稿》，上海文藝出版社，1982 年。

27. 王元：《華羅庚》（修訂版），江西教育出版社，1999 年。

28. 王運來：《誠真勤仁　光裕金陵——金陵大學校長陳裕光》，山東教育出版社，2004 年。

29. 王照：《官話字母讀物》（八種），文字改革出版社，1957 年。

30. 王照：《官話合聲字母》，文字改革出版社，1957 年。

31. 汪原放：《陳獨秀與亞東圖書館》，學林出版社，2006 年。

32. 魏定熙：《北京大學與中國政治文化》（金安平、張毅譯），北京大學出版社，1998 年。

33. 魏建功：《魏建功文集》第 4 卷，江蘇教育出版社，2001 年。

34. 文乃史：《東吳大學》（王國平、楊木武譯），珠海出版社，1999 年。

35. 聞黎明、侯菊坤編：《聞一多年譜長編》，湖北人民出版社，1994 年。

36. 聞一多：《聞一多全集》第 12 卷，湖北人民出版社，1993 年。

37. 吳承學主編：《山高水長——中山大學文化研究》，高等教育出版社，2011 年。

38. 吳定宇主編：《走近中大》，四川人民出版社，2000 年。

39. 吳芳吉著、賀遠明等選編：《吳芳吉集》，巴蜀書社，1994 年。

40. 吳梅：《吳梅全集·瞿安日記》（上、下），河北教育出版社，2002 年。

41. 吳宓：《吳宓詩集》，中華書局，1935 年。

42. 吳宓：《吳宓詩集》，商務印書館，2004 年。

43. 吳宓：《吳宓詩話》，商務印書館，2005 年。

44. 吳宓：《文學與人生》，清華大學出版社，1993 年。

45. 吳宓：《吳宓自編年譜》，生活·讀書·新知三聯書店，1995 年。

46. 吳宓：《吳宓日記》（10 卷），生活·讀書·新知三聯書店，1998～1999 年。

47. 吳宓：《吳宓日記續編》（10 卷），生活·讀書·新知三聯書店，2006 年。

48. 吳汝綸著、施培毅、徐壽凱校點：《吳汝綸全集》，黃山書社，2002 年。

49. 吳世勇編：《沈從文年譜》，天津人民出版社，2006 年。

50. 吳新雷編：《學林清暉——文學史家陳中凡》，南京大學出版社，2003 年。

51. 吳新雷等編：《清暉山館友聲集》，江蘇古籍出版社，2000 年。

52. 吳學昭：《吳宓與陳寅恪》，清華大學出版社，1992 年。

53. 吳學昭整理、注釋、翻譯：《吳宓書信集》，生活·讀書·新知三聯書店，2011 年。

54. 吳梓明編：《基督教大學華人校長研究》，福建教育出版社，2001 年。

55. 吳梓明：《基督宗教與中國大學教育》，中國社會科學出版社，2003 年。

X

1. 夏鼐：《夏鼐日記》（王世民、夏素琴等整理），華東師範大學出版社，2011 年。

2. 夏曉虹、吳令華編：《清華同學與學術傳薪》，生活·讀書·新知三聯書店，2009 年。

3. 蕭公權：《問學諫往錄》，學林出版社，1997 年。

4. 謝長法：《借鑒與融合——留美學生抗戰前教育活動研究》，河北教育出版社，2001年。

5. 謝泳：《西南聯大與中國現代知識分子》，湖南文藝出版社，1997年。

6. 徐葆耕：《釋古與清華學派》，清華大學出版社，1997年。

7. 徐葆耕編：《會通派如是說：吳宓集》，上海文藝出版社，1998年。

8. 徐規：《仰素集》，杭州大學出版社，1999年。

9. 徐清祥、王國炎：《歐陽竟無評傳》，百花洲文藝出版社，1995年。

10. 徐雁平：《胡適與整理國故考論——以中國文學史研究爲中心》，安徽教育出版社，2003年。

11. 徐以驊：《教育與宗教：作爲傳教媒介的聖約翰大學》，珠海出版社，1999年。

12. 徐有富：《程千帆沈祖棻年譜長編》，南京大學出版社，2013年。

13. 徐正榜主編：《武大逸事》，遼海出版社，1999年。

14. 許美德：《中國大學 1895～1995——一個文化衝突的世紀》（許潔英主譯），教育科學出版社，2000年。

15. 許嘯天編：《國故學討論集》（上、中、下），上海書店，1991年（影印本）。

16. 許淵沖：《逝水年華》，生活·讀書·新知三聯書店，2008年。

17. 《學林漫錄》第1～13輯，中華書局，1980～1991年。

Y

1. 亞伯拉罕·弗萊克斯納：《現代大學論》（徐輝等譯），浙江教育出版社，2001年。

2. 燕京研究院編：《燕京大學人物志》第一輯，北京大學出版社，2001年。

3. 嚴修自訂、高凌雯補、嚴仁曾增編、王承禮輯注、張平宇參校：《嚴修年譜》，齊魯書社，1990年。

4. 嚴修撰，武安隆、劉玉敏點注：《嚴修東遊日記》，天津人民出版社，1995年。

5. 楊東平編：《大學精神》，遼海出版社，2000年。

6. 楊立華主編：《北京大學哲學系史稿》（內部印刷），2004年。

7. 楊樹達：《積微翁回憶錄·積微居詩文鈔》，上海古籍出版社，1986年。

8. 楊蔭瀏：《楊蔭瀏全集》第12卷，江蘇文藝出版，2009年。

9. 姚丹：《西南聯大歷史情境中的文學活動》，廣西師範大學出版社，2000年。

10. 姚奠中、董國炎：《章太炎學術年譜》，山西古籍出版社，1996 年。

11. 姚柯夫：《陳中凡年譜》，書目文獻出版社，1989 年。

12. 姚淦銘、王燕編：《王國維文集》，中國文史出版社，1997 年。

13. 葉公超：《新月懷舊——葉公超文藝雜談》，學林出版社，1997 年。

14. 葉雋：《另一種西學——中國現代留德學人及其對德國文化的接受》，北京大學出版社，2005 年。

15. 葉文心：《民國時期大學校園文化（1919～1937）》（馮夏根等譯），中國人民大學出版社，2012 年。

16. 易社強：《戰爭與革命中的西南聯大》（饒佳榮譯），九州出版社，2012 年。

17. 尹奇嶺：《民國南京舊體詩人雅集與結社研究》，中國社會科學出版社，2011 年。

18. 郁達夫：《郁達夫全集》，浙江大學出版社，2007 年。

19. 喻大華：《晚清文化保守思潮研究》，人民出版社，2001 年。

20. 余英時：《重尋胡適歷程》，廣西師範大學出版社，2004 年。

21. 余英時：《現代學人與學術》，廣西師範大學出版社，2006 年。

22. 袁英光、劉寅生：《王國維年譜長編》，天津人民出版社，1996 年。

23. 約翰・亨利・紐曼：《大學的理想》（徐輝等譯），浙江教育出版社，2001 年。

24. 約翰・范德格拉夫等編著：《學術權力》（王承緒等譯），浙江教育出版社，2001 年。

Z

1. 張彬：《倡言求是　培育英才——浙江大學校長竺可楨》，山東教育出版社，2004 年。

2. 張傳璽：《翦伯贊傳》，北京大學出版社，1998 年。

3. 張宏生、丁帆主編：《走近南大》，四川人民出版社，2000 年。

4. 張傑、楊燕麗選編：《追憶陳寅恪》、《解析陳寅恪》，社會科學文獻出版社，1999 年。

5. 張靜廬輯注：《中國近現代出版史料》，上海書店出版社，2003 年。

6. 張菊香、張鐵榮編著：《周作人年譜》，天津人民出版社，2000 年。

7. 張連科：《王國維與羅振玉》，天津人民出版社，2002 年。

8. 張玲霞：《清華校園文學論稿》，清華大學出版社，2002 年。

9. 張其昀：《中華五千年史》（第七版），（臺北）中國文化大學出版部，1981年。

10. 張其昀：《張其昀先生文集》第 1～10 冊，（臺北）中國文化大學出版部，1988 年。

11. 張其昀：《張其昀先生文集》第 11～21 冊，（臺北）中國文化大學出版部，1989 年。

12. 張其昀：《張其昀先生文集》第 22～25 冊，（臺北）中國文化大學出版部，1991 年。

13. 張其昀：《張其昀先生文集續編》第 1～3 冊，（臺北）中國文化大學出版部，1995 年。

14. 張其昀：《張其昀先生文集三編》，（臺北）中國文化大學出版部，2001年。

15. 張人鳳整理：《張元濟日記》（上、下），河北教育出版社，2001 年。

16. 張榮芳、曾慶瑛：《陳垣》，金城出版社，2008 年。

17. 張榮明：《竺可楨與陳寅恪》，漓江出版社，2013 年。

18. 張樹年主編：《張元濟年譜》，商務印書館，1991 年。

19. 張耀傑：《北大教授：政學兩界人和事》，文匯出版社，2008 年。

20. 張憲文主編：《金陵大學史》，南京大學出版社，2002 年。

21. 張源：《從「人文主義」到「保守主義」——〈學衡〉中的白璧德》，生活·讀書·新知三聯書店，2009 年。

22. 張雁：《西方大學理念在近代中國的傳入與影響》，浙江大學出版社，2009年。

23. 張研、孫燕京主編：《民國史料叢刊·文教·高等教育》第 1061～1106 卷，大象出版社，2009 年。

24. 張異賓主編：《百年南大》，南京大學出版社，2002 年。

25. 張蔭麟著、張雲臺編：《張蔭麟文集》，教育科學出版社，1993 年。

26. 張蔭麟：《素癡集》，百花文藝出版社，2005 年。

27. 張允侯等編：《五四時期的社團》（一、二、三、四），生活·讀書·新知三聯書店，1979 年。

28. 張正峰：《權力的表達：中國近代大學教授權力制度研究》，福建教育出版社，2007 年。

29. 章博：《近代中國社會變遷與基督教大學的發展——以華中大學為中心研究》，華中師範大學出版社，2010 年。

30. 章開沅主編：《社會轉型與教會大學》，湖北教育出版社，1998 年。

31. 章清:《「胡適派學人群」與現代中國自由主義》,上海古籍出版社,2004年。

32. 趙宏祥:《王易先生年譜》,線裝書局,2012年。

33. 趙蘿蕤:《我的讀書生涯》,北京大學出版社,1996年。

34. 趙蘿蕤:《讀書生活散記》,南京師範大學出版社,2009年。

35. 趙家璧主編:《中國新文學大系》(1917~1927),上海良友圖書印刷公司,1935~1936年。

36. 趙清明:《山西大學與山西近代教育》,高等教育出版社,2011年。

37. 趙瑞蕻:《離亂絃歌憶舊遊》,湖北人民出版社,2008年。

38. 趙新那、黃培雲編:《趙元任年譜》,商務印書館,2001年。

39. 趙友培執筆:《文壇先進張道藩》,(臺北)重光文藝出版社,1975年。

40. 趙紫宸:《趙紫宸文集》第四卷,商務印書館,2010年。

41. 浙江大學校慶文集編輯組:《浙江大學校慶文集——建校八十五週年》(內部印刷),1982年。

42. 鄭師渠:《晚清國粹派》,北京師範大學出版社,1993年。

43. 鄭師渠:《在歐化與國粹之間——學衡派文化思想研究》,北京師範大學出版社,2001年。

44. 鄭逸梅編著:《南社叢談》,上海人民出版社,1981年。

45. 鄭振鐸:《鄭振鐸全集》第2、3卷,花山文藝出版社,1998年。

46. 中國蔡元培研究會編:《蔡元培全集》第3、4卷,浙江教育出版社,1997年。

47. 中國第二歷史檔案館編:《中華民國史檔案資料彙編》第三輯《教育》,鳳凰出版社,1991年。

48. 中國第二歷史檔案館編:《中華民國史檔案資料彙編》第五輯第一編《教育》(一、二),鳳凰出版社,1994年。

49. 中國第二歷史檔案館編:《中華民國史檔案資料彙編》第五輯第二編《教育》(一、二),鳳凰出版社,1997年。

50. 中國第二歷史檔案館編:《中華民國史檔案資料彙編》第五輯第三編《教育》(一、二),鳳凰出版社,2000年。

51. 中國社會科學院近代史研究所編:《五四運動回憶錄》(上),中國社會科學出版社,1979年。

52. 中國社會科學院近代史研究所中華民國史組編:《胡適來往書信選》(上、中),中華書局,1979年。

53. 中國社會科學院近代史研究所中華民國史組編:《胡適來往書信選》(下),中華書局,1980年。

54. 中國現代文藝資料叢刊（第五輯），上海文藝出版社，1980 年。

55. 中央大學南京校友會、中央大學校友文選編纂委員會編：《南雍驪珠——中央大學名師傳略》，南京大學出版社，2004 年。

56. 周策縱：《五四運動：現代中國的思想革命》（周子平等譯），江蘇人民出版社，1996 年。

57. 周忱編選：《張蔭麟先生紀念文集》，漢語大詞典出版社，2002 年。

58. 周海嬰：《魯迅與我七十年》，海南出版公司，2001 年。

59. 周維強：《太白之風——陳望道傳》，浙江人民出版社，2006 年。

60. 周勳初：《周勳初文集》第 6、7 卷，江蘇古籍出版社，2000 年。

61. 朱東潤：《朱東潤傳記作品全集》第四卷，東方出版中心，1999 年。

62. 朱斐主編：《東南大學史》（1902～1949），東南大學出版社，1991 年。

63. 朱光潛：《朱光潛全集》第 3 卷，安徽教育出版社，1987 年。

64. 朱有瓛主編：《中國近代學制史料》，華東師範大學出版社，1983 年。

65. 朱自清：《朱自清全集》，江蘇教育出版社，1996～1997。

66. 竺可楨：《竺可楨全集　日記》第 6、7 卷，上海科學技術出版社，2005 年。

67. 竺可楨：《竺可楨全集　日記》第 8、9、10、11 卷，上海科學技術出版社，2006 年。

68. 竺可楨：《竺可楨全集　日記》第 12、13 卷，上海科學技術出版社，2007 年。

69. 竺可楨：《竺可楨全集　日記》第 14、15 卷，上海科學技術出版社，2008 年。

70. 竺可楨：《竺可楨全集　日記》第 16、17 卷，上海科學技術出版社，2009 年。

71. 竺可楨：《竺可楨全集　日記》第 18、19 卷，上海科學技術出版社，2010 年。

72. 竺可楨：《竺可楨全集　日記》第 20、21 卷，上海科學技術出版社，2011 年。

73. 左玉河：《從四部之學到七科之學——學術分科與近代中國知識系統之創建》，上海書店出版社，2004 年。

74. 左玉河：《中國近代學術體制之創建》，四川人民出版社，2008 年。

檔　案

1. 陳銓檔案（南京大學檔案館）。

2. 郭斌龢檔案（南京大學檔案館）。

3. 繆鳳林檔案（南京大學檔案館）。